DIE SPANNENDSTEN
STÄDTE
DER WELT

Die Deutsche Nationalbibliothek verzeichnet diese Publikation in der
Deutschen Nationalbibliografie. Detaillierte bibliografische Daten sind
im Internet über http://dnb.d-nb.de abrufbar.

3   2   1   C   B   A

Deutsche Ausgabe © 2018 Ravensburger Buchverlag Otto Maier GmbH,
Postfach 1860, 88188 Ravensburg

Titel der Originalausgabe: The Cities Book.
Rechte der Originalausgabe: © Lonely Planet Global Limited 2016

Übersetzung: Dr. Wolfgang Hensel
Technische Umsetzung und Satz: Sabine Dohme, München

ISBN 978-3-473-55457-7

www.ravensburger.de

DIE SPANNENDSTEN
STÄDTE
DER WELT

Illustrationen
Livi Gosling und Tom Woolley

RAVENSBURGER BUCHVERLAG

INHALT

N
W   E
S

Überall auf der Welt gibt es faszinierende Städte! Tippe mit dem Finger auf die Karte und wähle eine Stadt aus. Die gestrichelte Linie führt zum Namen der Stadt und die Seitenzahl verrät dir, wo du sie im Buch findest. Nimm dir Kontinent für Kontinent vor oder suche dir interessante Städte heraus – du hast die Wahl.

STOCKHOLM
66-67

EUROPA

BERLIN
86-87

MÜNCHEN
88-89

MOSKAU
96-99

PJÖNGJANG
182-183

PRAG
92-93

PRYBJAT
100-101

ULAN BATOR
158-159

SEOUL
184-185

KRAKAU
90-91

ISTANBUL
102-105

SAMARKAND
150-151

PEKING
160-163

TOKIO
176-179

WIEN
94-95

ASIEN

CHENGDU
184-185

ATHEN
106-107

JERUSALEM
142-145

THIMPHU
156-157

KYOTO
180-181

ROM
108-109

DUBAI
148-149

HANOI
172-173

HONGKONG
166-167

KAIRO
124-127

MEKKA
146-147

MANILA
174-175

SOUTH TARAWA
208-209

ADDIS ABEBA
132-133

MUMBAI
152-153

DARWIN
186-187

APIA
206-207

AFRIKA

NAIROBI
134-135

VARANASI
154-155

BANGKOK
168-169

SANSIBAR
136-137

SINGAPUR
170-171

AUSTRALIEN
& OZEANIEN

PERTH
188-189

SYDNEY
194-195

AUCKLAND
198-199

BALLARAT
190-191

MELBOURNE
192-193

ROTORUA
200-201

QUEENSTOWN
202-205

Register
auf Seite 210

Alles über das Leben in den glitzernden Hochhäusern von Hongkong findest du auf Seite 167.

Endecke auf Seite 52 die bunten Favelas von Rio de Janeiro.

DIE SPANNENDSTEN STÄDTE DER WELT

Du weißt doch sicher, was eine Stadt ist? Städte sind Orte, an denen viele Menschen leben – sehr viele Menschen. Wenn du selbst in einer großen Stadt wohnst und glaubst, alle wären gleich, dann wird dich dieses Buch umhauen.

Überall auf der Welt leben, arbeiten und spielen Menschen zusammen, in Tausenden von aufregenden und großartigen Städten. Das Land, die Kultur und Geschichte ihrer Bewohner machen jede Stadt zu einem einzigartigen und unglaublichen Ort.

Dieses Buch zeigt dir Städte, in denen Sandstürme um Häuser aus Lehm toben, in anderen stehen wunderschöne Fell-Jurten, alte Steinhäuser oder faszinierende, moderne Architektur. Einige haben Kanäle statt Straßen, klammern sich an schneebedeckte Berge oder werden von Meereswellen bedrängt. Hier erfährst du, wie die Menschen darin leben, was sie anhaben, essen, welche Feste sie feiern und welchen Sport sie treiben.

Bist du bereit? Dann starte zu einer Reise rund um den Globus!

WO LIEGT DIE STADT?

Zu Beginn jeder Stadtseite findest du eine praktische Karte, auf der die Lage der Stadt eingezeichnet ist – in welchem Land und auf welchem Erdteil. Jeder Kontinent ist in einer anderen Farbe gezeichnet. Darunter findest du wichtige Informationen, damit du ein Gefühl für die Stadt bekommst, bevor es richtig losgeht.

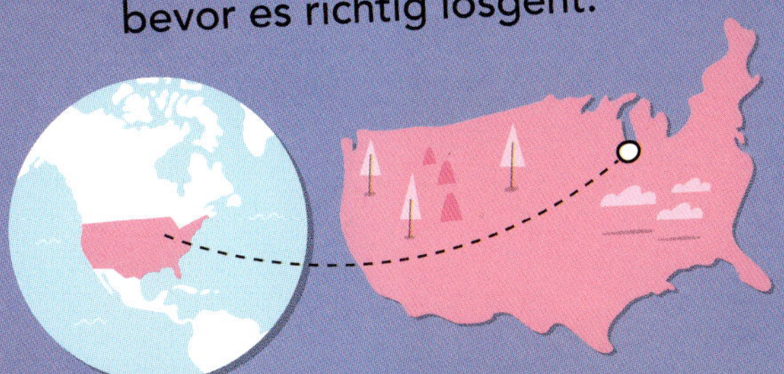

TORONTO

KANADA, Nordamerika

Toronto ist mit über sechs Millionen Einwohnern die größte Stadt Kanadas. Das Leben in dieser wachsenden Metropole ist cool – nicht nur wegen der eisigen Winter, sondern auch der glitzernden Wolkenkratzer und dem glasklaren Ontariosee. Es ist eine Stadt der unterirdischen Fußgängerwege, ausgefallenen Schuhe und köstlichen Sandwichs.

TYPISCH INSEL

Im Ontariosee vor der Stadt liegt eine Kette winziger Inseln. Die Menschen auf den Toronto-Islands wohnen in hübschen Häusern und da Autos nicht erlaubt sind, benutzen alle Fahrräder oder Boote; oder sie gehen unter Wasser: Die Stadt hat vor Kurzem einen Fußgängertunnel gebaut, der 30 m unter dem Meer vom Flugplatz der Inseln bis zum Festland führt.

EISHOCKEY-VERRÜCKTE

Eishockey ist der Nationalsport Kanadas. Die Kinder lernen im Alter von zwei Jahren Schlittschuhfahren und schon Fünfjährige spielen in einer Eishockey-Liga. Die richtig guten Spieler hoffen darauf, eines Tages in die Eishockey-Ehrenhalle aufgenommen zu werden. Die *Hall of Fame* gehört zu den beliebtesten Museen der Stadt mit jeder Menge Erinnerungsstücke an Spiele und Spieler.

PUPSKISSEN

In Toronto wurden viele großartige Erfindungen und Entdeckungen gemacht, wie Insulin, Anti-g-Anzüge, doch das Pupskissen schlägt sie alle. Diese schrägen Gummisäcke werden als Scherzartikel in alle Welt verkauft. In den 1930er-Jahren spielten die Angestellten der JEM Rubber Company mit Gummiresten herum und entdeckten, welche lustigen Töne sie damit machen konnten. Wenn du, dich das nächste Mal auf ein Pupskissen setzt und alle lachen, weißt du, wer's erfunden hat.

EIN GROSSER SCHUHKARTON

Das Bata-Schuhmuseum in Toronto sieht tatsächlich aus wie ein Riesen-Schuhkarton, der natürlich... Schuhe enthält, insgesamt 13.000 Paare. Es gibt Schuhe aus Seehundsfell, Clownschuhe, Weltraumschuhe, Prinzessinnenschuhe und sogar die Flip-Flops des Dalai Lama.

LEBEN UNTER DER ERDE

Die Winter in Toronto sind so kalt, dass die Stadt unterirdische Fußgängerpassagen gebaut hat, um ihre Bürger in der kalten Jahreszeit vor den Minustemperaturen zu schützen. Ein 30 km langes Tunnelsystem verbindet Rathaus, Museen, Hotels und viele Büros miteinander. Man kommt fast überall hin, ohne „aufzutauchen".

LIEBLINGSSANDWICH

Das Schinkensandwich aus Erbsenmehl (peameal bacon sandwich) ist eine Spezialität Torontos. Noch nie von Erbsenmehl gehört? Es wird aus Platterbsen gemahlen. Gegen Ende des 19. Jhs. wollte man damit Fleisch konservieren: Schweinefleischscheiben wurden in Erbsenmehl gerollt, gegrillt und auf ein Brötchen gelegt. Heute werden sie mit Maismehl gemacht. Die Carousel Bäckerei auf dem St. Lawrence Markt verkauft an einem Samstag über 2600 solche Erbsenmehl-Sandwichs

SPAZIERGANG IN DEN WOLKEN

Die riesige Nadel, die Torontos Skyline überragt, ist der CN-Tower, mit 553,30 m das höchste freistehende Bauwerk der westlichen Welt. Besucher fahren in gläsernen Fahrstühlen nach oben und sehen an einem klaren Tag bis zu den Niagarafällen. Ganz Mutige schnallen sich ein Geschirr um und klettern rund um den Turm – nicht nach unten sehen!

MENSCHEN AUS ALLER WELT

Toronto soll die kulturell bunteste Stadt der Welt sein, denn 49% seiner Einwohner wurden nicht in Kanada geboren. Sie sprechen über 140 Sprachen und leben oft in ethnisch geprägten Vierteln. Es gibt ein Klein-Portugal, Klein-Italien, Klein-Tibet und Klein-Jamaika – und das sind nur die „Kleins". Chinesen, Griechen und Koreaner leben in ganzen Stadtvierteln.

MONTREAL
KANADA, Nordamerika

Montreal ist so französisch, dass dort *bonjour* häufiger zu hören ist als *hello*. Seine kontaktfreudigen Besucher spielen in den Parks, treffen sich auf Festivals oder in Straßencafés. Mit einem stolzen Alter von fast 400 Jahren ist Montreal eine der ältesten Städte Kanadas. Festungen und alte Fell-Handelsplätze erinnern an die Vergangenheit.

PARLEZ-VOUS FRANÇAIS?

Französisch ist die wichtigste Sprache Montreals. Hier sprechen mehr Menschen Französisch als in jeder anderen Stadt der Welt – außer Paris natürlich. Seine Freunde begrüßt man wie in Frankreich mit einem Kuss auf beide Wangen. Selbstverständlich sprechen auch viele Montrealer Englisch. Am Boulevard Saint-Laurent verläuft die Sprachgrenze quer durch die Stadt: Östlich des Boulevards wird vorwiegend Französisch, westlich davon Englisch gesprochen.

KINDER IM WINTER

In Montreal spielt sich das Leben ganzjährig im Freien ab. Bei kaltem Wetter ziehen die Kinder eben die Handschuhe über und gehen raus. Dann werden Hügel, Teiche und Wege zu einem Winterwunderland – ideal zum Skilaufen, Schlittenfahren und Schneemannbauen. Jeden Winter finden Festivals statt; einigen sollen dazu anregen, neue Aktivitäten auszuprobieren, wie Schlittschuh-laufen oder Snowscooterfahren.

WO IST DAS FORT?

Bald nachdem französische Siedler Montreal gegründet hatten (1642), bauten sie die Stadt zu einer Festung aus. Wer Montreal im 18. Jh. besuchte, sah zuerst Steinmauern und Tore mit Zugbrücken rund um die Stadt. Im Museum *Pointe-à- Callière* für Archäologie und Geschichte kannst du noch immer die unterirdischen Mauerreste sehen.

SCHON MAL WURMPIZZA PROBIERT?

Im *Insectarium* von Montreal, dem größten Insekten-Zoo der Welt, leben alle möglichen Kleintiere – von Bockhornkäfern und Küchenschaben bis zu pelzigen Vogelspinnen. Früher fanden jedes Jahr Insektenverkostungen statt. Dann durfte man Pilze mit Heuschrecken, Pizza mit Wurmbelag und andere Insekten-Snacks probieren. Heute wird das nur gelegentlich gemacht. Der Fachausdruck für „Insekten essen" ist übrigens *Entomophagie*.

VOLL SATT

Montreal hat über 6500 Restaurants, die höchste Dichte in Nordamerika. Die Montrealer gehen gerne essen: Sandwich mit Räucherfleisch, Bagels oder Steak mit Pommes frites. Nordafrikanische Restaurants servieren Couscous (reisartiges Gericht mit würzigem Eintopf) und die haitianischen Cafés Tassot (gebratenes Ziegen- oder Rindfleisch). In Montreal wird später gegessen als in den meisten Städten Kanadas und der USA – häufig sind die Tische erst um 21 Uhr besetzt.

SCHLABBER-SNACK

Das Lieblingsgericht der Montrealer ist *Poutine*, ein Haufen Fritten, der mit Frischkäse bestreut und mit einer braunen Soße übergossen wird – schlabberig eben, aber großartig salzig und schmelzend. Den beliebten Snack gibt es dort an jeder Straßenecke zu kaufen.

GROSSES TAM-TAM

Jeden Sonntag im Sommer treffen sich Hunderte von Menschen am Denkmal von George-Étienne Cartier (ein berühmter, kanadischer Politiker), um zu trommeln. Sie haben afrikanische Djembe-Trommeln, kleine Bongotrommeln oder große Basstrommeln dabei. Andere machen Yoga, balancieren auf dem Seil oder kämpfen in mittelalterlichen Kostümen. Das Fest, das den ganzen Tag dauert, heißt nach dem Trommelklang Tam-Tam.

11

MONTREAL

Nur die wenigsten wissen, dass Montreal auf einer Insel liegt – auf einer von 400 Inseln im Sankt-Lorenz-Strom.

EIN BERG ALS LANDMARKE

Montreal ist von dem französischen *Mont Royal* („königlicher Berg") abgeleitet, eigentlich mehr Hügel als Berg und doch der höchste Punkt der Stadt. Er gehört zu einem schönen Park, wo sich im Sommer Jogger und Radfahrer, im Winter Schlitten- und Skifahrer treffen. Das große Gipfelkreuz erinnert an das erste Kreuz, das Paul Chomedey de Maisonneuve, der Gründer der Stadt, errichtet hat. Er wollte damit Gott danken, der die neue Siedlung vor einer Überschwemmung bewahrt hatte.

DIE GROSSE GLOCKE

Die Basilika Notre Dame ist mit ihrer himmelblauen Decke mit goldenen Sternen die prächtigste Kirche Montreals. Die Glocke mit dem Namen Jean-Baptist ist mit einem Gewicht von 11 t die größte Glocke Nordamerikas. Wenn Jean-Baptist läutet, ist sie noch in 35 km zu hören. Allerdings läutet sie nur zu besonderen Gelegenheiten, da ihre Schwingungen das Gebäude beschädigen.

MONT ROYAL

JACQUES-CARTIER-PLATZ

BASILIKA NOTRE DAME

QUADRATISCH, HÜBSCH UND BELIEBT

Der Jacques-Cartier-Platz ist der größte Platz Montreals. Hier trifft man sich gerne, um auf der Terrasse eines Cafés einen Milchkaffee zu genießen. Die Menschen kommen auch her, um den Straßenkünstlern zuzusehen, die hier mit Fackeln jonglieren, Einrad fahren oder auf Blechbüchsen balancieren. Jeder Tag ist wie Straßenkarneval.

EIN FORMEL-1-MURMELTIER

Die Montrealer teilen ihre Stadt mit vielen Wildtieren. Vögel fliegen herum, Stinktiere und Eichhörnchen besuchen die Gärten und Waschbären durchwühlen die Mülleimer. Im Juni 2015 tauchte überraschend ein Murmeltier auf und spazierte beim Großen Preis von Kanada über die Piste des Formel-1-Rennens. Zum Glück konnten die Fahrer ausweichen – das Murmeltier war gerettet.

JACQUES-CARTIER-BRÜCKE

LOUIS-HIPPOLYTE LAFONTAINE TUNNEL-BRÜCKE

SANKT-LORENZ-STROM

LA RONDE

CIRCUIT (RENNSTRECKE) GILLES VILLENEUVE

DAS GRÖSSTE FEUERWERK DER WELT

Das internationale Feuerwerk-Festival von Montreal ist die Olympiade des Feuerwerks. Im Juli treten auf der Insel La Ronde die besten Teams aus der ganzen Welt gegeneinander an – wer macht das spektakulärste Feuerwerk? Dann dröhnt, zischt und funkelt der Nachthimmel beim größten Feuerwerk der Welt in allen Regenbogenfarben.

VERRÜCKT NACH BIBERHÜTEN

Im 18. und frühen 19. Jh. war Montreal ein Zentrum des Fellhandels, denn in Europa waren Hüte aus Biberpelz in Mode. Trapper fingen die Biber im Landesinnern, doch wie kamen die Felle bis zu den Seehäfen an der Küste? Das war die Aufgabe der *voyageurs* („Reisende"). Sie paddelten täglich 16 Stunden mit dem Kanu zu den Forts, kauften Pelze und paddelten zurück nach Lachine, einem Stadtviertel Montreals am Hafen, wo noch heute die Lagerhäuser stehen.

VANCOUVER

KANADA, Nordamerika

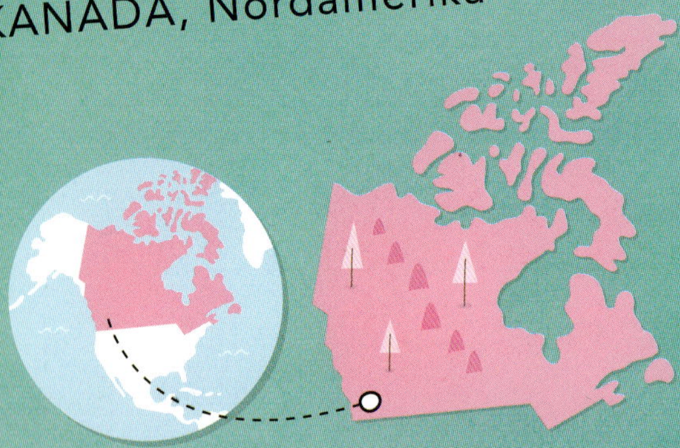

Viele halten Vancouver für die schönste Stadt auf dem Planeten und dafür haben sie gute Gründe. Hier fällt das Gebirge direkt ins Meer ab und am Stadtrand beginnt der Regenwald. Die Menschen sind entspannt, lieben das Leben im Freien und schätzen abenteuerliches Essen.

HOHE TOTEMPFÄHLE

Das Museum für Anthropologie hat eine Wahnsinnssammlung von Totempfählen, die seit Jahrhunderten von den First Nations geschnitzt werden. Die First Nations sind die Ureinwohner Kanadas, die lange vor den Europäern das Land besiedelten. Jeder Totempfahl erzählt die Geschichte einer Gemeinschaft oder Familie. Zur Ausschmückung der Geschichte schnitzen die Künstler Tiere in die Pfähle – Adler, Grizzlys, Schwertwale, Frösche oder Raben. Da das Holz von Rotzeder und Thuja nur sehr langsam verrottet, hält ein typischer Totempfahl etwa 100 Jahre.

STÄDTISCHER REGENWALD

Nur einen kurzen Spaziergang vom Stadtzentrum entfernt steht man plötzlich mitten in einem Regenwald. Im ausgedehnten Stanley Park wachsen Zedern, Tannen und Hemlock-Tannen – insgesamt eine halbe Million Bäume, darunter einige jahrhundertealte Riesenbäume. Da der Park vom Meer umgeben ist, siehst du Adler, die über deinem Kopf kreisen. Kaum zu glauben, dass diese wilde Natur nur ein paar Blocks vom Stadtzentrum entfernt ist.

SCHWANKEND ÜBER DEN BAUMKRONEN

Wer zwischen den Baumkronen über die Hängebrücke von Capilano geht, braucht Mut: Sie gehört nicht nur zu den längsten und höchsten ihrer Art, sondern schwingt und schaukelt bei jedem Schritt. Wusstest du, dass in der Schlucht, 70 m unter der Brücke, ein Fluss rauscht? Die meisten halten sich am Geländer fest, nur die Mutigsten schaffen es freihändig.

DIE GRÖSSTE EISDIELE DER WELT?

In Vancouvers berühmter La-Casa-Eisdiele wird italienisches Eis in 218 Geschmacksnoten angeboten. Es gibt Schokoladen- und Fruchteis mit Ananas und Erdbeeren. Köstlich ist auch Vanille-Gummibärchen-Eis, aber Knoblauch- oder Algeneis? Total abgefahren sind auch Erdnuss-butter-Curry- oder Rotes-Süßkartoffel-Eis. Zum Glück darf man vor dem Kauf alles probieren.

SUSHI, SUSHI UND NOCH MEHR SUSHI

Sushi ist der Renner in Vancouver. In über 600 Restaurants schneiden Köche mit blitzendem Messer Scheiben von Fischen ab und servieren sie mit Reis und Algen. Insgesamt bietet ein Zehntel aller Restaurants Sushi an.

SCHIFFE, SCHIFFE UND NOCH MEHR SCHIFFE

Vancouver ist der größte Hafen Kanadas. Jährlich legen über 3000 Kreuzfahrtschiffe, Öltanker, Fischerboote und andere Schiffe an. Die meisten Kreuzfahrer wollen weiter nach Alaska, die meisten Frachtschiffe transportieren, neben vielen anderen Waren, Weizen, Autos und Holz nach China, Japan und in andere Länder. Manchmal begleiten Schwert- und andere Wale die Schiffe auf ihrer Fahrt durch die Bucht.

DAS LÄNGSTE SCHWIMMBECKEN

Vancouvers Nachbarort Kitsilano hat das längste Salzwasserschwimmbecken Nordamerikas. Die Bahnen sind mit 137 m fast dreimal länger als ein olympisches Schwimmbecken. Auf dem Weg von einem zum anderen Ende käme selbst Michael Phelps, der erfolgreichste Olympiaschwimmer, außer Atem!

SAN FRANCISCO
USA, Nordamerika

San Francisco dehnt sich über 43 Hügel aus. Da es auf drei Seiten von Wasser umgeben ist, stecken seine Bewohner regelmäßig in dichtem Nebel. Die Cable Cars, eine weltberühmte Brücke und eine berüchtigte Gefängnisinsel machen San Francisco zu einer der faszinierendsten Städte der USA.

DER GOLDRAUSCH

Als 1848 im nahen Coloma Gold gefunden wurde, strömten Menschen aus aller Welt nach Kalifornien, um sich ein Stück vom Kuchen zu sichern. Als der Goldrausch nach wenigen Jahren endete, hatte er San Francisco für immer verändert. Viel Geld und Scharen von Menschen machten aus dem ehemaligen Fischerdorf eine weltberühmte Stadt. Die Bilder unten zeigen den rasanten Wandel.

DIE GROSSARTIGE GOLDEN-GATE-BRÜCKE

Die 2,7 km lange, prachtvolle *Golden Gate Bridge* überspannt die Bucht von San Francisco – sie ist eines der sieben modernen Weltwunder. Sie hängt an zwei mächtigen Stahltrossen aus insgesamt 128.750 km langen Stahlseilen, die dreimal um die Erde reichen würden. Der berühmte Anstrich in Orange macht sie besser sichtbar für Schiffe. Allerdings ist der Nebel an manchen Tagen so dicht, dass die Brücke völlig verschwindet.

DAS UGLY LAW

Früher galt in der Stadt ein haarsträubendes Gesetz, das den Spitznamen *Ugly Law* erhielt: Es verbot unattraktiven, unerwünschten, verstümmelten oder durch Krankheit entstellten Menschen den Aufenthalt in der Öffentlichkeit. Heute ist das 1867 beschlossene Gesetz abgeschafft und San Francisco ist berühmt für seine Gastfreundschaft.

KILLER-ERDBEBEN

Im Jahr 1906 erschütterte ein katastrophales Erdbeben die Stadt, das etwa 3000 Todesopfer forderte und über 80% der Stadt zerstörte. Es war die tödlichste Naturkatastrophe in Kalifornien – und leider kein einmaliges Ereignis. San Francisco liegt in einem Gebiet, das häufig von Erdbeben heimgesucht wird.

DAS INSELGEFÄNGNIS

Fast 30 Jahre lang war die kleine Insel Alcatraz in der Bucht von San Francisco das berühmteste Gefängnis Amerikas. Obwohl das Gefängnis *(The Rock)* als total ausbruchssicher galt, brachen ab und zu Sträflinge aus. Keinem der 36 Flüchtigen gelang die Flucht. Immerhin werden fünf von ihnen offiziell „vermisst". Da ihre Körper nie gefunden wurden, gelten sie als ertrunken.

AUF ROLLEN

Die Bewohner San Franciscos unternehmen alles, um ihre Stadt erdbebensicher zu machen. Alle neuen Gebäude werden so konstruiert, dass sie Erschütterungen aushalten. Sogar der Flughafen lagert auf großen, stählernen Kugellagerkugeln: Bei einem Erdbeben bewegt er sich, stürzt aber nicht zusammen.

AN SEILEN DIE HÜGEL HINAUF

Die *Cable Cars*, die auf die Hügel San Franciscos klettern, gehören zu den bekanntesten Sehenswürdigkeiten der Stadt. Sie wurden vor 150 Jahren gebaut, weil die von Pferden gezogenen Straßenbahnen Schwierigkeiten auf den rutschigen Steigungen hatten. Die Fahrgäste, die an vielen Haltestellen zusteigen können und so den schweißtreibenden Aufstieg sparen, lieben ihre *Cable Cars*.

LIEBENSWERTE MITBEWOHNER

Am Pier 39 am Hafen leben die lautesten Bewohner der Stadt – Hunderte von Kalifornischen Seelöwen! Als sie nach dem Erdbeben von 1989 dort auftauchten, waren sie vielen lästig, doch heute sind sie bei Einheimischen und Touristen der Hit.

PIER 39

LOS ANGELES
USA, Nordamerika

Mit goldenen Stränden und Sonnenschein im ganzen Jahr sieht Los Angeles genauso gut aus wie seine reichen und berühmten Bewohner. Hier entstanden ein paar der größten Blockbuster der Filmgeschichte und vieles in der Stadt erinnert an die glitzernde Welt des Showbusiness.

COOL SEIN IST ALLES

In der Stadt voller glamouröser Film- und Fernsehpromis verwenden auch Normalos viel Zeit, Mühe und Geld auf ihr Aussehen. In Los Angeles gibt es nicht nur die üblichen Fitnessstudios, Schönheitssalons und Restaurants, sondern auch ständig neue Trends – von Workouts im Zirkusstil über Gesichtsmasken aus Gold und Kaviar bis zu Restaurants, die nur rohes Essen servieren.

DISNEY BLENDET

Als die Walt-Disney-Konzerthalle fertig war, brach nicht nur Jubel aus. Die segelförmig gebogenen, spiegelblanken Stahlfassaden lenkten so viel Licht auf die Häuser, dass sie sich aufheizten und Passanten geblendet wurden. Das Problem löste sich erst, als die Fassaden mit einem Sandstrahlgebläse aufgeraut wurden.

ZEIG' MIR DEINE HAND…

Im TCL Chinese Theatre finden regelmäßig Premieren für große Hollywoodfilme statt. Es zieht Touristen auf Promisuche magnetisch an, denn die Stars drücken ihre Hände, Füße und Autogramme in den Zement im Hof. Es gibt aber auch ungewöhnliche Abdrücke, wie die Zauberstäbe der Harry-Potter-Filme.

HISTORISCHES HOLLYWOOD

Vor über 100 Jahren wurde das erste Filmstudio in Hollywood gegründet, das Christie-Nestor-Studio. Die Filmemacher kamen in Scharen, denn in der Umgebung gab es unterschiedlichste Kulissen und das Wetter erlaubte das ganze Jahr über Filmaufnahmen im Freien. Schon bald folgten andere Studios nach und machten Hollywood zum Zentrum der amerikanischen Filmindustrie.

GIGANTISCHE VILLEN
Die Villen der Schönen und Reichen Hollywoods gehören zu den üppigsten Anwesen der Welt. Wer genug Geld hat, baut sich Häuser mit riesigen Swimmingpools, Bowlingbahn, Kinos und Weinbergen. Das Anwesen eines der Topstars (mit Basketball-Feldern und privatem Golfplatz) ist so groß, dass es eine eigene Postleitzahl hat!

ZWISCHEN STERNEN SPAZIEREN
Auf dem Hollywood Boulevard (Walk of Fame) kannst du über Sterne mit den Namen berühmter Stars aus dem Showbusiness spazieren. Wer in einer der fünf Unterhaltungsindustrien – Film, Fernsehen, Musik, Radio oder Live-Auftritte – erfolgreich war, wird mit einem Stern belohnt.

EINE STADT AUF DER LEINWAND
Die meisten Einwohner Los Angeles' lässt es kalt, dass täglich 100 Filmcrews bei Dreharbeiten unterwegs sind – das ist normal. Nur einmal im Jahr fiebert die ganze Stadt mit. Dann schreiten die Promis über den roten Teppich der großartig inszenierten Oscar-Verleihung und jeder hofft darauf, dieses Mal selbst einen Oscar mit nach Hause zu nehmen.

HOLLYWOOD SIGN
Auf einem Hügel über der Stadt stehen riesige weiße Buchstaben, jeder fast 14 m hoch, und bilden das Wort HOLLYWOOD – der ultimative Selfie-Hintergrund für Touristen. Ursprünglich war es ein Reklameschild für neue Häuser (Hollywoodland). Erst als 1949 das „...LAND", 26 Jahre nach dem Aufstellen, abgebaut wurde, wurde der Schriftzug zum Sinnbild der Filmindustrie.

HOLLYWOODLAND

LAS VEGAS
USA, Nordamerika

LAS VEGAS IN ZAHLEN

Besucher im Jahr 2014	> 41 Millionen
Länge der Neonlichter	> 24.000 km
Heiraten pro Tag	> 300
Größter Gewinn an einem Spielautomaten	> 39,7 Mio.$
Zimmer im MGM-Grand Hotel	> über 5000
Fontänen im Springbrunnen des Bellagio-Hotels	> 1200

Las Vegas ist eine Oase aus Neonlichtern mitten in der Wüste, ein Ort von maßloser Extravaganz. Am Strip locken einige der verrücktesten Themenhotels der Welt die Menschen mit kolossalen Spielhallen an. In dieser ausgeflippten Stadt kannst du in einer venezianischen Gondel fahren, in einer Pyramide schlafen und dich vom König des Rock'n'Roll verheiraten lassen.

BERÜHMTER SPRINGBRUNNEN

Das Bellagio-Hotel ist eine der beliebtesten Sehenswürdigkeiten am Strip. Im weltberühmten Springbrunnen schießen die spektakulären Wasserfontänen bis 140 m hoch und schwingen und tanzen nach der Musik.

STADT DES LICHTS

Die Nacht ist kein Grund, das Tempo zu drosseln. Ob ein Büfett spät in der Nacht, Heiraten um Mitternacht oder Spielen bis zum Morgengrauen – alles ist möglich. Aus dem Weltraum betrachtet soll der Strip der hellste Lichtstreifen auf der Erde sein.

SHOWBUSINESS

In Las Vegas treten die berühmtesten Stars der Welt auf: Zauberer und Akrobaten, Comedy und Musik, jede Show versucht die anderen mit Glamour zu überbieten. Die Weltklasse-Akrobaten, Taucher und Synchronschwimmer des *Cirque du Soleil* zeigen in einem 6,8 Mio. Liter fassenden Wasserbecken ihre Show O.

HOCHZEITSHAUPTSTADT DER GANZEN WELT

In Las Vegas wird sogar das Heiraten zur Show: Man kann in einer Drive-in-Kapelle oder in einer Gondel im Grand Canal des Venetian-Hotels heiraten. Wer will, kann sich auch von einem Elvis-Presley-Imitator trauen lassen.

HOCH HINAUS

Der *Stratosphere* Turm ist der höchste frei stehende Aussichtsturm der USA und beherbergt einen Themenpark in luftiger Höhe. Mutige auf der Suche nach dem Kick besteigen X-Scream, das sie in Höhe des 109. Stockwerks frei schweben lässt. Im Sky Jump kannst du sogar mit atemberaubender Geschwindigkeit im höchsten kontrollierten freien Fall zu Boden rasen.

STRATOSPHERE

FREIZEIT AM STRIP - NEIN DANKE!

Obwohl viele Einwohner der Stadt am Strip arbeiten, lassen sie diesen Touristen-Hotspot in ihrer Freizeit lieber hinter sich. Die Familien vermeiden die Hitze der Wüste und ziehen sich zum Wandern, Radfahren, Kajakfahren und im Winter zum Skifahren in die Canyons und Berge der Umgebung zurück.

SCHLARAFFEN-LAND AM BÜFETT

In einer Stadt, wo alles besonders groß, auffällig und strahlend sein muss, wird auch beim Essen geklotzt, nicht gekleckert: Das Büfett im Caesars Palace – eines der üppigsten der Stadt – bietet jeden Tag 500 Gerichte zur Auswahl an.

CAESARS PALACE

THE VENETIAN

FRANKREICH-VERRÜCKT

In Bezug auf Themen-Hotels sticht Las Vegas alles aus! Das Hotel Paris ist nach der französischen Hauptstadt konzipiert, es gibt sogar einen Eiffelturm – halb so groß wie das Original – mit Aussichtsplattform und Restaurant. Besucher, die über die gepflasterten Boulevards spazieren, kommen unter anderem auch am Louvre und dem Pariser Opernhaus vorbei.

PARIS

BELLAGIO

MGM

MGM GRAND

PYRAMIDE AUS LICHT

Das Hotel Luxor hat Ägypten zum Thema. Die Gäste wohnen in einer 30-stöckigen Pyramide aus schwarzem Glas. Nachts strahlt ein Licht in den Himmel über der Stadt; es ist so hell, dass Flugkapitäne es noch aus 160 km Entfernung sehen.

LUXOR HOTEL

LUXUS-AUFENTHALT

Das MGM Grand Hotel, eines der größten der Welt, nimmt den Spitzenplatz unter den vielen Hotels der Stadt ein. Es hat 20 riesige Restaurants, fünf Swimmingpools und eine Heiratskapelle.

NEW ORLEANS
USA, Nordamerika

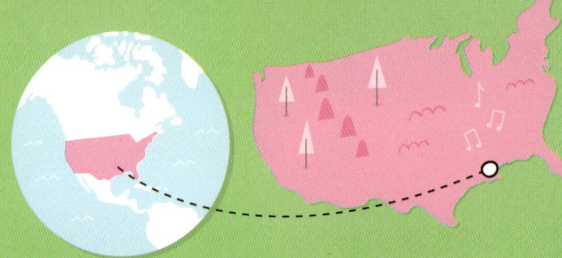

Die Einwohner von New Orleans wollen Spaß. Während der Festivals verwandeln sich die Straßen in bunte, laute Partys, es duftet nach würzigen Meeresfrüchtesuppen und Eintöpfen, und irgendwo ist in der Geburtsstadt des Jazz stets Musik zu hören.

EINEN HAPPEN ESSEN
Wer mag, kann in New Orleans ein Gericht der anderen Art probieren – Alligator. In vielen Restaurants der Stadt werden sie in verschiedenen Gerichten als Spezialität angeboten, von Alligator-Wurst bis Alligator-Käsetorte. In Louisiana leben sehr viele Alligatoren, 1,5–2 Mio. in der freien Natur und Hunderttausende in Alligatorfarmen. Daher ist es kein Wunder, dass die riesigen Reptilien neben *Jambalaya* (ein Reisgericht) und *Gumbo* (Eintopf mit Meeresfrüchten) auch auf der Speisekarte auftauchen.

DIE VOODOO-QUEEN
Im 19. Jh. stand New Orleans unter dem Einfluss der Voodoo-Queen Marie Laveau, die diese geheimnisvolle Religion in der Stadt bekannt machte. Die Anhänger des Voodoo glauben, dass neben der Welt der Lebenden eine Welt der Toten existiert, deren Geister über uns wachen und uns inspirieren. Es gibt Berichte von wilden Tänzen um ein Feuer, aber Marie ist auch bekannt dafür, dass sie den Armen und Bedürftigen half. Ihr Einfluss wirkt bis heute nach – in Voodoo-Shops, Touren und einem Voodoo-Festival.

SUPERBRÜCKE
Die Brücke über den Pontchartrain-See ist mit der unglaublichen Länge von 38,41 km die längste zusammenhängende Brücke der Welt – eine atemberaubende Straße in die Stadt. Sie besteht aus zwei parallelen Brücken, die auf direktem Weg Mandeville im Norden mit den Vorstädten von New Orleans im Süden verbinden.

DAS FRENCH QUARTER
Das French Quarter ist das älteste Viertel der Stadt. Da New Orleans von Frankreich gegründet und dann von Spanien regiert wurde, vermischen sich in der historischen Altstadt die unterschiedlichen Stile. Das Quarter ist berühmt für seine Balkone und ein Muss für Touristen, die in Mulikutschen herumfahren, Museen besuchen, Straßenkünstlern zusehen und das Nachtleben genießen.

FEIERWÜTIG
In New Orleans finden jedes Jahr unglaubliche 130 Festivals statt – also etwa eines alle drei Tage. Das wichtigste Ereignis ist der *Mardi Gras*, aber es gibt alle möglichen grellen, ungewöhnlichen Paraden. Eine davon ist der Umzug der Hunde in verrückten, kuriosen Outfits!

DER HURRIKAN KATRINA

Am Morgen des 29. Augusts 2005 traf der verheerende Hurrikan Katrina mit voller Wucht auf die Küste Louisianas und wütete mit schweren Niederschlägen und Windgeschwindigkeiten von 200 km/h über New Orleans. Die größte Verwüstung richtete allerdings die drauf folgende Überschwemmung an, die Katrina zu einem der tödlichsten Stürme machte, der je die USA heimgesucht hat.

Der Hurrikan Katrina verwüstete weite Küstenabschnitte in den US-Bundesstaaten Mississippi und Südost-Louisiana mit New Orleans als größter Stadt. New Orleans war besonders betroffen, denn es liegt nicht nur unter dem Meeresspiegel, sondern ist auch auf drei Seiten von Wasser umgeben – vom Pontchartrain-See, dem Mississippi und Sumpfgebieten. Als das steigende Wasser die Deiche durchbrach, retteten sich die Einwohner von New Orleans auf ihre Dächer. Zwei Tage nach Beginn des Sturms waren 80% der Stadt überschwemmt.

Obwohl die meisten Bewohner evakuiert wurden, schafften es nicht alle. Über 20.000 Bewohner suchten Schutz im Louisiana Superdome. In der überfluteten Stadt wurden Wasser und Lebensmittel knapp – die Menschen begannen, Häuser und Geschäfte zu plündern. Erst die Nationalgarde schaffte wieder Ordnung und Ruhe.

Der Hurrikan Katrina forderte über 1800 Todesopfer und eine Million Menschen verloren ihre Wohnung. Damit war der verheerende Sturm mit 100 Mrd. Dollar Schäden auch die teuerste Naturkatastrophe in der Geschichte der USA.

Die Welt war erschüttert über die Zerstörung und das Leid und spendete Geld, brachte Spezialausrüstungen und Arbeiter in das Katastrophengebiet. Es dauerte lange, bis sich die Stadt wieder erholt hatte, doch inzwischen sind die Häuser wieder aufgebaut, die Dämme wurden verstärkt und die Zukunft sieht wieder rosiger aus.

NASHVILLE
USA, Nordamerika

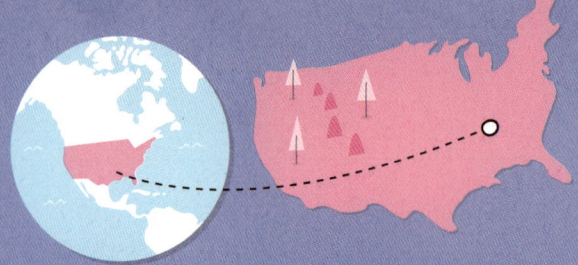

Songs, Gitarren und Neonlichter – Nashville ist die Hauptstadt der Countrymusic, obwohl auch andere Töne zu hören sind. Die Einwohner der Hauptstadt von Tennessee sind höfliche Menschen mit Südstaatenakzent und einer Leidenschaft für scharfe Hähnchen und Schokolade.

GEBURTSSTUNDE DER COUNTRYMUSIC

Als ein Radiomoderator aus Nashville 1925 Geigen- und Banjospieler in sein Studio einlud, um *Bluegrass* (Countrymusic) aus den Appalachen zu spielen, hörten Menschen aus ganz Amerika zu – die Countrymusic wurde schlagartig bekannt. Die Radiosendung *(Grand Ole Opry)* wird noch immer an jedem Freitag- und Samstagabend aus dem Grand Ole Opry House, einem Musiktheater mit 4372 Sitzplätzen, in über 30 Bundesstaaten übertragen.

KLEBRIG UND SÜSS

In Nashville wird eine besondere Süßigkeit verkauft, das *Goo Goo Cluster*, eine klebrige Mischung aus Marshmallows, Erdnüssen und Karamell, umhüllt von Schokolade. Sie werden seit über 100 Jahren von einer Firma in Nashville hergestellt – heute 20.000 Goo Goos pro Stunde. Woher der Name kommt, weiß niemand, es könnten die ersten Worte von Babys sein.

WEIHNACHTEN IM JULI

Das Opryland-Hotel ist eines der größten Hotels der Welt, so groß, dass ein Fluss hindurch fließt. Unter einer Glaskuppel stehen ein Herrenhaus, 17 Restaurants und 2882 Zimmer. Die Angestellten beginnen schon im Juli mit der Weihnachtsdekoration, denn es dauert Monate, bis die 2 Mio. Lampen in den Bäumen des Hotels verlegt sind.

RACHE MIT SCHARFEM HÄHNCHEN

Hähnchenstücke sind superscharfer Soße mit Cayennepfeffer sind die Spezialität Nashvilles. Eine Frau hat das Rezept erfunden, um sich an ihrem Freund zu rächen. Als er eines Nachts zu lange wegblieb, goss sie heimlich jede Menge scharfe Soße über sein Hähnchen, um ihm eine Lektion zu erteilen. Leider mochte er die scharfe Soße und bot das *hot chicken* bald darauf in seinem Restaurant an. Heute steht das scharfe Hähnchen auf allen Speisekarten der Stadt.

DER PARTHENON DER ANDEREN ART

Kennst du den 2500 Jahre alten Parthenon-Tempel in Griechenland? In Nashville steht die einzige Kopie in Originalgröße! Wer die Stufen hinaufsteigt und durch die riesigen Säulen tritt, steht vor der größten Statue der westlichen Welt – einer goldenen Athene, der Göttin der Weisheit. Die Parthenon-Kopie wurde 1897 erbaut, als Nashville die Ausstellung zur Hundertjahrfeier Tennessees (eine Art Mini-Weltausstellung) ausrichtete.

EINE AUFFAHRT IN GITARRENFORM

Andrew Jackson, der siebte Präsident der USA, lebte in Nashville. Er war bekannt für seine Duelle und ein berühmter Kriegsheld (seine Soldaten nannten ihn „Old Hickory", weil er hart wie Hickoryholz war). Allerdings hielt er auch Sklaven und vertrieb die Ureinwohner von ihrem Land. Vor seinem Herrenhaus *Hermitage* legte er schon in den 1830er-Jahren eine Auffahrt in der Form einer Gitarre an. Obwohl er nichts von Nashvilles späterem Ruhm ahnen konnte, halten es viele für ein Omen.

SÄNGER UND KOMPONISTEN

Im Laufe der Jahre sind so viele Musiker in der *Grand Ole Opry* aufgetreten, dass sich eine ganze Industrie ansiedelte: Aufnahmestudios, Plattenfirmen und Konzertsäle, viele davon in der sogenannten Music Row. Noch immer kommen viele Sänger und Komponisten auf der Suche nach Ruhm nach Nashville, neben Country- auch Rock-, Folk- und Blueskünstler. Kein Wunder, dass Nashville auch „Musikstadt" genannt wird.

CHICAGO
USA, Nordamerika

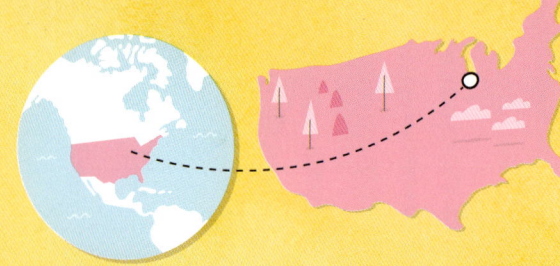

Chicago greift zum Himmel – hier stehen ein paar der höchsten Wolkenkratzer der Welt. Es hat tolle Strände, Museen, ist erfindungsreich, hat einen Fluss, der rückwärts fließt, und Züge auf Stelzen. Die Einwohner Chicagos sind quirlig und lieben den Wettbewerb, sie nehmen Sport und Pizza ernst.

„DIE WINDIGE" STADT?
Trotz ihres Spitznamens Windy City weht in Chicago nur selten starker Wind. Der Name bezieht sich auf „windige" Politiker, die 1893 unbedingt die Weltausstellung (World's Columbian Exposition) nach Chicago holen wollten und eine Menge heiße Luft fabrizierten.

EIN VERFLUCHTES BASEBALL-TEAM
Das 1914 gebaute Wrigley Field ist eines der wenigen historischen Baseballstadien. Die dort spielenden *Chicago Cubs* haben die längste Pechsträhne im amerikanischen Sport: 108 Jahre lang konnten sie die World Series nicht gewinnen. Angeblich ist der Fan Billy Sianis schuld, der 1945 mit einer Ziege als Maskottchen ins Stadion wollte. Als er sie nicht mitnehmen durfte, verfluchte er die Baseballmannschaft. Mit einem Sieg 2016 über die Cleveland Indians endete der Fluch.

CLOUD GATE ODER BOHNE?
Die *Cloud-Gate-Skulptur* von Anish Kapoor steht im Millennium Park und ist eine der beliebtesten Sehenswürdigkeiten der Stadt, die jeder Bean (die „Bohne") nennt – warum wohl? Man darf ihre spiegelnde Oberfläche berühren, selbst wenn man Abdrücke hinterlässt. Die Bean wird täglich geputzt und zweimal im Jahr mit Spülmittel abgewaschen, damit sie auch weiterhin glänzt.

DER ERSTE WOLKENKRATZER
Der erste, 1885 in Chicago gebaute Wolkenkratzer veränderte das Bild moderner Städte. Der *Willis Tower* war lange das höchste Gebäude in Amerika, bis 2013 das One World Center in New York gebaut wurde. Er ist aber immer noch höher als die meisten anderen Gebäude der Welt. Aus den vorspringenden Fenstern der Aussichtsplattform im 103. Stock bietet sich ein schwindelerregender Blick über die Stadt.

STRÄNDE OHNE ENDE
Die gesamte Ostseite Chicagos besteht aus 26 Stränden am riesigen Michigansee. Dort kannst du schwimmen, Kajak fahren, Sandburgen bauen, auch wenn das Wasser leider ganzjährig eiskalt ist.

DER EINZIGE ÜBERLEBENDE

Niemand weiß genau, warum die große Brandkatastrophe von 1871 ausbrach. Vielleicht warf eine Kuh eine Laterne um, vielleicht schlug ein Meteor ein. Jedenfalls wütete das Feuer drei Tage lang und zerstörte die gesamte Innenstadt – bis auf einen Wasserturm. Seine gelben Ziegelsteine widerstanden den Flammen.

TOLLE IDEEN

In Chicago wurde das Riesenrad erfunden; ein Nachbau steht auf dem Navy Pier. Auch Flipper, Brownies (Schokoladenkuchen), Reißverschluss und Pfannenpizza sind Erfindungen aus Chicago. Vor allem aber entstand 1973 hier das erste Handy der Welt – das ziegelstein-große Teil wurde ab 1984 verkauft.

DER FLUSS, DER RÜCKWÄRTS FLIESST

Der Chicago River fließt als einziger Fluss der Welt rückwärts. Mit Hilfe von Kanälen und Schleusen änderten Ingenieure 1900 seine Fließrichtung, damit die Abwässer nicht mehr in den Michigansee flossen, das Trinkwasserreservoire der Stadt. Der Chicago River ist auch der einzige Fluss, der am St. Patricks Day grün gefärbt wird.

ZÜGE AUF STELZEN

Im Jahre 1892 waren die ungepflasterten Straßen Chicagos verstopft mit Wagen, Karren und Straßenbahnen. Also bauten die Stadtplaner auf Hunderten von Stahlträgern eine Eisenbahn über die verstopften Straßen. Die Züge auf Stelzen (The Loop) fahren noch immer und sind ein wichtiges öffentliches Verkehrsmittel.

DER GRÖSSTE T. REX DER WELT

Sue ist der größte *Tyrannosaurus rex* der Erde. Ihr 67 Mio. Jahre altes Skelett steht im Fields Museum für Naturgeschichte. Sue war so groß, dass allein ihre Knochen rund 1800 kg wiegen.

NEW YORK

USA, Nordamerika

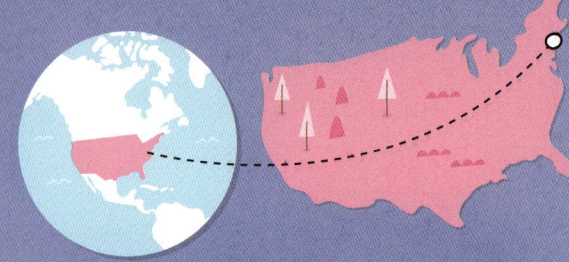

Die berühmteste Stadt der Welt ist groß, wild und eindrucksvoll. Die gelben Taxis bahnen sich hupend ihren Weg durch den Verkehrsstau und die Fußgänger hasten an dampfenden Gullys vorbei. In New York spielen mehr Filme und Fernsehserien als in jeder anderen Stadt der Welt. New York ist ein Star auf der Bühne der Welt.

DAS ONE WORLD TRADE CENTER

Das *One World Trade Center* überragt alle anderen Gebäude der New Yorker Skyline. Das höchste Gebäude der westlichen Welt ist bewusst 1776 Fuß (541 m) hoch, denn in diesem Jahr (1776) unterzeichneten die Vereinigten Staaten die Unabhängigkeitserklärung. Der Wolkenkratzer ragt am Standort des *World Trade Centers* auf, dessen beide Türme am 11. September 2001 bei einem Terroranschlag zerstört wurden. Ein Denkmal und ein Museum erinnern die Besucher an die Menschen, die dabei ihr Leben verloren.

SPAZIERGANG AUF DER HIGH LINE

Die *High Line* ist ein bei New Yorkern äußerst beliebter Park auf den Resten einer stillgelegten Bahnlinie hoch über den Straßen von Manhattans West Side. Der Park bietet wilden Tieren einen Lebensraum und die Stadtbewohner haben Platz für Tai Chi, Sternegucken und mehr.

ONE WORLD TRADE CENTER

FREIHEITSSTATUE

FREIHEITSSTATUE

Die Freiheitsstatue auf der Insel Liberty Island ist riesig. Sie hat Schuhgröße 879 und eine Taillenbreite von 10,70 m. Eine enge Treppe im Innern führt hinauf bis zur Krone – von dort bietet sich Besuchern ein fantastischer Blick auf die Stadt.

BROOKLYN BRIDGE

GOVERNORS ISLAND

AUS DER VOGELPERSPEKTIVE

Die Brooklyn Bridge, die Manhattan mit Brooklyn verbindet, ist nicht nur für Tausende von Menschen wichtig, die sie täglich überqueren, sondern auch begehrt bei Wanderfalken. Die seltenen Greifvögel, die hier ihre Nester bauen, haben den besten Blick auf ihre Beute. Sie stoßen mit einer Geschwindigkeit von bis zu 320 km/h auf ihre Opfer hinab.

DER CENTRAL PARK

An manchen Stellen stehen die Wolkenkratzer so dicht, dass die Sonne nicht bis auf die Straße scheint. Im Central Park können die New Yorker dem Betondschungel entfliehen. Durch den riesigen Park zieht sich ein 93 km langes Wegenetz durch Wiesen, Bäume und Seen. Es gibt sogar ein Schloss, einen Stausee und einen Zoo.

CENTRAL PARK

THE HIGH LINE

EMPIRE STATE BUILDING

ROCKEFELLER CENTER

FLATIRON BUILDING

SPITZE!

Das *Flatiron*- („Bügeleisen") Gebäude, das seinen Namen der ungewöhnlichen Dreiecksform verdankt, ist eine der meistfotografierten Sehenswürdigkeiten der Stadt. Die Zimmer in der Spitze sind nur knapp 2 m breit.

VORSICHT BLITZSCHLAG!

Das *Empire State Building* ist eines der Wahrzeichen New Yorks. Es ist so hoch, dass pro Jahr durchschnittlich 23 Blitze einschlagen! Glücklicherweise hat es Blitzableiter, sodass sich bei Gewitter niemand vor Blitzen fürchten muss.

ALLE JAHRE WIEDER...

Die New Yorker lieben die Weihnachtszeit! Am liebsten bringen sie sich am legendären Weihnachtsbaum vor dem Rockefeller Center in Stimmung. Auf dem Platz wird jedes Jahr ein glitzernder, bis 30 m hoher Baum aufgestellt – gut von der Eislaufbahn zu sehen.

29

NEW YORK

Ob Chop Suey in Chinatown, Pizza in Little Italy oder die Nationalgerichte von Albanien bis zum Jemen – in New York kannst du die besten Spezialitäten der Welt probieren.

TOM'S DINER

EAT

HUNGRIG?

Im riesigen Angebot des Big Apple findet jeder sein Lieblingsrestaurant. Es gibt Straßenküchen, billige, freundliche Imbisse oder weiß gedeckte Tische in Spitzenrestaurants.

SAGENHAFTE BAGELS

In New York soll es die besten Bagels der Welt geben. Die weichen Teigköstlichkeiten werden in zahlreichen Geschmacksnoten und traditionell mit einem *schmear* („Klacks") Frischkäse serviert. Warum sie besser sind als in anderen Städten der Welt, weiß niemand so richtig. Es könnten die Zutaten oder die Zeit sein, die der Teig vor dem Zubereiten ruhen darf. Vielleicht ist auch die Qualität des Wassers, in dem die Bagels vor dem perfekten Ausbacken gebrüht werden, der Grund für den Erfolg.

DIE HEIMAT DES HOTDOGS

Hotdogs sind ein Grundnahrungsmittel der Stadt. Sie werden mit Sauerkraut, Zwiebelsoße oder Senf von Straßenküchen und Ständen als schnelles, einfaches Mittagessen an die New Yorker verkauft. Das Geschäft mit den Hotdogs läuft derart gut, dass die Genehmigung für einen Stand an einer „guten Ecke" Hunderttausende Dollars pro Jahr kosten kann. Die Händler müssen also eine Menge Hotdogs nur für die Standmiete verkaufen!

SÜSSWAREN

Der New Yorker Käsekuchen als Nachtisch ist ein amerikanischer Kult. Alle lieben die weichen, cremigen Stücke, die in schier unendlicher Geschmacksvielfalt angeboten werden. Um sich von der Konkurrenz zu unterscheiden, erfinden die Bäcker neue Kreationen, wie den *Cronut* – ein köstliches Doughnut-Croissant.

NATHAN'S HOTDOG-WETTESSEN

Das alljährliche Nathan's Hotdog-Wettessen ist ein wichtiges Datum im New Yorker Kalender. Bei dem Wettbewerb auf Coney Island müssen die Teilnehmer innerhalb von zehn Minuten so viele Hotdogs wie möglich verschlingen. Der Sieger von 2015 stopfte sich 62 Hotdogs in seinen Magen!

KÖNIG KUNDE IN QUEENS

Das Stadtviertel Queens ist besonders bunt gemischt. Hier ist der Kunde König und kann zwischen den ungewöhnlichsten Gerichten der Welt wählen. New Yorker mit Lust auf Exotik finden hier alles, von gegrilltem Meerschweinchen in einem südamerikanischen, bis zu lebendem Oktopus in koreanischen Restaurants.

PHILADELPHIA
USA, Nordamerika

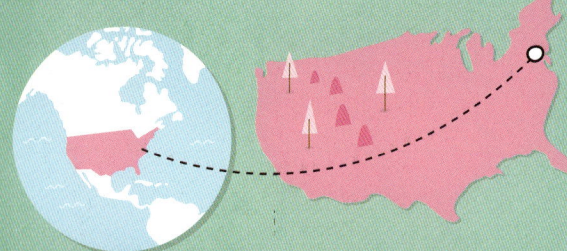

Das stolze Philadelphia war der Schauplatz wichtiger Ereignisse der amerikanischen Geschichte. Hier wurde das Land gegründet, die ersten Gesetze erlassen und viele Freiheiten des Landes und seiner Bürger festgeschrieben. Philadelphia fühlt sich vornehm und klug – verständlich bei der bemerkenswerten Vergangenheit.

ZOO MIT AUSSICHT

Der älteste Zoo Amerikas geht mit der Zeit! Die Tiere im Zoo von Philadelphia können sich auf eigenen Wegen durch den Park bewegen: Affen springen von Baum zu Baum und Tiger sehen aus durchsichtigen Brücken aus Draht auf die Zoobesucher hinab.

ZAUBERGARTEN

Der *Magic Garden* gehört zu den buntesten und ungewöhnlichsten Sehenswürdigkeiten der Stadt. Er ist ein Labyrinth aus Spiegelmosaiken, Scherben, Glas, Fahrrädrädern und anderen Objekten. Das kuriose Kunstwerk hat Isaiah Zagar geschaffen, der eine heruntergekommene Ecke der Stadt aufwerten wollte.

SPUK UND GANGSTER

Das Staatsgefängnis *Eastern State Penitentiary* gehört angeblich zu den übelsten Spukhäusern von Pennsylvania. Seit den 1940er-Jahren berichten Wärter und Gefangene von Geistererscheinungen und gruseligen Erfahrungen. Das Gefängnis ist seit 1971 geschlossen, doch die Geister blieben. Mutige können die leeren Wachttürme und verfallenen Zellen besichtigen, in denen einst Al Capone und andere Gangster einsaßen.

EIN KURIOSITÄTEN-KABINETT

Im Mütter-Museum werden verblüffende und abnorme menschliche Körperteile ausgestellt. Wer sich traut, darf Schädel, kranke Organe oder das Gehirn des berühmten Physikers Albert Einstein bestaunen.

UNABHÄNGIGKEITS-KRIEG

Im Jahre 1775 brach ein Krieg zwischen Großbritannien und den 13 nordamerikanischen Kolonien aus. Die Kolonien kämpften für ihre Freiheit, die Briten wollten ihre Macht behalten. Im folgenden Jahr unterzeichneten die Führer der Kolonien in der *Independence Hall* („Unabhängigkeitshalle") die Unabhängigkeitserklärung. Damit sagten sich die Kolonien offiziell von England los und wurden zu freien Staaten. Der Krieg endete 1783, seither leben Großbritannien und die USA in Frieden.

DIE VERFASSUNG

In Philadelphia ereignete sich ein weiterer wichtiger Akt der amerikanischen Geschichte. In der Independence Hall unterschrieben die Gründerväter einige Jahre später die amerikanische Verfassung. Sie garantierte die Rechte aller amerikanischen Bürger und die Gesetze, nach denen sie leben. Diese Verfassung von 1787 gilt bis heute.

DIE FREIHEITSGLOCKE

In Philadelphia wird die Freiheitsglocke aufbewahrt – sie läutete, als sich die Amerikaner aus der britischen Kontrolle befreiten. Die mächtige, 900 kg schwere Glocke gilt als das Symbol der amerikanischen Freiheit. Als die mexikanische Taco-Bell-Kette die Glocke kaufte und in „Taco Liberty Bell" umbenennen wollte, erhob sich ein Sturm der Entrüstung – allerdings nicht lange, denn die Meldung stellte sich als Aprilscherz heraus.

UNABHÄNGIGKEITSTAG

Jedes Jahr am 4. Juli feiern die Amerikaner mit Feuerwerk, Paraden und Festlichkeiten den Unabhängigkeitstag, um an die Unterzeichnung der Unabhängigkeitserklärung zu erinnern.

WASHINGTON D.C.

USA, Nordamerika

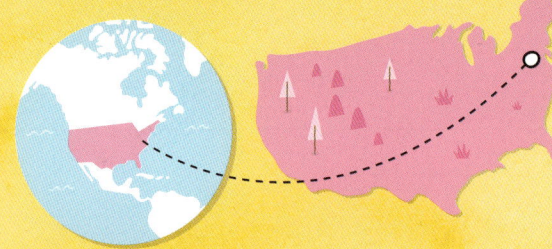

New York mag der „Big Apple" sein, doch Washington D.C. ist die Hauptstadt der USA. Oberflächlich betrachtet wirkt die Stadt staatstragend und nüchtern – prachtvolle Ministerien, die Kuppel des Kapitols, das Finanzministerium mit seinen Säulen und das Weiße Haus, in dem der Präsident wohnt. Doch in den Straßen wimmelt es von Studenten, cleveren Angestellten und Scharen von Touristen.

GELD, FRISCH AUS DER DRUCKERPRESSE

Im *Bureau of Engraving and Printing* werden die Banknoten der USA gedruckt. Wer einen ganzen Tag lang Zeit hätte, könnte verfolgen, dass die Druckerpressen über 500 Mio. Dollar ausspucken. Das neue Geld kommt aber erst in Umlauf, wenn dieselbe Menge alter Banknoten eingesammelt wurde. Eine Ein-Dollar-Note hält durchschnittlich 5,8 Jahre, dann ist sie zerfleddert.

LUXEMBURG

KENIA

MAROKKO

EIN ZWEIFARBIGES DENKMAL

Das *Washington Monument* ist das höchste Bauwerk in D.C. Der Bau dauerte so lange, dass man Marmor aus verschiedenen Steinbrüchen bestellen musste. Wer genau hinsieht, erkennt den Übergang zwischen den alten und neuen Steinblöcken am Farbton. Das Denkmal ehrt George Washington, den Gründungsvater und ersten Präsidenten der USA. Ein Bundesgesetz erlaubt nur Bauten, die niedriger sind als das Denkmal.

STADT DER LÄNDER

In Washington D.C. stehen die Botschaften von über 170 Ländern. Technisch gesehen, sind Grundstück und Gebäude jeweils Territorium des fremden Landes. Ein Besucher von Washington könnte also innerhalb von einer Stunde Indien, Kenia, Laos, Luxemburg, Malawi, Marokko und Sambia besuchen.

INDIEN

SAMBIA

DIE SCHRÄGSTEN BEWOHNER DES WEISSEN HAUSES

Viele Präsidenten bringen beim Einzug ins Weiße Haus ihre Haustiere mit, doch Theodore Roosevelt schoss den Vogel ab: Seine Familie brachte einen kleinen Bären, eine Eidechse, fünf Meerschweinchen und je einen Dachs, Blaukopfara, Hyäne, einbeinigen Hahn, Schleiereule, Schwein, Kaninchen, Huhn, Pony und mehrere Hunde mit.

BRUMM BRUMM BRUMM
BRUMM
BRUMM!
BRUMM
KIKERICKI
WIEHER
WAU
WAU WAU

SCHÄTZE IM SMITHSONIAN

Das *Smithsonian* ist nicht etwa nur ein einziges, sondern eine Vereinigung aus 19 Museen. Im *Air and Space National Museum* ist das erste Flugzeug der Gebrüder Wright ausgestellt. Das *National Museum of American History* zeigt Dorothys Schuhe (aus dem Zauberer von Oz), aber auch den großen blauen Hope-Diamanten. Dieser Edelstein soll seinen Trägern Unglück bringen. Die französische Königin Marie Antoinette, die den Diamanten im 18. Jh. erbte, verlor ihren Kopf auf der Guillotine.

DIE GRÖSSTE BIBLIOTHEK DER WELT

Die Kongressbibliothek (*Library of Congress*) ist die größte Bibliothek der Welt. Auf 1349 Regalkilometern stehen 160 Millionen Bücher, Fotos und Karten. Die aneinandergereihten Regalbretter würden jeweils von Washington bis nach Chicago beziehungsweise bis Philadelphia reichen (etwa von Hamburg bis Rom) und trotzdem nicht alle Bücher fassen. Präsident Thomas Jefferson stiftete 6000 seiner eigenen Bücher, die teilweise heute noch ausgestellt sind.

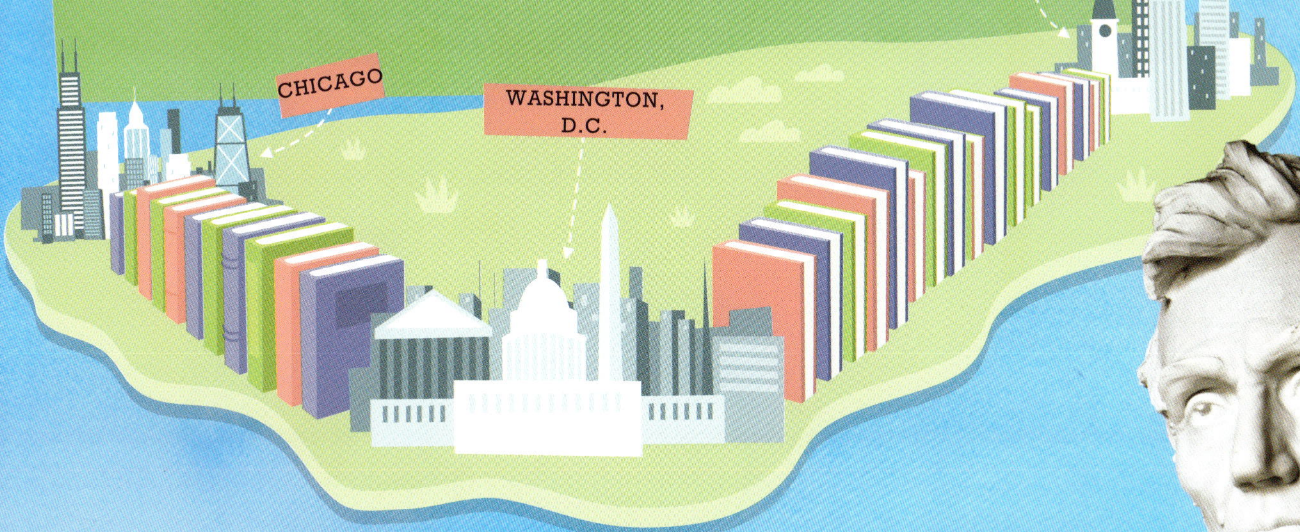

PHILADELPHIA

CHICAGO

WASHINGTON, D.C.

DER WAHRE ABRAHAM LINCOLN

Das Lincoln Memorial hat mehr Besucher als jedes andere Denkmal in Washington D.C. Jeder möchte den beliebtesten Präsidenten der USA sehen und wo ginge das besser als hier. Die Bildhauer meißelten die Statue aus 28 Marmorblöcken heraus. Lincolns Gesicht und Hände sind sehr realistisch, weil sie nach Totenmasken gemacht wurden. Manche finden, Abe Lincoln sähe traurig aus, andere finden ihn nachdenklich und wieder andere meinen, das hinge vom Betrachtungswinkel ab.

MIAMI
USA, Nordamerika

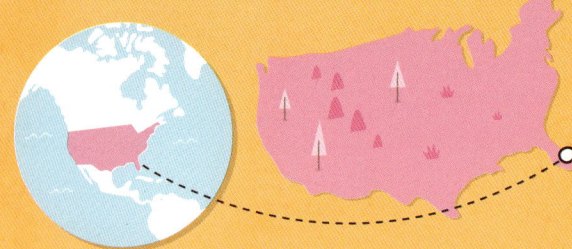

Miami ist ein Traum – farbenfrohe Gebäude, Sonnenschein satt und türkisfarbene Wellen, die sich an weißen Sandstränden brechen. Das Leben spielt sich im Freien ab: Die Menschen fahren auf Rollerblades über die Bürgersteige oder im coolen Cabrio durch die Stadt. Wenn die Sonne untergeht, gehen die Bewohner in glamouröse Nachtclubs oder tanzen Salsa in den Diskotheken.

DIE MUTTER VON MIAMI

Miami ist die einzige amerikanische Großstadt, die von einer Frau gegründet wurde. Das Land, auf dem die Stadt erbaut wurde, gehörte Julia Tuttle. Sie überzeugte die Besitzer der Eisenbahnlinien, eine Bahnstrecke für Menschen und Waren zu bauen. Die Stadt wuchs und brachte Julia den Titel „Mutter von Miami" ein.

AUF SCHATZSUCHE

Vor vielen Jahrhunderten, noch vor Gründung der Stadt, war die Küste um Miami das Revier von Schwarzbart und anderen Piraten. Sie lauerten in Buchten und Flussmündungen und überfielen vorbeifahrende Schiffe. Manche der erbeuteten Schätze wurden vergraben und wenn ein Pirat starb, war sein Schatz für immer verloren. Im Laufe der Jahre haben Schatzgräber reichlich Gold, Silber und Edelsteine im Meer rund um Miami gefunden.

DIE WILDEN EVERGLADES

Miami ist das Tor zum Nationalpark Everglades. Dieses enorme Sumpfgebiet ist Lebensraum für alle möglichen Tiere, wie die seltenen Manatis, Meeresschildkröten und Florida-Panther. Die Besucher wandern über Bohlenwege oder rasen im Sumpfboot über das Wasser, in der Hoffnung, einen der berühmten Alligatoren aufzuspüren.

DAS GEHEIMNISVOLLE CORAL CASTLE

Coral Castle ist das beeindruckende Lebenswerk eines einzelnen Mannes: Ed Leedskalnin meißelte ab 1923 28 Jahre lang Wände, Skulpturen, Möbel, einen Turm und mehr aus 997 t. Gestein. Es ist fast nicht zu glauben, dass er dieses gewaltige Denkmal in harter Arbeit mit einfachen Werkzeugen schuf – ohne Kräne für die schweren Steine. Er baute Coral Castle im Geheimen, doch bis heute weiß niemand, wie ihm das gelang.

HAUPTSTADT DER KREUZFAHRER

Miami ist die Welthauptstadt der Kreuzfahrtschiffe; hier werden mehr Passagiere durchgeschleust als in jedem anderen Hafen der Welt. Die meisten Schiffe sind in die Karibik unterwegs, wo die Passagiere jeden Tag ihr Luxusschiff verlassen und eine neue Insel kennenlernen.

AFFENTHEATER

Hast du dich je gefragt, wie sich ein Zootier fühlt? In der verkehrten Welt des *Monkey Jungle* in Miami sind die Menschen im Käfig und sehen den Affen zu, die frei durch einen 12 ha großen Wald streifen. Hier leben kleine Totenkopfäffchen neben mächtigen Gorillas, lärmenden Brüllaffen und gelassenen Orang-Utans – ganz wie ihre Verwandten in der Wildnis.

KLEIN-HAVANNA

In Klein-Havanna fühlen sich die Besucher wie in einem anderen Land. In dem Viertel leben sehr viele Kubaner, die sich hier wie in der Heimat eingerichtet haben. Die Häuser sind mit Wandgemälden geschmückt und es gibt kubanische Restaurants, Zigarrenläden, Salsa-Diskotheken und die Bewohner sind vertieft ins Dominospiel, die liebste Freizeitbeschäftigung der Kubaner.

HAVANNA

KUBA, Nordamerika

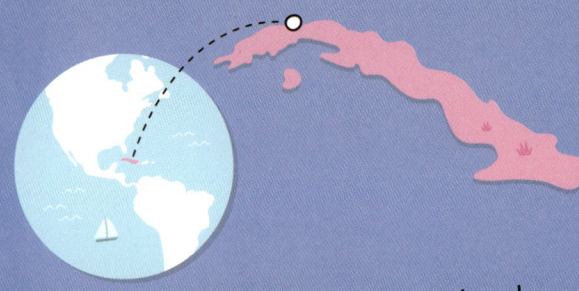

Kuba ist anders als andere Länder der Erde. In der Hauptstadt Havanna fühlen sich die Besucher in die 1950er-Jahre zurückversetzt. Auf den Straßen tuckern alte Straßenkreuzer zwischen schönen, zerfallenden, alten Häusern umher. Ihre Freizeit verbringen die Kubaner mit einfachen Freuden, wie Dominospielen und Salsatanzen.

DAS KOMMUNISTISCHE KUBA

Im kommunistischen Kuba leben die Menschen anders als in den meisten anderen Ländern. Der Kommunismus fordert, dass alle Menschen gleich sind und auch gleich viel besitzen. In Havanna sind die Löhne niedrig und bis 2011 durften die Menschen keine eigenen Häuser besitzen. Wer umziehen wollte, musste einen Tausch-partner finden. Inzwischen, nach 50 Jahren, wurden die strengen Regeln etwas gelockert – vielleicht ändert sich jetzt auch das Leben in der Stadt.

PREISWERTES ESSEN

Jeder Einwohner Havannas bekommt Bezugsscheine, mit denen er zu geringen Preisen Essen und Waren kaufen kann. Grundnahrungsmitte wie Reis, Bohnen und Zucker werden in der nächsten Bodega (Laden) verkauft. Da das Durch-schnittsgehalt in Kuba nur 17 € pro Monat beträgt, haben die Menschen nicht genug Geld, um auswärts zu essen. Glücklicherweise verkaufen Straßenhändler billiges und leckeres Essen von Ständen, Karren, aus Körben oder Fenstern.

GESUNDES HAVANNA

Vor allem die Armen profitieren von einer Gesundheitsversorgung, die eine der besten der Welt sein dürfte. Hier praktizieren mehr Ärzte als in jedem anderen Land. Die Kubaner leben länger als die Einwohner vieler anderer nord- und südamerikanischer Länder.

OLDTIMER

Havannas Straßen sind ein lebendes Museum für alte Autos. Seit über 50 Jahren durften sich nur die Eliten neue Autos kaufen, alle übrigen waren auf Gebrauchtwagen angewiesen. Daher bestimmen noch heute Oldtimer der 1950er-Jahre das Straßenbild. Inzwischen wurde das Gesetz geändert. Nun könnte zwar jeder ein neues Autos kaufen, sie sind aber so teuer, dass sich das nur wenige leisten können.

FIDEL CASTRO

Als Fidel Castro 1959 Staatschef wurde, verwandelte er Kuba in ein kommunistisches Land. Nach fast 50 Jahren übergab er die Regierung an seinen Bruder Raúl Castro. Fidel verbannte alles Amerikanische von der Insel, es gibt in Havanna also weder McDonalds noch Coca Cola oder eine andere US-Kette.

DANCING THE NIGHT AWAY

In Havanna wurden zwei bekannte Tänze erfunden – der sinnliche Salsa und der fröhliche Mambo. Zu den ansteckenden Rhythmen wurde zuerst in den Straßen der Stadt getanzt, dann breiteten sie sich über die ganze Stadt aus.

KINGSTON
JAMAIKA, Nordamerika

Kingston ist nur eine kleine Stadt auf einer kleinen Insel, aber sie hat die Welt ein wenig verändert. Die Stadt ist berühmt für ihren coolen, entspannten Stil, die Reggae-Musik, und sie ist die Heimat der schnellsten Sprinter der Erde. Die farbenfrohe Hauptstadt liegt zwischen den Blue Mountains und einem tiefen Naturhafen.

RASTAFARI

Rastafari ist eine Glaubensrichtung, die in den 1930er-Jahren in Kingston entstand. Viele ihrer Anhänger tragen Dreadlocks (zu Strähnen verfilzte Haare) wie Bob Marley, ihr berühmtester Vertreter. Rastafari ist nicht die Hauptreligion Jamaikas, doch ihre Farben – Rot, Grün und Gold – sind überall in der Stadt als Erinnerung an Bob und den Reggae zu sehen.

EIN SICHERER HAFEN

Der Hafen von Kingston ist fast 16 km breit und damit einer der größten Naturhäfen der Erde. Zwei Forts bewachen die enge Einfahrt; sie schützten Kingston früher vor den gesetzlosen Piraten der Karibik. Manchmal hing man die Körper der toten Piraten an der Einfahrt auf. So sahen unerwünschte Besucher sofort, was sie erwartete, falls sie einen Angriff auf den Hafen wagen sollten.

DER *EMANCIPATION PARK*

Jamaika wurde über 300 Jahre lang von Großbritannien regiert. Während dieser Zeit wurden unzählige Sklaven aus Westafrika auf die Insel verschleppt und mussten in den Zuckerrohrplantagen schuften. Erst 1838 wurden die Sklaven freigelassen – sie durften selbst entscheiden, was sie mit ihrem Leben machen wollten. Der „Freiheitspark" ist ein wichtiges Symbol für die Unabhängigkeit Jamaikas und gleichzeitig ein beliebter Ort, um dem Trubel der Stadt zu entfliehen.

PORT ROYAL, DIE PIRATENSTADT

Vor vielen Hundert Jahren war Port Royal am Hafen von Kingston eine wichtige Basis für viele Piraten der Karibik. Die Rum trinkenden Schurken waren berüchtigt für ihr schlechtes Benehmen. Zeitgenossen beschrieben den Ort als „die übelste Stadt der Welt". Von dem gewaltigen Erdbeben, das 1692 zwei Drittel des Landes und der Gebäude zerstörte, erholte sich Port Royal nie wieder. Das benachbarte Kingston wuchs und wurde stattdessen die größte Stadt am Naturhafen.

LECKER UND WÜRZIG

Jerk („Idiot") ist definitiv ein Schimpfwort, aber nicht in Kingston. Dort ist Jerk ein heiß geliebtes, pikantes, feurig-scharfes Gericht. Dazu werden Fleischstücke, meist Hähnchen, Schwein oder Ziege, mit einer leckeren Soße oder trockenen Gewürzen eingerieben und gegrillt. Köstlich!

SCHNEE IN DEN TROPEN?

Als bei der Winterolympiade 1988 eine Bobmannschaft aus Kingston aufkreuzte, reagierte die Welt mit Staunen. Als Bewohner einer tropischen Insel waren sie weder mit kalten Temperaturen noch mit dem Fahren eines Bobs vertraut. Wie erwartet, lief es nicht so gut. Jamaika wurde 30ster im Zweierbob und verunglückte mit dem Viererbob. Doch dann schoben sie ihren Bob bis ins Ziel – und die Zuschauer liebten sie! Die Jamaikaner waren bei ihrer ersten Winterolympiade das Team, über das am meisten geredet wurde.

REGGAE-FIEBER

Bob Marley, der legendäre Musiker aus Kingston, erfand den Reggae und machte ihn in der ganzen Welt bekannt. Der Sänger und Songwriter sang zu eingängigen Melodien über die Liebe, die Freiheit und eine bessere Welt.

ENGLISCH, ODER WAS?

Die Menschen in Kingston sprechen Patois, ein sehr spezielles Englisch. In dem Singsang fügen sich englische, afrikanische und Begriffe anderer Sprachen zu einem einzigartigen Dialekt zusammen. Manche der Phrasen – beispielsweise *wah gwan* für „was ist los" – werden nicht nur in Kingston, sondern von Jamaikanern auf der ganzen Welt benutzt.

MEXICO CITY
MEXIKO, Nordamerika

Mexico City ist eine Stadt voller Überraschungen. Dort kannst du Voodoo-Puppen auf dem Markt kaufen, Insekten essen und durch Straßen spazieren, an denen die Häuser in den Boden versinken. In der quirligen, enorm dicht besiedelten Stadt essen, schlafen und arbeiten 20 Mio. Menschen.

WEGE AUS DEM SMOG

Mexico City ist berüchtigt für seine enorme Luftverschmutzung, also wird nach neuen Wegen gesucht, um die Luft zu reinigen. Die Wände eines Krankenhauses reagieren mit dem Smog aus dem Auspuff der Autos und verwandeln ihn in harmlose Dämpfe – eine mögliche Lösung für saubere Luft für die Stadtbewohner.

KNACKIGE SPEISEN, SAFTIGE PREISE

Die Straßenküchen von Mexiko City sind großartig; sie verkaufen Tacos, Buritos und anderes mehr. Sogar Insekten werden gerne gegessen. Viele Nobelrestaurants der Stadt haben Ameisenlarven, Stinkwanzen und andere Krabbeltiere auf der Speisekarte! Mit steigender Nachfrage steigen auch die Preise. Bauern, die geflügelte Riesenameisen und andere exotische Insekten anbieten, verdienen eine Menge Geld.

MUSEUMSVERRÜCKT

Angeblich hat Mexico City mehr Museen als jede andere Stadt der Welt. Bei dem Riesenangebot – von altem Spielzeug über Schuhe bis zu Schreibgeräten – findet jeder sein Lieblingsthema. Eines der auffälligsten ist das *Soumaya Museum* für Moderne Kunst, das mit über 16.000 sechseckigen Metallplatten verkleidet ist. Da die Platten sich weder untereinander noch den Boden berühren, scheinen sie zu schweben.

OKKULTER MARKT

Wer unter Liebeskummer leidet, sich rächen will oder eine Krankheit heilen möchte, ist auf dem Sonora-Markt genau richtig. Er hat sich der Hexerei und dem Okkulten verschrieben und bietet an seinen Ständen allerlei magische Produkte an – für die spirituelle Reinigung, aber auch Voodoo-Puppen, Heilmittel und Tränke.

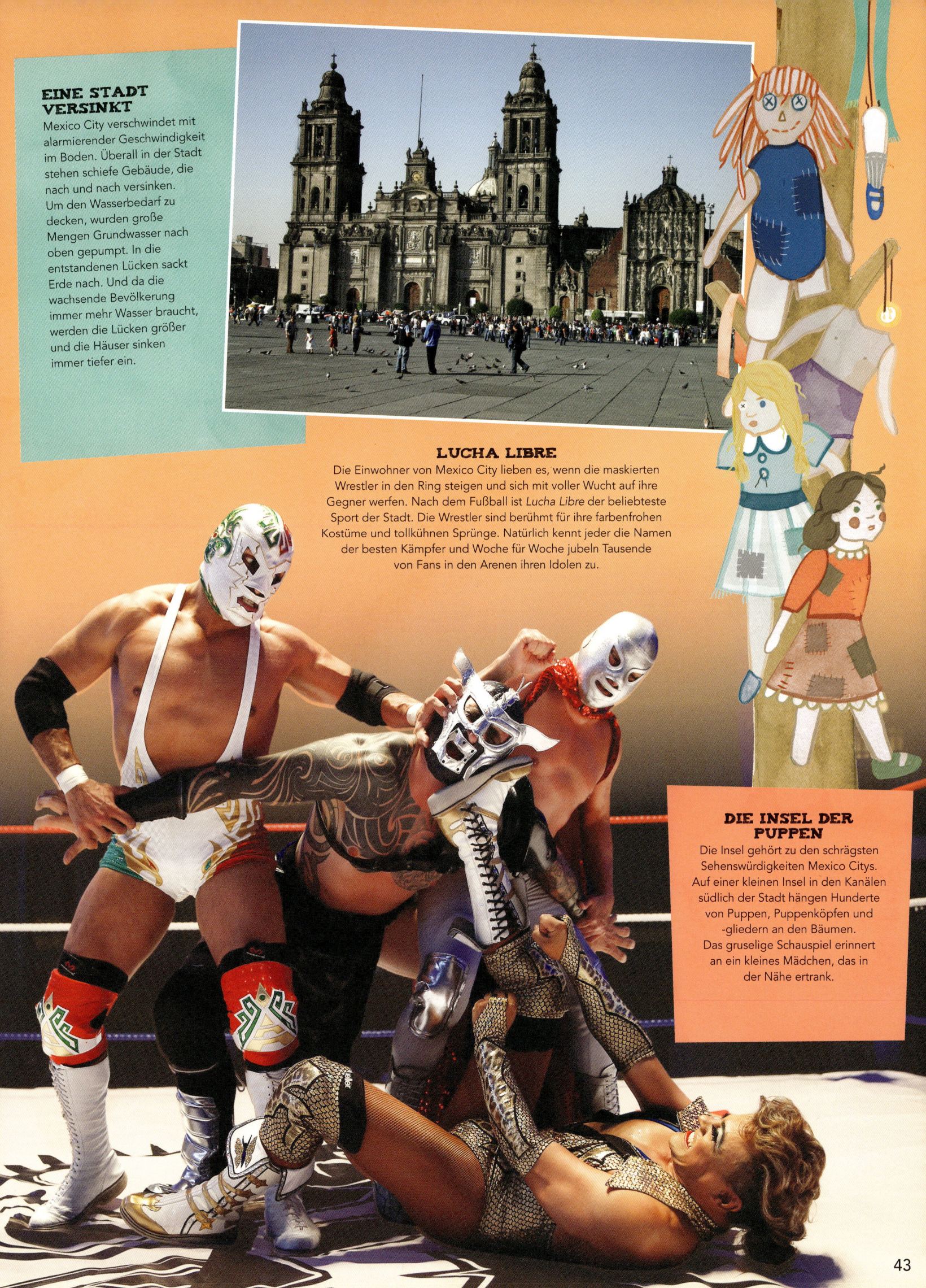

EINE STADT VERSINKT

Mexico City verschwindet mit alarmierender Geschwindigkeit im Boden. Überall in der Stadt stehen schiefe Gebäude, die nach und nach versinken. Um den Wasserbedarf zu decken, wurden große Mengen Grundwasser nach oben gepumpt. In die entstandenen Lücken sackt Erde nach. Und da die wachsende Bevölkerung immer mehr Wasser braucht, werden die Lücken größer und die Häuser sinken immer tiefer ein.

LUCHA LIBRE

Die Einwohner von Mexico City lieben es, wenn die maskierten Wrestler in den Ring steigen und sich mit voller Wucht auf ihre Gegner werfen. Nach dem Fußball ist *Lucha Libre* der beliebteste Sport der Stadt. Die Wrestler sind berühmt für ihre farbenfrohen Kostüme und tollkühnen Sprünge. Natürlich kennt jeder die Namen der besten Kämpfer und Woche für Woche jubeln Tausende von Fans in den Arenen ihren Idolen zu.

DIE INSEL DER PUPPEN

Die Insel gehört zu den schrägsten Sehenswürdigkeiten Mexico Citys. Auf einer kleinen Insel in den Kanälen südlich der Stadt hängen Hunderte von Puppen, Puppenköpfen und -gliedern an den Bäumen. Das gruselige Schauspiel erinnert an ein kleines Mädchen, das in der Nähe ertrank.

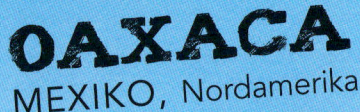

OAXACA
MEXIKO, Nordamerika

Die Stadt Oaxaca im Süden Mexikos ist reich an Geschichte und Tradition. Außerdem ist sie besonders beliebt, um dort den „Tag der Toten" zu feiern. Das jährliche Fest ist ein wichtiges Datum im mexikanischen Kalender: Dann treffen sich die Bewohner der Stadt und erinnern sich gemeinsam an die Verstorbenen.

KERZEN AN DEN GRÄBERN

Der *Día de Muertos* (Tag der Toten) wird auf den Friedhöfen Oaxacas gefeiert. Die Familien versammeln sich an den Gräbern ihrer verstorbenen Lieben zur Nachtwache. Der Anblick ist überwältigend: Überall um die blumengeschmückten Gräber brennen Kerzen, Familien machen Picknicks, man sieht Musiker und verkleidete Menschen.

FESTESSEN

Oaxaca ist berühmt für seine Köstlichkeiten, wie Tamales (in Bananenblätter eingewickelter Maismehlteig mit verschiedenen Füllungen) oder gebratene Heuschrecken. Am Tag der Toten essen die Familien die Lieblingsspeisen der Verstorbenen zusammen mit dem „Brot der Toten" (süße Brötchen, dekoriert mit Knochenformen). Champurrado ist ein dickes, heißes Schokoladengetränk, das mit Churros (fingerförmiges Fettgebäck) serviert wird. Naschkatzen bekommen nicht genug davon.

DIE RÜCKKEHR DER TOTEN

Am 1.–2. November feiern die Mexikaner die Tage, an denen die Toten für einen kurzen Besuch zu den Lebenden kommen. Als Wegweiser für die Geisterwelt werden Bogen aus gelben Blumen gebastelt, damit die Toten den Weg finden. Familien bauen Altäre mit Opfergaben wie Blumen, Kerzen und Essen. Dazu gibt es Wasser, falls die Geister durstig werden. Der erste Tag des Festes ist den toten Kindern gewidmet – sie bekommen ihre Lieblingsspielzeuge für die Geisterwelt.

TOTGLÜCKLICH

Die Erinnerung an die Toten ist nicht etwa traurig und düster, der *Día de Muertos* ist vielmehr genau das Gegenteil. Er ist eine fröhliche Feier mit Musik, Paraden, Kostümen, Festen und Jahrmarkt. Überall in Oaxaca sieht man Skelette: Plastikspielzeuge, Skulpturen, Bilder und Kostüme sollen aber nicht erschrecken, die Skelette sehen fröhlich aus und beschäftigen sich mit alltäglichen Dingen, wie Radfahren oder Musikmachen.

LA PAZ
BOLIVIEN, Südamerika

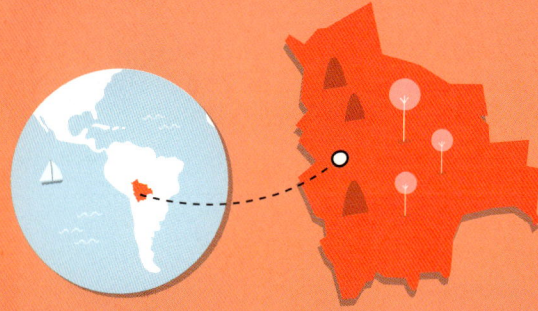

Tief einatmen, denn die Luft ist dünn im Hochgebirge. La Paz, die Hauptstadt von Bolivien, liegt in einem Talkessel, umgeben von den Gipfeln der Anden. Der Altiplano („Hochplateau") ist eine Höhenstufe der südamerikanischen Anden und seit Langem die Heimat der Inka und Aymara. Heute prägen moderne Wolkenkratzer das Tal und Seilbahnen tragen die Menschen in die Höhe.

DIE HÖCHSTGELEGENE HAUPTSTADT DER WELT

Mit 3660 m über dem Meeresspiegel ist La Paz die höchstgelegene Hauptstadt der Welt. Die Bewohner gehen ihren Tagesgeschäften in einer Höhe nach, wo die Menschen in anderen Gebirgen Skiurlaub machen! Außerhalb des Stadtzentrums kleben die Häuser gefährlich an den steilen Hängen des Talkessels. La Paz ist oft von Wolken verhüllt, doch die Bewohner müssen noch mit ganz anderen Wetterbedingungen fertig werden, denn Sonne, Regen und Schnee sind hier viel intensiver als auf Meereshöhe.

SCHNEEBEDECKTE BERGE

Sogar an warmen, sonnigen Tagen glitzert in La Paz der Schnee aus der Ferne. Die Stadt liegt vor der dramatischen Kulisse der Cordillera Real. Deren höchster Berg, der Illimani, ist ganzjährig von Schnee bedeckt. Der höchste seiner vier Gipfel ragt 6438 m hoch auf. Der Berg, der unter Bergsteigern als besonders schwierig gilt, ist das Wahrzeichen von La Paz und Bolivien. Daher singen die Bewohner von La Paz: „Illimani, Illimani, patrimonio eres de Bolivia" („Illimani, Illimani, du bist Boliviens Erbe").

HÖHENKRANKHEIT

Ist dir schwindelig, fühlst du dich schläfrig? Fällt dir das Atmen schwer? Es dauert eine Zeit, bis man sich an die dünne Luft von La Paz gewöhnt hat. Die meisten Menschen brauchen mehrere Tage Ruhe, bevor sich die Lungen an die Höhe angepasst haben. Die Bewohner nennen die Höhenkrankheit *soroche* und kennen auch ein Mittel dagegen – die Coca-Pflanze, deren grüne Blätter wie Tee aufgebrüht werden.

EINE EWIG LANGE LANDEBAHN

Flugreisende nach La Paz landen auf dem El-Alto-Flughafen, dem höchstgelegenen Flughafen der Welt. Der niedrige Luftdruck senkt den Luftwiderstand, sodass die Flugzeuge sehr schnell sind. Sie brauchen spezielle Reifen für die hohe Geschwindigkeit und extra lange Landebahnen. Nachdem das Flugzeug aufgesetzt hat, rollt es lange aus, bis es endlich langsamer wird und schließlich anhält.

EINE HIMMELSFAHRT

La Paz ist so dicht besiedelt, dass Verkehrsstaus zum Problem werden. Weil die Straßen zu voll sind, steigen viele vom Bus in die Seilbahn um. La Paz hat das längste städtische Seilbahnsystem der Welt. Drei Linien sind bereits fertig, sechs weitere sind geplant. Viele Fahrgäste verkehren mit der Seilbahn zwischen La Paz und der Nachbarstadt El Alto. Wenn das System fertig ist, soll es pro Stunde 27.000 Passagiere befördern.

DIE TODESSTRASSE

Wer von La Paz hinunter zum Amazonas-Regenwald fährt, muss den Camino a Los Yungas, die „Todesstraße", benutzen. Die zweispurige Strecke ist teilweise nur 3,20 m breit – solider Felsen auf einer, ein gähnender Abgrund auf der anderen Seite. Obwohl jedes Jahr Hunderte von Menschen in den Haarnadelkurven der Todesstraße in den Tod stürzen, riskieren immer wieder unerschrockene Motorradfahrer und Abenteurer ihr Leben. Neben den Serpentinen und Abgründen erschweren Erdrutsche, Steinschlag und dichter Nebel die Fahrt.

CARTAGENA
KOLUMBIEN, Südamerika

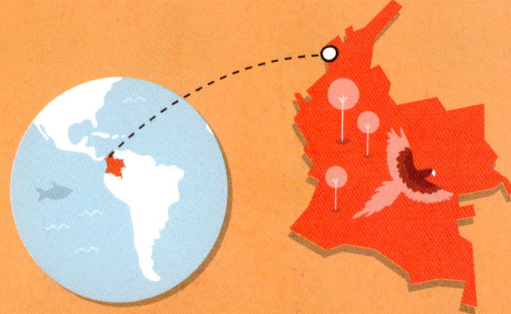

Cartagena de Indias ist ein hübscher Hafen mit stürmischer Vergangenheit: Im 16. und 17. Jh. wirkte er wie ein Magnet auf plündernde Piraten! Als die Angriffe auf Cartagena und sein Gold zunahmen, bauten die Bürger eine Mauer um ihre Stadt. Heute dürfen Touristen die alten Befestigungen besichtigen oder mit dem Boot über die Bucht fahren, wo einst Piratenschiffe lauerten.

PIRATEN DER KARIBIK

Wenn ein Schiff die schwarze Totenkopfflagge aufzog, blieb nur die Flucht – jeder Kapitän wusste, jetzt geht es um Leben und Tod! Die meisten Piraten oder Freibeuter, die Cartagena überfielen und „Gold oder Leben" verlangten, waren Engländer oder Franzosen. Der französische Pirat Baal überfiel die Stadt, als der Gouverneur bei einem Bankett saß. Nach einem dramatischen Schwertkampf verließ er die Stadt mit einem saftigen Lösegeld in Gold, bevor die Gäste wussten, wie ihnen geschah.

GOLDENE ZEITEN

Die Künstler des Zenú-Stammes schufen erstaunliche Kunstwerke. Ihre unglaublich fein gearbeiteten Goldobjekte stellen Jaguare, mit Edelsteinen verzierte Hängematten und Bäume mit winzigen, glänzenden Glocken dar. Das Gold, das so viel Leid über Cartagena gebracht hat, ist heute im Goldmuseum (Museo de oro) ausgestellt. Neben sakralen Objekten wird auch die Beute von Grabräubern und Piraten gezeigt.

SCHATZTRUHE

Cartagena wurde 1533 von spanischen Eroberern gegründet. Die Spanier raubten die sagenhaften Reichtümer der Inka und anderer Ureinwohner und bauten die Stadt als wichtige Zwischenstation auf der Handelsroute nach Europa. Bevor die Schiffe voller Gold aus Peru und Ecuador weiter nach Europa segelten, legten sie an den Docks von Cartagena an. Natürlich lockte der Reichtum auch die Piraten an, die Cartagena allein im 16. Jh. fünfmal belagerten.

LEBEN MIT DEM WIND

Die Bewohner Cartagenas sind an Hetze und Trubel gewöhnt – die Stadt ist voll, heiß und stickig. An jeder Ecke stehen Straßenhändler und die Kinder arbeiten mit, wenn sie nicht in der Schule sind. Nur am Sonntag entfliehen die Familien der Hitze und lassen vor den Stadtmauern Drachen steigen. Im August, wenn der Wind besonders stark weht, findet ein farbenfrohes Drachenfest statt.

EINE UNBESIEGBARE FESTUNG

Das *Castillo de San Felipe de Barajas* ist die einzige Festung Cartagenas, die nie von Piraten erobert wurde. Die größte spanische Kolonialfestung außerhalb Spaniens wird von dicken Mauern, Respekt einflößenden Bunkern und mächtigen Brüstungen geschützt. Gruselige Tunnel verbinden die wichtigsten unterirdischen Räume miteinander. Sie sind so konstruiert, dass selbst leise Geräusche durch das Echo laut durch die düsteren Gängen hallen – kein Feind konnte sich unbemerkt anschleichen.

SELBSTVERTEIDIGUNG

Natürlich wollten die Spanier ihre zusammengerafften Schätze schützen. Also entschied die Regierung, Cartagena mit einer Mauer zu umgeben und zusätzliche Forts und Festungen anzulegen. Obwohl der Plan nicht vollständig aufging, war Cartagena zu Beginn des 17. Jhs. die am besten geschützte Stadt Südamerikas.

EINSPURIG REIN UND RAUS

Im 17. Jh. gab es nur einen Zugang in die Stadt – das alte *Clock Tower Gate*. Es hatte nur eine einzige Türöffnung, sodass unerwünschte Besucher abgewehrt werden konnten! Heute sind drei Türen geöffnet, doch das Tor ist noch immer das berühmteste Wahrzeichen Cartagenas. Früher gab es eine Waffenkammer und eine Kapelle, heute ist stattdessen eine riesige Schweizer Uhr eingebaut.

GRABRÄUBER AUF GOLDSUCHE

Die Schätze Cartagenas stammen aus unterirdischen Gräbern. Für die Zenú, die zwischen 200 v.Chr. und 1600 n.Chr. in der Region lebten, war Gold ein wesentlicher Teil ihrer Kultur. Wenn ein Häuptling starb, wurde er mit seinen kostbarsten Besitztümern begraben. Spanische Abenteurer entdeckten die Gräber mit dem funkelnden Gold, raubten sie aus und türmten riesige Schätze auf.

MANAUS
BRASILIEN, Südamerika

Manaus liegt mitten im Herz des Amazonas-Regenwaldes. Hier herrscht die größte Artenvielfalt des ganzen Planeten. Die Stadt im Dschungel – das „Paris der Tropen" – ist eine geschäftige Metropole mit verkehrsreichen Straßen, einer eleganten Oper und einem 1500 km von der Atlantikküste entfernten Hafen.

DIE DSCHUNGELSTADT

Manaus braucht keine Stadtparks, es ist von grüner Wildnis umgeben! Manaus ist dem Regenwald so nah, dass manchmal die Grenze zwischen den Bauten der Menschen und den wilden Tieren in der Natur verschwimmt. Es ist nicht ungewöhnlich, dass Vögel mit leuchtend buntem Gefieder über die Dächer fliegen oder ein Reptil über eine Seitenstraße flitzt. Menschen, die in den Regenwald vordringen, müssen vorsichtiger sein. Die meisten schließen sich einer geführten Tour an oder reisen mit einem Führer, der sich im Dschungel auskennt.

PENDLER IM KANU

Was in Venedig die Kanäle, sind in Manaus die *igarapés*. In der Sprache der Nheengatu bedeutet das „Kanuweg". Sie schlängeln sich als unzählige große und kleine Bäche und Flüsschen durch die gesamte Stadt.

HOTEL IN DEN BAUMKRONEN

Die *Ariau Amazon Towers* sind das größte Baumhotel der Welt. Das Design hat der Ozeanforscher Jacques Cousteau vorgeschlagen. Er soll die Idee gehabt haben, mit traditionellem Material aus dem Regenwald ein großes Gebäude auf Stelzen zu bauen. Die einzelnen Hotelzimmer hoch in den Baumkronen sind untereinander durch insgesamt über 8 km lange Holzstege verbunden.

WO SICH DIE WASSER TREFFEN

Manaus ist der Ort des ungewöhnlichen *Encontro das Águas*, „wo sich die Wasser treffen". Hier fließen das dunkle Wasser des Rio Negro und das hellere, sandfarbene Wasser des Amazonas zusammen. Die beiden Flüsse haben nicht nur unterschiedliche Temperatur und Dichte, sondern fließen auch unterschiedlich schnell. Daher vermischen sich die beiden Flüsse nicht sofort, sondern strömen mehrere Kilometer weit nebeneinander her. Touristen können vom Boot aus nebeneinander das helle und dunkle Wasser betrachten.

MITTEN IN DER WILDNIS

Im Regenwald um Manaus wimmelt es von Leben: Rosa Delfine, Hellrote Aras, Rote Brüllaffen, Piranhas, Alligatoren und Spinnen. Biologen haben über 1300 Vogel-, mindestens 400 Säugetier-, dazu 400 Amphibien-, etwa 375 Reptilien- und unglaubliche 40.000 Pflanzenarten gezählt. Nur eine Art ist sehr selten vertreten: Auf einem Quadratkilometer (die Fläche von 140 Bundesliga-Fußballplätzen) lebt durchschnittlich nicht einmal ein Mensch – ziemlich viel Platz für eine einzelne Person!

EINE NACHT IN DER OPER

Ein nobles Theater mitten im Dschungel dürfte das Letzte sein, was man erwartet, doch das Amazonas-Opernhaus ist eines der großartigsten Opernhäuser in Südamerika. Es wurde in einer Zeit gebaut, als Brasilien durch den Verkauf von Kautschuk sehr reich war. Importiertes französisches Glas und glänzender italienischer Marmor verraten, dass keine Kosten gescheut wurden. Die schwarz-weißen Kacheln am Eingang wurden allerdings durch eine lokale Erscheinung inspiriert: den Zusammenfluss des dunklen Rio Negro mit dem hellen Amazonas.

MIT DEN GEZEITEN

In einigen Regionen der Welt sind die Gebäude erdbebensicher gebaut, doch in Manaus gibt es ein Bauwerk, das mit den Gezeiten steigt und fällt. Der Porto Flutante ist ein schwimmendes Dock mit Restaurants und Läden. Du kannst also bei auflaufender Flut dein Essen bestellen und wenn die Rechnung kommt, sitzt du viel höher.

RIO DE JANEIRO
BRASILIEN, Südamerika

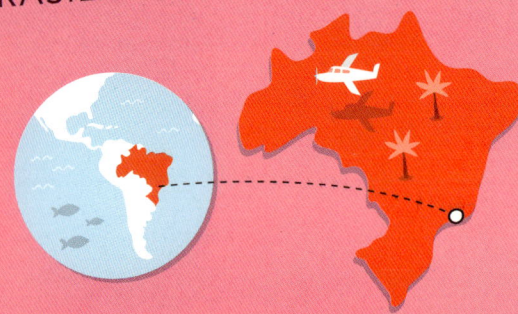

In der *Cidade Maravilhosa* („wunderbare Stadt") – der perfekte Spitzname für Rio de Janeiro – ist das Leben wie ein Strandurlaub. Die Stadt ist ein buntes Gemisch aus Samba, Fußball, Sonne, Sand und Surfen. Alles locker anzugehen, ist das wichtigste Lebensgefühl dieser coolen Stadt am Meer. Im Zweifel heißt es *fique tranquilo* („bleib ruhig") – geh' an den Strand.

LEUCHTEND BUNTE FAVELAS

Die farbenfrohen Häuser auf den Hängen Rios sind Favelas – unabhängige Gemeinschaften in einer großen Stadt. Die Favelas entstanden nach Abschaffung der Sklaverei. Die ehemaligen Sklaven, arme Männer und Frauen fanden kaum Arbeit und wohnten dicht an dicht in einfachen Häusern. Einige Favelas sind immer noch extrem arm, andere sprühen vor Kreativität. Die Straßen und Häuser haben einheimische Künstler und Reisende mit ihren lebendigen Farben und Kultur inspiriert.

DER ZUCKERHUT

Der *Pão de Açúcar* (Zuckerhut) ist ein Berg mit merkwürdiger Form und passendem Namen. Der 396 m hohe Berg über der Bucht von Guanabara ist eines der bekanntesten Wahrzeichen Rios. Bevor der Zucker lose oder als Würfel verkauft wurde, goss man ihn in hohe, kegelförmige Formen mit runder Spitze – wie die Form des berühmten Berges.

CHRISTUS DER ERLÖSER

Auf dem hohen Corcovado steht ein monumentales Wahrzeichen von Rio de Janeiro, die Statue von Christus, dem Erlöser. Es ist die größte Statue der Welt und mit den einfachen, fließenden Formen ein perfektes Beispiel für den Stil des Art Deco. Die riesige Statue wurde von dem französischen Bildhauer Paul Landowski entworfen. Sie besteht aus Beton und Speckstein, ist 30 m hoch und die ausgebreiteten Arme messen 28 m; die Statue wurde 1931 vollendet.

LEBEN AM MEER

Die Copacabana gehört zu den berühmtesten Stränden der Welt. Skateboarder und Inliner fahren an Sonnenhungrigen in winzigen Badeanzügen vorbei, Teams spielen *futebol* (Fußball) oder Beach-Volleyball und die Surfer warten auf die perfekte Welle. Straßenhändler verkaufen alles – von Kokosnüssen bis zu Decken für den Strand. Andere Jugendliche üben im Sand Capoeira, die einzigartige Mischung von Tanz und Selbstverteidigung, die afrikanische Sklaven im 16. Jh. erfunden haben.

GIRL FROM IPANEMA

Nach *Yesterday* von den Beatles ist *Garota de Ipanema* der zweithäufigste aufgenommene Popsong. Zu dem Lied hat sich der Komponist 1962 von einer Bewohnerin Rios inspirieren lassen. Die 19-jährige Heloísa Eneida Menezes Paes Pinto, die im eleganten Viertel Ipanema am Strand wohnt, ging täglich am Café Veloso vorbei, wo der Komponist häufig saß. Über sie schrieb er den Text (übersetzt aus dem Portugiesischen): „*Groß und gebräunt, jung und hübsch spaziert das Mädchen von Ipanema vorbei... (sie geht) wie eine Samba, swingt cool und wiegt sich sanft...*"

VERRÜCKT NACH KOKOSNÜSSEN

Frische Kokosmilch (água de coco) ist das Lieblingsgetränk in Rio. Überall an den Straßen und Stränden schlagen Straßenverkäufer mit Macheten die Spitzen gekühlter, grüner Kokosnüsse ab und stecken einen Strohhalm hinein.

DAS WUNDERBARE SPIEL

Brasiliens Fußball-Superstar Pelé nannte den Fußball *o jogo bonito* („das wunderbare Spiel"). Fußball ist untrennbar mit brasilianischer Kultur und Lebensart verbunden und in allen Altersgruppen beliebt. Fußball wird am Strand genauso gespielt wie auf Plätzen oder Wiesen am Straßenrand. Das berühmte Maracanã-Stadion in Rio de Janeiro wurde 1950 für die Weltmeisterschaft gebaut. Heute spielen hier die Fußballclubs der Stadt.

RIO DE JANEIRO

Jedes Jahr feiert Rio de Janeiro eine riesige Open-Air-Party, zu der alle eingeladen sind! Der Karneval, der im Februar oder März gefeiert wird, markiert im christlichen Kalender den Beginn der Fastenzeit. Rios Karneval ist die größte Feier der Welt und lockt jeden Tag zwei Millionen Feierwütige in die Straßen der Stadt.

HARTER WETTBEWERB

Im Zentrum des Karnevals von Rio steht der Wettbewerb zwischen den besten Sambaschulen der Stadt. An den ersten beiden Tagen des Karnevals präsentieren sich 15 Schulen im Sambadrom. Die zwölf besten treten am Ende des Karnevals gegeneinander an. Jede Sambaschule erzählt eine Geschichte, die sie mit ausgefallenen Kostümen, Musik, einer kreativen Choreografie und Überraschungseffekten darstellt.

DRESSCODE

Die abgefahrenen Kostüme der Sambaschulen sind nicht von dieser Welt: sagenhafter Federschmuck, glitzernde Pailletten, turmhoher Kopfschmuck und enorme Plateauschuhe. Bereits ein einziger Tänzer ist eine faszinierende Erscheinung – stell dir vor, wie Hunderte durch die Straßen tanzen.

BANDS UND IHRE FANS

Blocos und *Bandas* sind Trommelgruppen, die mit den traditionellen Sambarhythmen durch die Straßen ziehen. Beim Karneval von Rio spielen jedes Jahr Hunderte von Gruppen – jede mit eigener Kultur, Stil, Tradition und eigenem Song. Menschen jeden Alters und aus allen sozialen Schichten sind auf der Straße und marschieren mit. Viele sind verkleidet oder kaufen sich ein T-Shirt ihrer Lieblingsband.

POWER-PAAR

An der Spitze jeder Sambaschule marschiert die *Porta Bandeira* („Fahnenträgerin"). Sie ist die wichtigste Person der Show; sie führt komplizierte Sambaschritte vor und versucht Zuschauer und Preisrichter zu bezaubern. Dabei darf die Fahne niemals ihren Körper berühren – schon ein leichtes Streifen zählt als Verstoß und kostet wertvolle Punkte! Der männliche *Mestre Sala* (Zeremonienmeister) leitet sie sicher durch das Gedränge im Sambadrom.

IM SAMBADROM

Zwei der fünf Tage des Karnevals sind landesweite Feiertage mit Tanz und Musik, fantasievollen Festwagen und farbenprächtigen Kostümen. Überall in der Stadt finden Partys und Paraden statt, doch der wichtigste Ort des Karnevals ist das *Sambodromo Marquês de Sapucaí*. Der brasilianische Architekt *Oscar Niemeyer* hat dieses Freilichttheater entworfen, wo die Zuschauer auf Tribünen dem Spektakel zusehen können. Hier findet auch die spektakuläre Eröffnung des Karnevals statt. Damit die Farben der Kostüme optimal zur Geltung kommen, wird das Sambadrom jedes Jahr weiß angestrichen.

FANTASTISCHE FESTWAGEN

Auf die *Porta Bandeira* folgen die Festwagen. Jeder ist so ausgefallen und kunstvoll gestaltet wie die Kostüme der Tänzer. Jeder Wagen ist einzigartig und detailreich mit Skulpturen und Dekorationen verziert. Die Tänzer stehen auf Plattformen und präsentieren sich den Zuschauern.

CUSCO
PERU, Südamerika

Cusco ist eine der ältesten, dauerhaft bewohnten Städte des Westens. Die ehemalige Hauptstadt des großen Inka-Reiches wurde von den Spaniern erobert. Das reiche Erbe dieser beiden Kulturen ist in Cusco noch immer sichtbar. Die Einheimischen in ihren Bowlerhüten treiben Lamas über das Kopfsteinpflaster, während schicke Boutiquen und Hotels auf Touristen warten, die zu den Ruinen von Machu Picchu wollen.

DER GOLDENE TEMPEL

Von dem einst reichsten Tempel des Inka-Reiches – *Qorikancha*, „goldener Hof" in der Landessprache Quechua – sind heute nur noch die steinernen Grundmauern vorhanden. Der um 1200 erbaute Tempel enthielt einen reichen Goldschatz mit Objekten aus purem Gold, die Lamas, Babys, aber auch lebensgroße Maispflanzen darstellten. Sogar das Gebäude war golden: Die Mauern waren mit mindestens 700 schweren Goldplatten verkleidet.

STEINERNE WUNDER

Niemand weiß genau, wie das wundervolle Cusco erbaut wurde. Woher stammten die Steine? Wie wurden sie transportiert? Wie haben die Steinmetze sie so präzise behauen? Angeblich waren die spanischen Siedler im 16. Jh. überwältigt von den unglaublichen Steinmetzarbeiten. Sie waren viel feiner und robuster als alles, was es damals in Europa gab.

DER HEILIGE PUMA

Das Zentrum von *Cusco* ist in der Form eines Pumas angelegt, ein heiliges Tier in der Inka-Kultur. Der Kopf des Pumas war die Festung Sacsahuaman, die beiden Flüsse *Tulumayo* und *Huatanay* bildeten den Körperumriss und der Zusammenfluss der beiden Flüsse war der Schwanz – *Pumaq Chupan*. Der heilige Zentralplatz mit dem Tempel *Qorikancha* lag an der Stelle des Herzens.

MACHU PICCHU

Cusco ist das Tor zu Machu Picchu, den weltberühmten Ruinen einer alten Inkastadt. Obwohl nur 80 km entfernt, sind die Ruinen schwer zu erreichen. Die Besucher kommen im Hubschrauber, im Bus oder Minivan über atemberaubende Serpentinenstraßen oder zu Fuß über einen alten Inkaweg. Viele entscheiden sich aber für die dreistündige Zugfahrt im traditionellen Zug mit luxuriösen, holzvertäfelten Speisewagen oder modernen Zügen mit Glasdach. Machu Picchu liegt zwischen zwei hohen Andengipfeln. Die „Stadt in den Wolken" bietet einen geheimnisvollen, faszinierenden Einblick in eine untergegangene, ehemals fortschrittliche Gesellschaft – in eines der sieben Weltwunder.

ERDBEBEN

Cusco liegt in einer Erdbebenzone, wo die Platten der Erdkruste aneinander reiben. Während bei den zahlreichen Beben viele moderne Bauten zusammenbrechen, sind die alten Inkabauten überraschend stabil. Die Inkas verwendeten keinen Mörtel, sondern setzten präzise behauene Steinblöcke mosaikartig zusammen. Angeblich „tanzen" die Steine in einem Inkabau während eines Erdbebens und fügen sich anschließend sanft wieder in die alte Position ein.

„SCHWEINCHEN-BRATEN" GANZ ANDERS

Hungrig? Cuy (Meerschweinchen) sind eine traditionelle Delikatesse in Peru und werden in vielen Restaurants und Märkten angeboten. Die Nagetiere werden gewöhnlich im Ganzen gebraten oder gegrillt, in einer knusprigen Kruste aus Knoblauch und Salz serviert und mit den Händen gegessen.

BUENOS AIRES
ARGENTINIEN, Südamerika

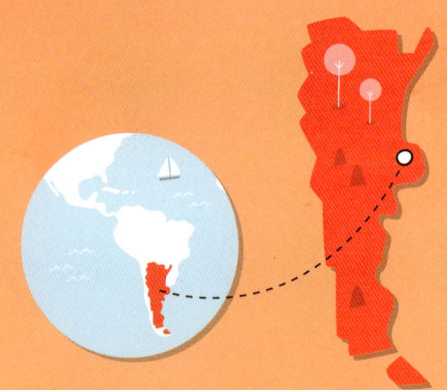

DIE PRALINEN-SCHACHTEL

Das Stadion der Boca Juniors, eine der führenden Fußballmannschaften der Stadt, wird wegen seiner ungewöhnlichen Form auch *La Bombonera* (Pralinenschachtel) genannt. Wenn Boca gegen den Lokalmatador River Plate spielt, sind alle 49.000 Plätze besetzt, und wenn die Fans auf und ab springen, scheint das Stadion zu zittern.

Buenos Aires bewegt sich im Tangorhythmus. Die Geburtsstadt dieses intensiven Tanzes ist berühmt für ihre Leidenschaft – für Freunde und Familie, Musik, Kunst und natürlich für *fútbol* (Fußball).

STADT DER TOTEN

In Buenos Aires werden die Toten nicht in der Erde begraben – zumindest nicht die Prominenten. Der Friedhof Recoleta liegt mitten in einem der reichsten Viertel der Stadt. Auf über 5 ha findet man hier mehr als 4000 oberirdische Gräber und Gewölbe. Die eleganten Mausoleen aus Marmor sind aufgereiht wie an Straßen. Hier liegen auch argentinische Präsidenten, Nobelpreisträger und Eva Perón, besser bekannt als Evita.

EIN RIESENKAUTSCHUKBAUM

Manche Menschen umarmen gerne Bäume. In Buenos Aires ist das nur mit der Hilfe von Freunden möglich. In der Stadt wachsen enorme Kautschukbäume, deren Wurzeln an die Arme eines Kraken erinnern. Der berühmteste unter ihnen, der *Gran Gomero*, steht auf der *Plaza Francia*. Er wurde 1791 gepflanzt und seine Krone ist 50 m breit!

EIN BUCHLADEN IM THEATER

Wo kann man Biografien im Orchestergraben oder Kunstbücher im Parkett ansehen und auf der Bühne eine heiße Schokolade genießen? Im *El Ateneo Grand Splendid* ist das kein Problem. Das glamouröse alte Theater wurde in einen Buchladen verwandelt. Auf der Bühne, wo einst die Tango-Legende *Carlos Gardel* auftrat, sind ein Café und Restaurant untergebracht.

DULCE DE LECHE

Was für ein unwiderstehlicher Karamell-Brotaufstrich! *Dulce de Leche* findest du in jedem Café, jeder Eisdiele und Bäckerei. Kinder genießen ihn nachmittags als merienda (Snack) auf Toast oder Gebäck.

SPRECHENDE MAUERN

Ein drei Stockwerke hoher Junge, ein Walross von der Größe eines Hauses oder eine Schildkröte, groß wie ein Garagentor? Das alles und vieles mehr kannst du in den bunten Wandgemälden in Buenos Aires entdecken. Dort ist es Künstlern im Unterschied zu vielen Großstädten nicht verboten, die Wände als Riesenleinwände zu nutzen. Die Mauern von Buenos Aires erzählen Geschichten.

DANCING IN THE STREETS

In Buenos Aires wurde der Tango erfunden. Als dieser Tanz 1912 Paris eroberte, galt er als Inbegriff von Glamour. Tatsächlich hat er in seiner Geburtsstadt sehr bescheiden angefangen – in Nebenstraßen und Bars am Hafen, wo die Einwanderer tanzten. Heute zeigen sich die Argentinier gerne beim Tango und tanzen öffentlich zum Klang der traditionellen Tangomusik.

DIE BREITESTE STRASSE

Es dauert seine Zeit, die *Avenida 9 de Julio* – der 9. Juli ist der Unabhängigkeitstag Argentiniens – zu überqueren. Sie ist die breiteste Straße der Welt. Manchmal ist sie 12 Spuren breit, an anderen Tagen bis zu 16. Die Straße verläuft mitten durch die Stadt und verbindet die beiden wichtigen Bahnhöfe Retiro und Constitución. Angeblich braucht man zu Fuß, wenn man die Ampeln beachtet und schnell geht, etwa zweieinhalb Minuten.

USHUAIA
ARGENTINIEN, Südamerika

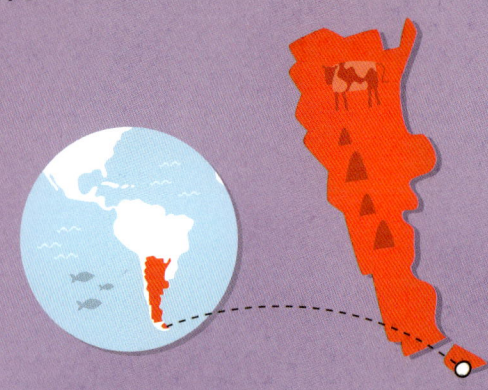

Die abgelegene, verschneite Stadt *Ushuaia* ist die Hauptstadt von Tierra de Fuego – das Land des Feuers oder Feuerland. Sie ist die südlichste Stadt der Welt mit direkter Schiffspassage in die eisige Antarktis. Trotz dieser Lage wächst Ushuaia schnell. Die Straßen beginnen am Südpolarmeer und ziehen sich die Hänge der Anden hinauf.

NOMADEN DER FRÜHZEIT

Ushuaia hatte die meiste Zeit seiner Geschichte keinen Kontakt zu Europäern. Über Tausende von Jahren lebten hier nur die Stämme der Selk'nam und Yaghan. Es waren nomadische Sammler und Jäger, die trotz Kälte fast nackt waren. Um sich zu wärmen, rieben sie ihre Körper mit Robbenfett ein und drängten sich nachts um ein Feuer.

DAS ENDE DER WELT

Ushuaia liegt an einer Bucht von Feuerland zwischen dem Martial-Gletscher und dem Beagle-Kanal, der die Hauptinsel von zahlreichen kleineren Inseln trennt. Der östliche Teil des Kanals bildet die Grenze zwischen Chile und Argentinien. Der Kanal ist nach der *HMS Beagle* benannt, dem ersten englischen Schiff in diesen Gewässern.

DIE PINGUIN-INSEL

Die Isla Martillo, eine winzige Insel im Beagle-Kanal, gehört ganz den Pinguinen – Menschen sind die Ausnahme. In einer Kolonie brüten etwa 3000 Paare Esels- und Magellan-Pinguine. Zum Schutz dieses natürlichen Lebensraums und seiner schwarz-weißen Bewohner haben Menschen nur begrenzten Zugang. Ein staatlicher Guide führt täglich nur wenige Besucher über die Insel. Die Pinguine schwimmen, spielen und watscheln über die Wege, während ihre flaumigen Küken sich im kalten Wind aneinanderkuscheln.

KOLOSSALE KRABBEN

Centolla (Königskrabben) sehen vielleicht gefährlich aus, aber sie sind eine kulinarische Spezialität von Ushuaia. In manchen Restaurants dürfen sich die Gäste eine Krabbe aussuchen. Dann wird sie gekocht und mit den passenden Werkzeugen serviert, um den Panzer aufzuknacken – das Fleisch ist saftig und köstlich. Da das Ganze nicht ohne Kleckern abgeht, legen sich die Gäste ein Lätzchen um.

RAUES WETTER

In Ushuaia herrscht subpolares Klima, es ist ganzjährig kalt. Selbst in den wärmsten Sommermonaten herrschen nur 10°C. Außerdem kann das Wetter rasch umschlagen. Wenn an einem sonnigen Nachmittag plötzlich ein Sturm aufzieht, steuern die Kapitäne ihre Boote sofort zurück in den Hafen. In Ushuaia schneit es besonders in den Wintermonaten Juli und August regelmäßig. Dann zieht es die Menschen zum Skifahren oder Snowboarden in die Berge vor der Stadt. Die meisten Einheimischen arbeiten in der Fischindustrie, der Öl- und Erdgasförderung, züchten Schafe oder sind im Tourismus beschäftigt, denn viele Fremde wollen das Ende der Welt sehen!

EIN EINSAMER LEUCHTTURM

Am Meer, an der Einfahrt nach Ushuaia, steht der rot-weiß gestreifte *Les-Eclaireurs*-Leuchtturm. Dieses Wahrzeichen wacht schon seit fast einem Jahrhundert über die Stadt. Inzwischen funktioniert er automatisch, ohne Leuchtturmwärter: Sein Licht blitzt alle 10 Sekunden auf und ist 7,5 nautische Meilen (14 km) weit zu sehen.

EINE MAUER AUS EIS

Manche Mineralwässer werben mit einem Gletscher auf dem Etikett, aber hast du schon einmal eiskaltes Wasser direkt aus dem Gletscher probiert? Der El-Martial-Gletscher hoch über der Bucht von Ushuaia ist die wichtigste Trinkwasserquelle der Stadt. Wer mit der Seilbahn auf die Mauer aus Eis fährt, wird mit einem sagenhaften Blick auf den Beagle-Kanal belohnt.

REYKJAVIK

ISLAND, Europa

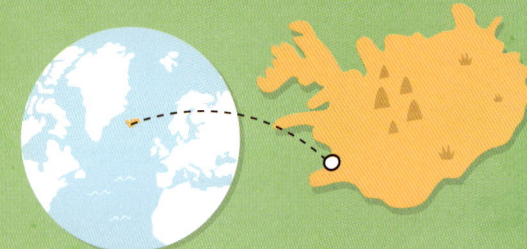

Das Leben in der nördlichsten Hauptstadt der Welt ist niemals langweilig. Reykjavik liegt günstig am Westufer der Insel aus Eis und Feuer – Island. Die Stadt ist zwischen aktiven Vulkanen auf einer und einer Bucht mit arktischen Tieren auf der anderen Seite eingeklemmt. Die Menschen baden in heißen Quellen, machen erstaunliche Kunst und lieben wie ihre Wikinger-Vorfahren das Leben im Freien.

STINKENDES WASSER

Das heiße Wasser der Stadt stammt aus anderen Quellen als das kalte. Wegen des hohen Schwefelgehaltes stinkt heißes Wasser und sollte nicht getrunken werden. Das kalte Wasser ist dagegen bestes Trinkwasser und so rein wie kaum ein anderes Wasser auf der Erde. Der Schwefel im warmen Wasser hat aber auch Vorteile: Ein paar Mal darin gebadet und die Haut wird babyweich.

LAUTE NACHBARN

Die vulkanischen *Bláfjöll* (Blaue Berge) sind von Reykjavik aus gut zu sehen; hier fahren die Bewohner Ski. Die Vulkane sind zum letzten Mal 1389 ausgebrochen, aber da alle 800–1000 Jahre mit Ausbrüchen zu rechnen ist, könnte es jederzeit wieder losgehen.

GANZ NAH BEI DEN TIEREN

Reykjavik liegt an der *Faxaflói*-Bucht, wo Tausende von Papageitauchern und Meeressäuger wie Zwerg-, Buckel- und Schwertwale leben. Die Whale-Watching-Touren vom alten Hafen aus sind bei Touristen sehr beliebt, doch Isländer jagen und essen immer noch Meerestiere. Einige Restaurants servieren Wal- und Papageitaucher-Burger.

HEISSE WARE

Alte Steine, Bimsstein, Flaschen mit Vulkanasche und Schmuck aus Lava, die von den Vulkanen rund um die Stadt stammen, sind beliebte Souvenirs in Reykjavik.

DAMPFANTRIEB

Reykjavik bedeutet „Dampfbucht" nach dem Dampf, der aus Spalten in der Erdkruste an die Oberfläche dringt. Im Winter vergessen die Menschen die eisigen Temperaturen und gehen auf Zehenspitzen durch den Schnee, um in den riesigen Naturschwimmbecken, wie Laugardalslaug und der Blauen Lagune auf der Halbinsel Reykjanes, schwimmen zu gehen. Die Hitze unter der Erdkruste heizt das Wasser auf.

VON DEN GÖTTERN AUSGEWÄHLT

Reykjavik wurde von dem Wikingerhäuptling *Ingólfur Arnarson* („königlicher Wolf") gegründet. Auf der Flucht vor einer Fehde in seiner Heimat Norwegen landete er 874 an Islands unbewohnter Küste. Die Wahl des Standortes überließ er traditionell den Göttern: Er warf einige Holzstangen ins Meer und bat die Götter, sie an Land zu spülen; dort wollte er siedeln. Im alten *Íslendingabók* (Isländerbuch) ist zu lesen, dass seine Sklaven Vífill und Karli drei Jahre brauchten, um die Stelle zu finden.

LEBEN WIE DIE WIKINGER?

In Reykjavik kannst du dich ins 10. Jh. zurückversetzen lassen – in einem Langhaus der Wikinger, das 2001 nach tausend Jahren wiederentdeckt wurde. Außerdem gibt es ein unterhaltsames Theater und Ausstellungshaus (Saga Museum), in dem die spannende Vergangenheit im Island der Wikinger dargestellt wird.

ELFEN HELFEN

Viele Isländer glauben an Elfen, Zwerge und andere mythische Wesen, die hier *huldofolk* (das „kleine Volk") heißen. Das Hafnarfjörður bei Reykjavik ist berühmt, weil dort Islands größte Elfenpopulation lebt. Es gibt einen Elfenpark und Experten kennen die Orte, an denen das kleine Volk lebt.

Vor Kurzem haben Isländer gegen eine Straße nach Reykjavik protestiert. Sie sollte durch ein Lavafeld führen und hätte die dort lebenden Elfen verärgert.

TROMSØ
NORWEGEN, Europa

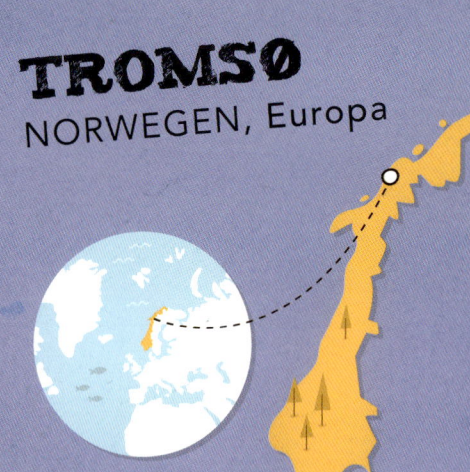

Tromsø liegt im „Land der Mitternachtssonne". Die Stadt liegt so weit im Norden, dass im Sommer zwei Monate lang 24 Std. Tageslicht herrscht. Im Winter ist es dann aber 24 Std. dunkel. Die Kinder gehen im Dunkeln zur Schule; das einzige natürliche Licht kommt vom Mond und der Reflexion im Schnee.

DER LÄNGSTE TAG
Im Sommer haben viele Bewohner Tromsøs Schwierigkeiten beim Einschlafen, daher verdunkeln Häuser und Hotels ihre Fenster. Andere freuen sich über die Mitternachtssonne, sie gehen auf Partys oder nehmen am Tromsø-Mitternachtsmarathon teil, der erst um 20 Uhr gestartet wird.

SAMI-FEST
Die Sami (Samen) sind die Ureinwohner des nördlichen Skandinavien. Traditionell lebten sie als Halb-Nomaden mit ihren Rentierherden und wohnten ganzjährig in Zelten. In Tromsø findet in einer Woche im Februar ein Sami-Fest mit Rentierrennen und Lassowerfen statt.

WARM UND BUNT
In Tromsø wird es bitterkalt. Daher tragen die Sami mehrere Kleidungsstücke aus Rentierleder und Fellen übereinander. Manchmal tragen die Männer den traditionellen „Vier-Winde-Hut", dessen Muster etwas über den Träger verrät – wie ein schottischer Kilt.

ARKTISCHE GERICHTE
In vielen Restaurants Tromsøs werden arktische Gerichte serviert. Walsteaks, Fische und Rentierfleisch sind seit Tausenden von Jahren fester Bestandteil der lokalen Küche.

EISIGE KIRCHE
Viele Gebäude in Tromsø sind aus Holz gebaut, auch die berühmte alte Kathedrale. Das gilt allerdings nicht für die Kirche mit dem großartigen Namen „Eismeerkathedrale". Die moderne *Ishavskatedralen* erinnert tatsächlich an Eisschollen, die aus der Erde zu wachsen scheinen.

FANTASTISCHE AURORA

Tromsø liegt im Herzen der Nordlichtzone. In den dunklen Winternächten spielt sich am Himmel über der Stadt ein aufregendes Lichtspektakel ab. Das geisterhafte Phänomen sind die Nordlichter oder *Aurora borealis*. Die grünen, tanzenden Lichter in der arktischen Luft entstehen, wenn die Teilchen des kosmischen Sonnenwindes auf die Magnetosphäre der Erde treffen.

Die Sami glaubten, dass die geheimnisvollen Lichter von den Seelen ihrer verstorbenen Vorfahren ausgehen, und behandelten sie mit Respekt. Sogar heute noch bleiben manche im Haus, wenn die Lichter erscheinen. Falls sie gerade draußen sind, bleiben sie ruhig, falls sie von den Lichtern mitgenommen werden.

STOCKHOLM
SCHWEDEN, Europa

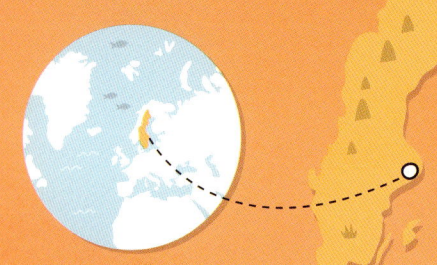

Wer in Stockholm – umgeben von Wasser mit 14 Inseln und 57 Brücken – nicht gerne draußen ist, muss verrückt sein. Da die Nächte im Sommer sehr kurz sind, bleibt viel Zeit, die zahlreichen Parks, Boote und Strände zu genießen. Die Schweden lieben die Natur. Sie recyceln sogar ihre Haushaltsabfälle, um damit Busse und Taxis zu betreiben.

GLAUBST DU AN GEISTER?

Steige in Stockholm niemals in eine silberne U-Bahn ein. Der „Silberpfeil" soll ein gruseliger Geisterzug sein, der seine Fahrgäste nach Kymlinge, ins Dorf der Toten fährt – so eine in der Stadt verbreitete Legende. Die Realität ist glücklicherweise nicht ganz so gruselig: Früher gab es tatsächlich acht silberne Wagen, die aber Mitte der 1990er-Jahre ausgemustert wurden. Es gibt zwar eine U-Bahnstation Kymlinge, die aber nie fertig wurde und geschlossen ist.

WIKINGER BLING-BLING

Die Wikinger waren eine wilde Horde mit Sinn für Bling-Bling. Die Frauen der alten Stadt Birka – mit dem Boot von Stockholm aus erreichbar – trugen schwere Gold- und Silberketten. Der letzte Schrei für die Damen war ein auf der Brust getragenes Kästchen, an dem ein Messer hing, um Ohrenschmalz zu entfernen!

MAGISCHER MITTSOMMER

Am Mittsommertag scheint die Sonne bis in die Nacht hinein. Dann zieht es die Stockholmer in der magischen „weißen Nacht" aufs Land zu Tanz und Feiern. Die Mädchen sammeln sieben verschiedene Blumen und legen sie unter das Kopfkissen. Nach einer alten Mittsommer-Legende träumen sie in der Nacht von dem Mann, den sie heiraten werden!

DIE TEUFELSBIBEL

In der Nationalbibliothek von Stockholm wird ein äußerst merkwürdiges Exemplar der Bibel aufgehoben. Der *Codex Gigas* (lateinisch „riesiges Buch") wurde im 13. Jh. aus über 160 Tierhäuten hergestellt. Der Foliant ist so groß wie ein Elefantenbaby! Müsste heute jemand den gesamten Text abschreiben, säße er fünf Jahre lang Tag und Nacht an der Arbeit – die Bilder nicht mitgerechnet.

KURIOSE KREBSPARTY

Im August findet in Stockholm die jährliche *kräftskiva* (Krebsparty) statt. Die Kinder machen Laternen mit grinsenden Mondgesichtern und alle essen frisch in der Ostsee gefangene Krebse. Sogar die Eltern tragen Lätzchen!

UNSICHTBARE FAHRRADHELME

Mit dem Rad kommt man in Stockholm am besten überall hin. Da manche Biker nur ungern einen Helm tragen, hat eine clevere schwedische Firma den unsichtbaren Helm erfunden: Er wird wie ein Schal um den Hals getragen und bläst sich bei einem Sturz in weniger als einer Sekunde wie ein Airbag rund um den Kopf auf.

SCHWEDISCHES SONNENSYSTEM

Nur in Stockholm kannst du in einer Glasgondel zur Sonne fahren und auf dem Mars shoppen. Das "Schwedische Sonnensystem" ist das weltweit größte, maßstabsgerechte, permanente Modell des Sonnensystems. Die Planeten werden durch Gebäude repräsentiert, die um den Ericsson Globe als Sonne „kreisen" – eine weiße, kugelförmige Halle.

KOPENHAGEN
DÄNEMARK, Europa

Seit den rauen Wikingerzeiten ist Kopenhagen deutlich ruhiger geworden. Nach einer neuen Untersuchung leben hier die glücklichsten Menschen des Planeten! Mit Sandstränden in der Umgebung, tollen Vergnügungsparks, Burgen mit Türmchen und Spielzeug-Warenhäusern ist das vielleicht kein Wunder.

JUNGE FORSCHER

Im *Experimentarium* am Meer kannst du auf einer Riesenwelle surfen (ohne nass zu werden), ein Erdbeben der Stärke 5,5 erleben (ohne Lebensgefahr) und alle möglichen Experimente mit deiner Familie machen. Das Wissenschaftszentrum bietet sogar eine Reise mit dem Fahrstuhl durch den menschlichen Körper an.

FAST FOOD

Kopenhagen ist berühmt für seine noblen Sterne-Restaurants, aber das leckerste Essen ist wahrscheinlich ein Wiener Würstchen vom *pølsevogn* (Wurstwagen). Dazu trinkt man hier gewöhnlich eine Schokoladenmilch.

PØLSER

AUF ZU DEN STERNEN

Der 1642 erbaute Rundetårn ist die älteste aktive Sternwarte der Welt. Zur Aussichtsplattform in 34,80 m Höhe führt keine Treppe, sondern eine schraubenförmige Rampe hinauf. Dort fuhren schon Autos und Einradfahrer hinauf und wieder herab. Das *Tycho-Brahe-Planetarium* ganz in der Nähe ist ein Tor zum Nachthimmel mit der besten Hightech-Ausstattung Europas. 3D-Filme auf der kuppelförmigen, 1000 m² großen Leinwand entführen die Zuschauer ins Universum.

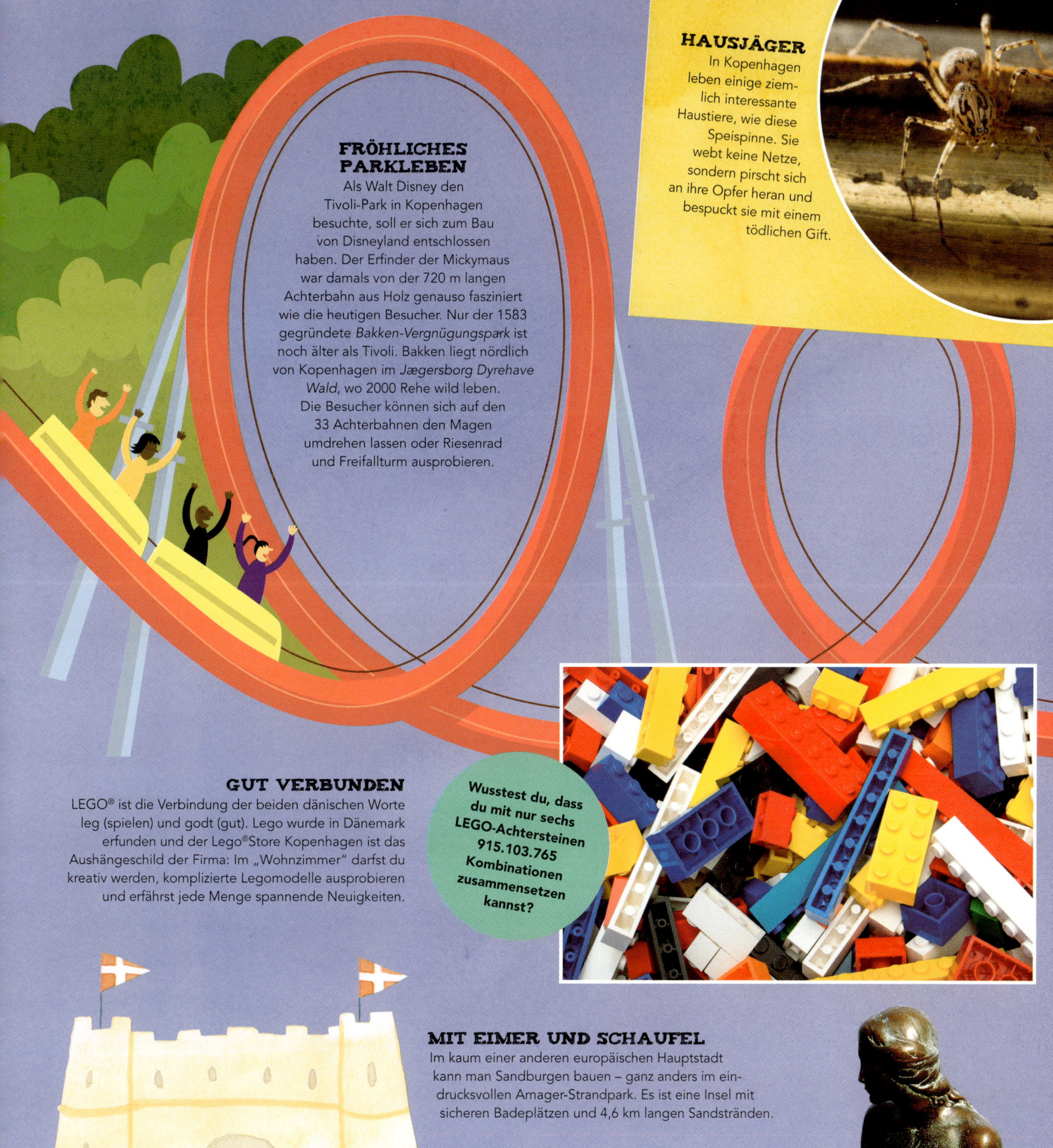

HAUSJÄGER

In Kopenhagen leben einige ziemlich interessante Haustiere, wie diese Speispinne. Sie webt keine Netze, sondern pirscht sich an ihre Opfer heran und bespuckt sie mit einem tödlichen Gift.

FRÖHLICHES PARKLEBEN

Als Walt Disney den Tivoli-Park in Kopenhagen besuchte, soll er sich zum Bau von Disneyland entschlossen haben. Der Erfinder der Mickymaus war damals von der 720 m langen Achterbahn aus Holz genauso fasziniert wie die heutigen Besucher. Nur der 1583 gegründete *Bakken-Vergnügungspark* ist noch älter als Tivoli. Bakken liegt nördlich von Kopenhagen im *Jægersborg Dyrehave Wald*, wo 2000 Rehe wild leben. Die Besucher können sich auf den 33 Achterbahnen den Magen umdrehen lassen oder Riesenrad und Freifallturm ausprobieren.

GUT VERBUNDEN

LEGO® ist die Verbindung der beiden dänischen Worte leg (spielen) und godt (gut). Lego wurde in Dänemark erfunden und der Lego®Store Kopenhagen ist das Aushängeschild der Firma: Im „Wohnzimmer" darfst du kreativ werden, komplizierte Legomodelle ausprobieren und erfährst jede Menge spannende Neuigkeiten.

Wusstest du, dass du mit nur sechs LEGO-Achtersteinen 915.103.765 Kombinationen zusammensetzen kannst?

MIT EIMER UND SCHAUFEL

Im kaum einer anderen europäischen Hauptstadt kann man Sandburgen bauen – ganz anders im eindrucksvollen Amager-Strandpark. Es ist eine Insel mit sicheren Badeplätzen und 4,6 km langen Sandstränden.

MÄRCHENERZÄHLER

Der Märchenschriftsteller Hans Christian Andersen ist Kopenhagens berühmtester Einwohner. Eine Statue von seiner „Kleinen Meerjungfrau" sitzt auf einem Stein am Meer. Sie war das Vorbild für moderne Märchen, obwohl Andersens Geschichte kein Happy End hat: Die Meerjungfrau gibt ihr Leben im Meer aus Liebe zu einem Prinzen und dem Wunsch nach einer Seele auf, erlebt aber nur Schmerz und ein gebrochenes Herz. Ihrem Zwilling aus Bronze ging es auch nicht besser. Sie wurde angestrichen, verlor einen Arm, ihr Kopf wurde abgesägt und einmal wurde sie sogar in die Luft gesprengt.

EDINBURGH
GROSSBRITANNIEN, Europa

Die Hauptstadt von Schottland hat eine mittelalterliche Altstadt im Schatten eines erloschenen Vulkans – dem Arthur's Seat. Die Edinburgher lieben Partys, hier findet das größte Kunstfestival der Welt statt. Es regnet viel und manche Männer tragen Röcke mit Schottenkaro. Diese Kilts werden jedoch meist nur zu besonderen Gelegenheiten angezogen.

DIE „KÖNIGLICHE MEILE"

Bis zum 17. Jh. hatten Schotten und Engländer unterschiedliche Längenmaße. Eine alte Schottische Meile entspricht dem Abstand zwischen der Burg von Edinburgh und dem Holyrood-Palast. Damit ist eine Schottische Meile um 205 m länger als eine Standardmeile. In den Pflastersteinen der *Royal Mile* ist das „Herz von Midlothian" eingelassen. Angeblich bringt es Glück, auf das herzförmige Mosaik zu spucken.

ECHT LECKER?

In der Burns-Nacht wird der schottische Nationaldichter Robert Burns geehrt. Dazu essen die Schotten ihr traditionelles Haggis mit *neeps and tatties* (Püree aus Kohlrüben und Kartoffeln). Haggis ist ein Schafsmagen, der mit gehacktem Schafherz, -leber und -lunge gefüllt und in Brühe gekocht wird.

EDINBURGHER SLANG

In der Stadt werden Pantoffel zu *baffies*, Kinder heißen *bairn* und eine Toilette *cludgie*. Wenn dich jemand *barry* findet, meint er, du bist fantastisch. Wenn die Dinge nicht so gut laufen, ist das *shan*.

VIEL SPASS BEIM FESTIVAL

Beim jährlichen Edinburgh-Festival, das fast den ganzen August dauert und mit Theater-, Comedy-, Kunst- und Musikaufführungen vollgestopft ist, sind die Edinburgher außer Rand und Band. Der Künstler Dr. Bunhead stellte 2011 die längste, im Dunkeln leuchtende Halskette vor – sie passte um den Hals von 100 Kindern. In einem anderen Jahr schluckten vier Schwertschlucker gleichzeitig ein Stuhlbein und stellten damit den Weltrekord „die meisten Schwertschlucker, die gleichzeitig dasselbe Objekt schlucken" auf. Bitte nicht zu Hause versuchen!

IN WEIN BADEN

Die schottische Königin Maria Stuart, die im 16. Jh. im Holyrood-Palast lebte, badete regelmäßig in süßem Weißwein, um ihre Haut zu verschönern. Der Wein wurde anschließend in Flaschen gefüllt und an die Armen verteilt. Der Alkohol sollte Keime, Parasiten und andere Schädlinge töten.

HAPPY HOGMANAY

Wenn der Rest der Welt Silvester feiert, feiern die Edinburgher *Hogmanay*, ihre weltberühmte, dreitägige Straßenparty. Es gibt Fackelzüge, Konzerte, Feuerwerk und überall tanzen die Menschen *Strip the Willow* – ein traditioneller schottischer Tanz mit dynamischen Drehungen und Stellungswechseln.

GREYFRIARS BOBBY

Am Eingang zum Greyfriars-Friedhof hält ein kleiner Terrier aus Bronze Wache. Bobby war der Hund eines Edinburgher Polizisten. Als der 1858 starb, setzte sich der völlig verzweifelte Skye-Terrier ans Grab seines Herrchens und ließ sich, bis zu seinem Tod 14 Jahre später, nicht von dort vertreiben. Eine lokale Baroness ließ zu seinen Ehren die Bronzeskulptur aufstellen.

HENKERSMAHL IN DER BURG

Stell dir vor, dir würde zum Essen der Kopf eines schwarzen Stiers serviert! Genau das passierte William, dem 6. Earl of Douglas, 1440 bei einem Bankett in der Großen Halle von Edinburgh Castle. Leider verstand er nicht, dass der Kopf sein eigenes Todesurteil bedeutete – der Earl wurde nach dem Essen geköpft.

LONDON
GROSSBRITANNIEN, Europa

London ist eine temperamentvolle Stadt mit großartigen Bauten, berühmten Theatern im West End und einer Königsfamilie, die regelmäßig für Schlagzeilen sorgt. Die Geschichte hat es nicht immer gut gemeint mit London – tödliche Seuchen, Killer-Smog –, aber die Stadt gab nie auf. Die Londoner sind zäh wie die Tauben, die durch die Straßen fliegen und hüpfen.

FÜR TAUBEN VERBOTEN

Früher war der Trafalgar Square eher für Scharen von Tauben bekannt als für die Brunnen und Steinlöwen. Das änderte sich 2003, als der Bürgermeister das Füttern der Tauben streng verbot. Jetzt kann Nelson endlich in Ruhe auf seiner Säule stehen, ohne von den Tauben belästigt zu werden.

PORTOBELLO ROAD

Samstags durchstöbern die eleganten Londoner die Antiquitätengeschäfte der Portobello Straße in Notting Hill. Die viktorianischen Reihenhäuser sind in allen Farben des Regenbogens angestrichen.

WACHWECHSEL

Die Königin von England wohnt im Buckingham-Palast. In dem großen, mit Kalkstein verkleideten Schloss empfängt sie Staatsgäste; hier finden Feierlichkeiten und die berühmten Gartenpartys statt. Der riesige Palast hat 775 Zimmer.

ST.-PAUL'S-KATHEDRALE

WESTMINSTER-PALAST

BUCKINGHAM-PALAST

NADEL DER KLEOPATRA

Kein anderes Denkmal drückt die Liebe der Engländer zur Geschichte und ihre Exzentrik besser aus als die „Nadel der Kleopatra". Der ägyptische Obelisk wurde 1877 nach London transportiert und ein Jahr darauf am Victoria-Ufer aufgestellt. Eine Zeitkapsel im Grundstein enthält ein Porträt von Königin Viktoria, ein Kursbuch, Haarnadeln, die Bibel und ein Dutzend Bilder schöner Engländerinnen.

BATTERSEA POWER STATION

Hättest du Lust, in einem alten Kraftwerk am Ufer der Themse zu wohnen? Es ist geplant, in dem kultigen Battersea-Kraftwerk 3400 moderne Wohnungen einzubauen. Europas größter Ziegelsteinbau wurde in den 1930er-Jahren geplant und sollte mit den vier hohen Schornsteinen und Waschtürmen an eine Kathedrale erinnern.

SUPERMODERN

Londoner können in einer „Käsereibe" arbeiten, in einem „Stealth Bomber" shoppen, in einer „Glasscherbe" essen und in einer „Gurke" Geschäfte machen – das sind die Spitznamen einiger Londoner Bauten des 21. Jhs. Den Vogel schießt das „Walkie Talkie" ab, ein Wolkenkratzer, der wie ein altes Funkgerät aussieht. Die verspiegelte Glasfassade ist eine wahre Meisterleitung der Ingenieurskunst, denn sie wirkt wie ein Brennglas und hat schon Autos zum Schmelzen gebracht.

EIN GLITSCHIGER SNACK

Aale in Aspik sind ein original Londoner Snack. Die zappelnden Delikatessen werden in der Themse gefangen, ausgenommen, enthäutet, gehackt und mit Wasser, Essig, Salz und Pfeffer gekocht. Dann lässt man sie so lange abkühlen, bis sich die Flüssigkeit in Aspik verwandelt hat – himmlisch schleimig.

TOWER BRIDGE

AUS DER VOGELPERSPEKTIVE

Die Londoner sind stolz auf ihre Stadt und geben gerne damit an. Das *London Eye* sollte eigentlich nach den Millenniums-Feiern wieder abgebaut werden, aber der Ausblick von dem Riesenrad ist so großartig, dass es stehen blieb. Das andere Glanzstück der Millenniums-Party ist die O$_2$-Arena, der größte Kuppelbau der Erde. Sie ist so groß, dass die Pyramide von Gizeh hineinpassen würde.

ROTE BUSSE, SCHWARZE TAXIS

Kinder können nicht nur im Londoner Transport-Museum auf rote Doppeldeckerbusse und in schwarze Taxis springen. Die Fahrzeuge sind Wahrzeichen der Stadt und rund um die Uhr unterwegs, um die Londoner von A nach B zu bringen – mit einer halben Million Fahrgäste täglich.

DER COCKNEY SLANG

Als echter Cockney zählt nur, wer in Hörweite der Glocken der St. Mary-Le-Bow-Kirche geboren wurde. Die Cockneys im East End der Stadt sind stolz auf ihre Traditionen und sprechen sogar einen eigenen Dialekt. Eine *cuppa rosie lee* ist eine Tasse starker englischer Tee (immer mit Milch). Ständig werden neue Begriffe erfunden, die nicht das bedeuten, was das Wörterbuch sagt – *dog and bone* („Hund und Knochen") steht etwa für Telefon.

LONDON

Der Tower von London hat eine dunkle Vergangenheit – 1000 Jahre voller Verbrechen und Bestrafungen von Königen, Verrätern und Folterknechten. Der Tower war gleichzeitig wehrhafte Burg, mittelalterlicher Palast und Schatzkammer.

DIE KRONJUWELEN

Im Tower werden die kostbarsten Edelsteine der Königsfamilie sicher verwahrt. Millionen von Touristen bewundern die glitzernden Schätze von Rollsteigen aus. Hier liegt auch der „Stern von Afrika", der größte geschliffene Diamant. Er wiegt unglaubliche 530,2 Karat und krönt ein Zepter aus dem 17. Jh., das die Queen bei Staatsakten trägt.

DIE BEEFEATER

Die 40 *Yeoman Warders* bewachen den Tower von London. Sie wohnen mit ihren Familien im Tower. Ihr Spitzname Beefeater („Fleischesser") kommt daher, dass sie früher mit Fleisch statt Geld bezahlt wurden. Die ehemaligen Soldaten haben nur zeremonielle Aufgaben; einer von ihnen trägt den Ehrentitel „Rabenmeister".

LEBEN IM ZOO

Die königliche Festung war 700 Jahre lang auch eine exotische Menagerie. Dort lebten Tiger, Löwen, Strauße, Schlangen und sogar ein Afrikanischer Elefant. Der König von Norwegen schenkte Heinrich III. 1252 einen Eisbären. Er trug eine lange Kette und durfte in der Themse Fische fangen.

DAS ROTE MEER

Im Jahre 2014 erinnerte eine spektakuläre Kunstaktion an den Beginn des 1. Weltkrieges vor 100 Jahren: ein rotes Meer aus 888.248 blutroten Mohnblumen – eine für jeden gefallenen britischen Soldaten – im trockenen Wassergraben des Towers.

KÖNIGLICHE GEFANGENE

Im Tower von London waren nicht nur Kriminelle eingesperrt, sondern auch mehrere Mitglieder der königlichen Familie. Im 15. Jh. sperrte der ruchlose Richard die beiden jungen Söhne von König Eduard IV. ein und setzte sich selbst auf den Thron. König Heinrich VIII. klagte im Tower 1536 seine zweite Frau Anne Boleyn an und ließ sie hinrichten – damit war der Weg frei für seine dritte Frau.

DAS VERRÄTERTOR

William der Eroberer ließ den Tower nicht ohne Grund direkt am Ufer erbauen: Die Themse war die Verbindung Londons mit der Welt. Die Gefangenen, die in den Tower geworfen wurden, betraten ihn durch das „Verrätertor". Heute werden die einst so gefürchteten Ufer für Freizeitaktivitäten auf Spielplätzen und in Parks, für Kunstausstellungen im Freien, von Straßenmusikanten und Straßentheatern genutzt.

IM FOLTERKELLER

Das Leben im Tower war kein Zuckerschlecken. König Heinrich I. benutzte die königliche Residenz 1100 als Erster als Staatsgefängnis, doch besonders schlimm war es im 16. und 17. Jh. unter den Tudor-Königen. Die Gefangenen kamen auf die Streckbank oder wurden in eisernen Handschellen an die Decke gehängt, bis sie ihr Verbrechen gestanden. Auf dem Tower Hill, einem Hügel hinter dem Tower, fanden die öffentlichen Hinrichtungen statt.

DIE SCHWARZEN RABEN

Im Tower werden sieben schwarze Raben gehalten. Nach der Legende geht England unter, wenn sie verschwinden. Zur Sicherheit wird ihnen daher ein Flügel gestutzt – Wegfliegen unmöglich. Die Raben werden mit rohem Fleisch und blutgetränkten Biskuits gefüttert.

DUBLIN
IRLAND, Europa

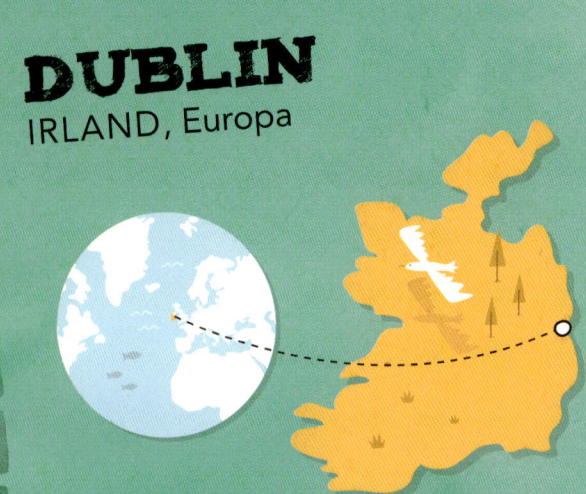

Die Dubliner sind berühmt für ihre Freundlichkeit und stets auf der Suche nach *craic* – das irische Wort für „Spaß". Die dynamische Stadt am Ufer des Liffey ist voller großartiger Museen, Galerien und Kunst- Festivals. Wo vor vielen Hundert Jahren die Wikinger hausten, triffst du heute eher laute Partygäste, Straßenmusikanten und Dubliner auf Shoppingtour.

WAS FÜR EIN PINT!
Jeden Tag werden in der Dubliner *St. James's-Gate-Brauerei* 1,7 Mio. l schwarzes, schaumiges Guinness gebraut. Das beliebte Guinness ist ein dunkles Bier mit fester Schaumkrone. Im *Guinness Storehouse Museum* können sich die Besucher sogar ins größte Guinnessglas der Welt stellen!

DIE JUNGS IN BLAU
Junge Dubliner spielen lieber Gälischen als den klassischen Fußball. Das Spiel ist eine explosive Mischung aus Rugby, Basketball und Fußball. Es ist tatsächlich eine der wenigen reinen Amateursportarten der Welt, denn Spieler, Trainer und Manager werden nicht bezahlt. Die Stadtmannschaft wird *Dubs* oder „Jungs in Blau" genannt.

VALENTINSTAG
Ist eine Karte zum Valentinstag wirklich das Romantischste, was du dir vorstellen kannst? Die echten Romantiker pilgern zum Original: Der Schrein in der *Whitefriar Street Church* soll die Knochen des Hl. Valentin enthalten, die 1836 von Rom nach Dublin gebracht wurden. Hier beten Paare für eine glückliche Partnerschaft und zünden Kerzen an.

DER LÖWE VON DUBLIN

Der erste brüllende Löwe im Logo des MGM-Studios in Hollywood war ein geborener Dubliner. Der Löwe *Slats* wurde 1919 im Zoo von Dublin geboren. Später kam er in die USA, wo er 1924 zum weltberühmten Filmstar wurde.

GLÜCKLICHE KOBOLDE

Viele irische Volkssagen erzählen von den fröhlichen Leprechauns – winzige, grün gekleidete Kobolde mit spitzen Ohren. Im *National Leprechaun Museum* in Dublin erfährst du alles über sie und ihre Legenden. So sollen die kleinen Männer am Ende eines Regenbogens einen Topf mit Gold versteckt haben. Museumsbesucher, die einem Regenbogen bis an sein Ende folgen, erleben dabei, wie sie klein wie ein Kobold werden.

DAS BOOK OF KELLS

In der Bibliothek des Trinity College liegt dieser Nationalschatz hinter Schloss und Riegel. Manche Malereien in diesem heiligen goldenen Buch sind so winzig, dass Besucher eine Lupe brauchen. Und nun stell dir vor, wie die keltischen Mönche des 9. Jhs. ihre Augen anstrengen mussten, um die Seiten minutiös zu schreiben und zu bemalen!

MOORLEICHEN

Hinter den Türen des Irischen Nationalmuseums warten einige äußerst gruselige Ausstellungsstücke. Hier liegen perfekt erhaltene menschliche Körper der Eisenzeit aus irischen Mooren. Der übel riechende Torf wird gestochen, getrocknet und in den Kaminen der Dubliner verbrannt. Andererseits verhindert Torf die Verwesung von Leichen!

AMSTERDAM
NIEDERLANDE, Europa

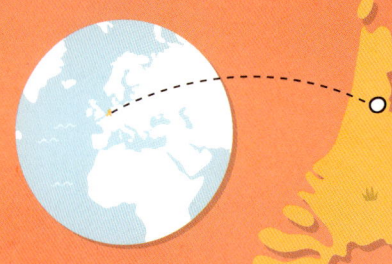

Das charmante Amsterdam ist eine der schönsten Städte Europas. Vielleicht haben es große holländische Maler wie Rembrandt und van Gogh deshalb so oft gemalt. Die Straßen sind belebt mit Radfahrern, Brücken, Kanälen und urigen Cafés. Obwohl heute niemand mehr Holzschuhe trägt, kaufen Touristen sie gerne als Souvenirs.

DIE „MAGERE BRÜCKE"

Wegen seiner Kanäle, die von 1281 Brücken überspannt werden, heißt Amsterdam auch das „Venedig des Nordens". Die *Magere Brug* („Magere Brücke") ist eine Ziehbrücke, die für Schiffe hochgeklappt wird. Als sie 1691 gebaut wurde, passten nicht einmal zwei Fußgänger nebeneinander. Angeblich haben sie zwei dürre Schwestern bauen lassen, die am Kanal einander gegenüber wohnten.

In Amsterdam werden 38% aller Wege per Fahrrad erledigt.

FAHRRAD-HAUPTSTADT

Die Amsterdamer werden praktisch auf dem Rad geboren! Hier fährt jeder auf zwei Rädern, von Polizisten bis zu den Briefträgern – sogar durch das nationale Kunstmuseum (*Rijksmuseum*). In der Stadt gibt es mehr Fahrräder als Einwohner. Jedes Jahr werden 15.000 Räder aus den Kanälen gefischt, daher sagen die Amsterdamer scherzhaft: pro Meter Wasser ein Meter Schlamm und ein Meter Fahrräder.

GEISTERHAFTE LICHTER

Das gigantische Geisterschiff, das eines Winterabends an einem Kanal anlegte, konnte niemand erschrecken. Es war eine Lichtinstallation. Jedes Jahr im November treffen sich Künstler aus aller Welt beim *Amsterdam Light Festival* und zeigen ihre verblüffenden Kunstwerke.

DAS ANNE-FRANK-HAUS

Im 2. Weltkrieg versteckten Freunde das jüdische Mädchen Anne Frank vor den Nazis. Die Familie Frank lebte versteckt hinter einem Bücherregal in einem geheimen Raum. Anne schrieb seit ihrem 13ten Geburtstag Tagebuch, vom 12. Juni 1942 bis 1. August 1944, dann wurde sie von den Nazis entdeckt. Weniger als ein Jahr darauf starben sie und ihre Schwester Margot im Konzentrationslager Bergen-Belsen. Ihr Vater Otto überlebte und fand später Annes Tagebuch, das Freunde gerettet hatten. Es wurde in viele Sprachen übersetzt und auf der ganzen Welt gelesen.

WO SIND DIE GEMÄLDE?

Die Diebe, die 2002 zwei Bilder aus dem Van-Gogh-Museum gestohlen haben (Wert 28 Mio. €), stehen in der Top-Ten-Liste des FBI für Kunstdiebstähle. Die Polizei schnappte zwar die Diebe, doch die Bilder blieben verschwunden – Augen auf, denn die Belohnung beträgt fast 1 Mio. €!

KÖNIGSTAG

Am 27. April feiern in Amsterdam über eine Million Niederländer eine Riesengeburtstagsparty für den König. Alle tragen Orange, stopfen sich mit *Tompouce* (Kuchen mit Vanillepudding und orangefarbener Glasur) voll, gehen Shoppen oder treffen sich auf einem gigantischen Flohmarkt. Die Menschenmassen brauchen keine mobilen Toiletten, sondern suchen zwischen den bunt geschmückten Hausbooten auf den Kanälen nach einem *plasboot* (Pinkelboot).

DANCING QUEENS

Eine der hohen Häuserreihen am Kanal „tanzt" in alle Richtungen – sie sackt in den moorigen Untergrund ab, auf dem Amsterdam erbaut wurde. Die Häuser stehen auf 16 m hohen Holzpfählen, die durch das Moor bis auf den festen Boden darunter reichen. Bei den meisten Häusern reichten fünf bis zehn Stützen, doch der Königspalast am *Dam* brauchte 13.569!

BRÜSSEL
BELGIEN, Europa

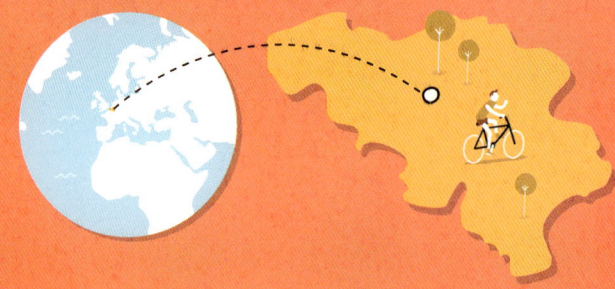

In Brüssel werden zwar viele Sprachen, aber kein „Belgisch" gesprochen. Die Amtssprachen sind Französisch, Deutsch und Niederländisch, dazu kommen die vielen Sprachen anderer Nationen, die in der Stadt leben. Brüssel ist eine kosmopolitische Stadt, die für Bier, Schokolade, Waffeln und die Figuren ihrer Comics bekannt ist.

STEINE UND FEDERN

Die Wanderfalken, die auf dem Nordturm der Kathedrale St. Michael und St. Gudula brüten, lassen sich von den gruseligen Wasserspeiern nicht abschrecken. Seit 2004 brüten die eleganten Jäger über den Dächern der Stadt.

BAUM DER FREUDE

Jedes Jahr am 9. August ziehen sieben verkleidete Riesen und ein Fanfarenzug in einer sehr großen Baumparade durch die Stadt. Der *Meyboom*, der am Morgen von den Buumdroegers (Baumträger) gefällt wurde, ist ein Symbol der Freude. Solange er nur groß genug ist, eignet sich jede Baumart. Der Baum wird um 17 Uhr an der Ecke der Rue du Marais und Rue des *Sables* aufgestellt – angeblich ist die Stadt verflucht, falls der Baum fehlt.

COMIC STRIPS

Auf dem Weg durch Brüssels Straßen lachen die Menschen gelegentlich laut auf, wenn sie auf eine der Dutzenden von riesengroßen Wandmalereien stoßen. Die niedlichen blauen Schlümpfe, Tim und Struppi, sowie die Actionhelden Blake und Mortimer, die viele Leser lieben, haben belgische Comiczeichner erfunden.

GANZ SCHÖN TIEF

Nemo 33 ist eines der tiefsten Schwimmbecken der Welt. Taucher aus ganz Europa kommen nach Brüssel, um in dem 34,50 m tiefen Becken zu üben. Eine Tauchschule bietet Kurse für Anfänger bis zu Apnoetauchern (Tieftauchen ohne Atemgerät) an. Gäste des unterirdischen Restaurants können die Taucher durch Fenster beobachten.

SCHÖN ORDENTLICH

Auf dem Internationalen Flughafen von Brüssel werden mehr Pralinen verkauft als an jedem anderen Ort der Welt – 1,5 kg pro Minute! Die Frau des Brüsseler Chocolatiers Jean Neuhaus erfand 1912 die Praline, einen weichen, cremigen Kern, der von Schokolade umhüllt wird. Bis Neuhaus 1915 die Pralinenschachtel erfand, wurden alle Pralinen in Papiertüten verkauft.

KOHL AUS BRÜSSEL

Rosenkohl kommt tatsächlich aus Brüssel, daher nennen ihn Engländer *Brussels sprouts*. Blumenkohl wird in und um die Stadt seit mindestens 400 Jahren angebaut. Die grünen, nährstoffreichen Kohl-Kügelchen sind voll gepackt mit Vitaminen und Schwefel – daher riecht zu lange gekochter Rosenkohl nach faulen Eiern.

IN FLAGRANTI

Auch in Brüssel ist das öffentliche Pinkeln verboten – mit einer Ausnahme: Das *Manneken Pis* („kleines Pinkelmännchen" im Brüsseler Marols-Dialekt) ist eine winzige Bronzestatue, die ihr Wasser in einen Brunnen nahe dem *Grote Markt* („Großer Markt") lässt. Ein- oder zweimal im Jahr wird er an ein Bierfass angeschlossen – die Brüssler dürfen sich bedienen. Das Manneken Pis ist sehr modebewusst und wechselt sein Outfit zwei oder dreimal pro Woche. Die etwa 700 Outfits werden zusammen mit der Originalstatue aus dem 17. Jh. im Stadtmuseum aufbewahrt.

PARIS
FRANKREICH, Europa

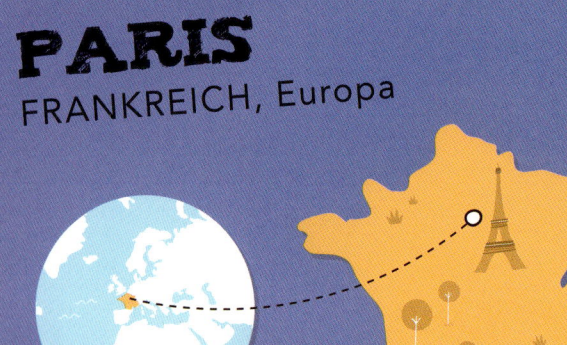

Vermutlich nimmt es keine Stadt der Welt an Romantik mit der „Stadt der Liebe" auf. Paris ist mit seinen berühmten Museen und Wahrzeichen, legendären Cafés und Modenschauen genauso elegant, wie es scheint. Die großartige Stadt bietet aber viel mehr: Strände am Fluss, Boote auf der Seine, Kunstgalerien in alten Bahnhöfen und 18.000 öffentliche Fahrräder für Touren durch die Stadt.

SÜSSE TRÄUME

Aus Paris stammen ein paar der leckersten Kuchen und Süßigkeiten der Welt! Die Kinder wachsen mit den Schokoladencreme-Eclairs von *L'Éclair de Génie* und den bunten Makronen von *Ladurée* auf. Die Pâtisserie des Rêves in St.-Germain-des-Prés ist ein Kuchenladen für Genießer. Hier bekommt man den *Paris-Brest*, einen superleckeren Ring aus Brandteig mit Buttercremefüllung, der 1910 zum Radrennen Paris-Brest-Paris erfunden wurde.

MUSIK IN DER METRO

Die Haltestellen der Pariser U-Bahn sind voller Musik. Die Reisenden lieben die Live-Auftritte so sehr, dass die Metro einen eigenen künstlerischen Leiter beschäftigt. Jedes Jahr bewerben sich Tausende von Musikern für einen der 300 begehrten Standorte in der Metro. Wer eine Lizenz ergattert, darf in den Gängen, aber nicht auf dem Bahnsteig musizieren.

MERCI PARIS!

Die Welt verdankt der französischen Hauptstadt den Cancan, Gips, die Magische Tafel und das berühmte „Kleine Schwarze", das die legendäre Modeschöpferin Coco Chanel erfunden hat. Paris wurde im 18. Jh. zur „Stadt der Lichter", weil hier Philosophen, Künstler und Intellektuelle viele neue Ideen entwickelten – und es war eine der ersten europäischen Städte mit Gaslaternen.

DIEBSTAHL IM LOUVRE

Die geheimnisvolle *Mona Lisa*, die der italienische Künstler Leonardo da Vinci im 16. Jh. gemalt hat, ist der Star des Louvre. König Franz I. kaufte das Gemälde. Napoleon hängte es später in sein Schlafzimmer. Es war ein Skandal, als dieses berühmteste Bild der Welt 1911 gestohlen wurde. Die Polizei brauchte zwei Jahre, um den Dieb zu fangen und das Bild zu retten. Der Handwerker Vincenzo Peruggia, der im Louvre arbeitete, steckte es einfach unter seinen Kittel und verließ das Museum.

FASZINIERENDE ARCHITEKTUR

Das Centre Pompidou ist ein Gebäude, das seine „Innereien" nach außen kehrt: Röhren und Schächte sind gut sichtbar auf den Außenwänden untergebracht – grüne für Flüssigkeiten, gelbe für Strom und blaue für Luft. Aufzüge und Rolltreppen sind rot. Das Centre mit den Farbcodierungen beherbergt eine öffentliche Bücherei, ein Musiktheater und das größte Museum für moderne Kunst in Europa.

LEBEN IM PARK

Um sich vom Trubel der Stadt zu erholen, fliehen die Pariser in die eleganten Parks und auf die von Bäumen eingerahmten Plätze. Die Erwachsenen setzen sich in einen der grünen Stühle des Jardin du Luxembourg und die Kinder spielen mit Bötchen im Teich.

PARISER STRÄNDE

Für vier Wochen im Juli und August bekommt Paris einen echten Strand: Dann werden 5000 t feiner, goldener Sand an die Seineufer gekippt. Die Pariser spielen Beachvolleyball, schlecken Eis, ruhen sich auf überdimensionalen Deckstühlen unter Palmen aus und kühlen sich mit Klimaanlagen ab.

DAS WAHRZEICHEN DER STADT

Als der Eiffelturm 1889 fertig war, lästerten die Pariser über diesen „Metallspargel". Er blieb 41 Jahre lang der höchste Bau der Welt und überragt noch immer alle Bauten von Paris. Jeden Tag stehen die Menschen Schlange, um auf 1665 Stufen bis zur Spitze zu steigen. Im Laufe der Jahre versuchten Schrullige, Mutige oder schlicht Verrückte, Gustave Eiffels Bauwerk auf andere Weise zu bezwingen. Zum 100sten Geburtstag lief der Seiltänzer Philippe Petit auf einem sehr dünnen Seil vom Palais de Chaillot auf die zweite Etage des Turmes.

PARIS

Paris bedeutet nicht nur teure Geschäfte, elegante Boulevards und toll aussehende Supermodels. Unter der Oberfläche wartet eine völlig andere Seite der Stadt. Auch das gruselige, dunkle, gefährliche Paris lohnt sich – wenn du dich traust.

DIE KATAKOMBEN

Als 1785 auf den Friedhöfen kein Platz mehr für die Toten war und Seuchengefahr drohte, wurden die Skelette ausgegraben und in alten Steinbruchtunnels unter der Stadt gelagert. Zwei Jahre lang schoben Arbeiter mit Schubkarren voller Knochen und Schädel vom Friedhof zu den Katakomben. Aus dem nicht verwesten Körperfett stellte man Seife und Kerzen her. Heute sind die Knochen von sechs oder sogar sieben Millionen Parisern fein säuberlich an den Wänden der Katakomben aufgestapelt – dreimal soviel wie über der Erde.

EIN RATTENLEBEN

Um einer Stadt unter die Haut zu schauen, muss man ihre Abwasserkanäle sehen. Im *Pariser Musée des Égouts* (Abwasserkanal-Museum) dürfen die Besucher 480 m durch düstere Kanäle gehen, mit dem Abwasser unter den Füßen. Mit etwas Glück begegnen sie dort einer oder mehr Ratten. Angeblich leben für jeden Pariser drei Ratten im Untergrund – das wären über sechs Millionen Ratten!

DIE MONSTER VON NOTRE DAME

Vom Dach der Kathedrale Notre Dame grüßen schaurige Kreaturen – keine Angst, sie beißen nicht! Es sind fantastische Vögel, Drachen und Grimassen schneidende Wasserspeier aus Stein. Sie sind über Röhren mit den Regenrinnen verbunden und leiten das Wasser ab. Die im 14. Jh. geschaffene Menagerie aus Bestien sollte Dämonen abschrecken. Besonders schrecklich ist das Fabelwesen „Stryga" geraten, eine Chimäre mit Flügeln, Hörnern, menschlichem Körper und bedrohlich heraushängender Zunge!

CATAPHILE UND CATACOPS

Die Pariser *Cataphile* finden es krass, die 280 km langen, unterirdischen Tunnel der Katakomben zu durchstöbern. Natürlich ist das verboten, also gibt es Polizisten, die ihnen nachstellen – die Catacops. Die *Cataphilen* steigen durch Kanaldeckel oder Tiefgaragen ein und veranstalten Theateraufführungen, Dinnerpartys, Discos und Kinovorstellungen.

GEHÄUTET UND AUSGESTOPFT

Paris ist berühmt für seine Geschäfte, doch wer würde ein ausgestopftes, flauschiges weißes Kaninchen, Raubvogel oder Tiger in menschlicher Kleidung kaufen? Tatsächlich ist das bei *Deyrolle* möglich, ein Geschäft für Taxidermie. Hier werden seit 1831 tote Tiere gehäutet und ausgestopft, heute glücklicherweise nur Tiere, die eines natürlichen Todes gestorben sind.

ÜBER DEN GRÄBERN

Den Pariser Friedhof Père Lachaise besuchen weltweit die meisten Touristen. Der 1804 gegründete Friedhof mit über 70.000 Grabstellen ist fast so groß wie 60 Fußballplätze. Viele davon sind wunderschön mit Figuren und Ornamenten gestaltet. Auf dem Friedhof ruhen viele Berühmtheiten. In einem besonders bewegend gestalteten Grab ruht der kaum bekannte belgische Schriftsteller Georges Rodenbach: Eine Skulptur des Autors scheint aus dem Grab aufzusteigen und hält eine Rose in der Hand.

BERLIN
DEUTSCHLAND, Europa

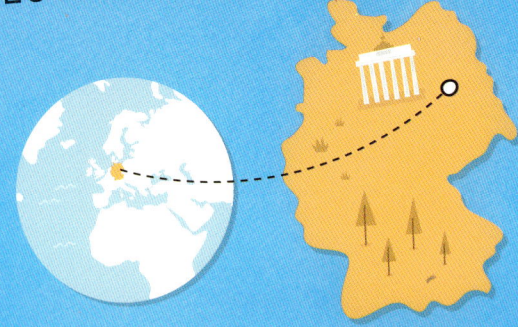

Die deutsche Hauptstadt Berlin ist schwer angesagt. Die ehemals durch eine Mauer geteilte Stadt ist heute achtmal größer als Paris und eine der aufregendsten Städte des Planeten. Die Berliner lieben Currywurst, die grünen Ampelmännchen und Stadtsafaris. Für Amerikaner lautete der berühmte Ausspruch Kennedys „Ich bin ein Berliner" in wörtlicher Übersetzung: „Ich bin ein Doughnut".

KANINCHEN, KANINCHEN, KANINCHEN

Am alten Grenzübergang Chausseestraße zwischen Ost- und Westberlin hüpfen 120 Kaninchen über Straße und Bürgersteig. Die in Stein oder Zement eingelegten Messing-Kaninchen sollen an das mit Gras bewachsene „Niemandsland" vor der Mauer erinnern.

FRIEDHOF

BRANDENBURGER TOR

EIN HAUS MIT VIELEN GESICHTERN

Es gibt wohl nur wenige Bauwerke, die so oft verändert wurden wie der Deutsche Reichstag (Sitz des Parlamentes). Das Gebäude ist abgebrannt, wurde ausgebombt, rekonstruiert und durch die Mauer bedrängt. Der Verpackungskünstler Christo verhüllte es mit Stoff und 1999 setzte der weltberühmte Architekt Norman Foster eine futuristische Glaskuppel darauf.

1979 flohen ein Mechaniker, ein Maurer und ihre Familien in einem selbst gebauten Heißluftballon aus Propangasflaschen und Betttüchern über die Mauer.

CHECKPOINT CHARLIE

KLEINE GRÜNE MÄNNCHEN

Die Berliner Ampelmännchen sind kleine rote oder grüne Männer, die Fußgängern zeigen, wann sie gehen oder stehen sollen. Die kleinen, vielgeliebten Hutträger stammen noch aus der ehemaligen DDR. Heute sind die Ampelmännchen auf allen möglichen Objekten zu sehen, von Mousepads und Flaschenöffnern bis zu T-Shirts, Keksförmchen und Flip-Flops.

1983 kletterten zwei Männer auf ein hohes Haus, schossen einen Pfeil mit Drahtseil über die Mauer und glitten über eine Seilbahn nach Westberlin.

KARAOKE IM MAUERPARK

An warmen Sonntagnachmittagen strömen die Berliner in den Mauerpark und treffen sich im *Bearpit* („Bärengrube") zum Karaoke. Der Bearpit ist ein Freilicht-Amphitheater. Dort stellen sich mutige Sänger in die Arena und singen vor zahlreichen jubelnden und schunkelnden Zuschauern.

TRABBI-TOUREN

Vor dem Mauerfall fuhren viele Ostberliner einen Trabant. Die kleinen Autos stießen Wolken von stinkenden Abgasen aus. Die Karosserie war nicht aus Metall, sondern aus einem Kunstharz mit Wolle- und Holzzusätzen. Heute gehen Touristen im Trabbi auf Berlin-Safari.

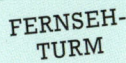

FERNSEH-TURM

1962 gruben einige Rentner einen Tunnel unter der Mauer; den Eingang versteckten sie in einem Hühnerstall. Es dauerte 16 Tage, bis der Tunnel fertig war.

FAST FOOD

In den Imbissbuden Berlins sind Burger kein Thema – hier wird Currywurst (Schweinefleischwürstchen mit Tomatensoße und Curry) verkauft. Die Berliner essen täglich 127 t Wurst. Es gibt sogar ein Currywurst-Museum; es ist ketchuprot angestrichen und mit wurstförmigen Sofas möbliert.

MAUERKUNST

Das längste Stück intakter Berliner Mauer ist gleichzeitig die längste Sammlung von Open-Air-Wandgemälden – die East Side Gallery. Die 101 Gemälde auf der Mauer erinnern an die Wiedervereinigung Deutschlands.

ENGELBECKEN
(LANDWEHRKANAL)

OBERBAUMBRÜCKE

MÜNCHEN
DEUTSCHLAND, Europa

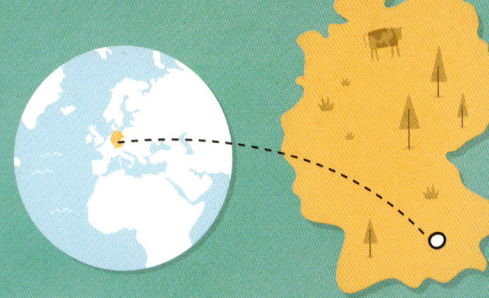

München ist die Hauptstadt Bayerns, ein Bilderbuchland mit Schlössern, mittelalterlichen Städtchen und den typischen Biergärten. München ist aber auch Big Business: Hier leben mehr Millionäre und Manager in Nadelstreifen als in den meisten anderen deutschen Städten – es heißt „Laptop und Lederhosen", denn die traditionellen Hosen sind immer noch in.

WURST ZUM FRÜHSTÜCK

München ist die einzige Stadt Deutschlands mit einer speziellen Frühstückswurst. Die hellen Weißwürste aus gehacktem Kalbfleisch werden nur vor dem Mittagessen serviert. Weißwürste werden „gezuzelt": Bayern beißen ein Wurstende ab und saugen das Fleisch aus der Wurstpelle.

SEPTEMBERFEST?

Das weltberühmte Münchner Oktoberfest beginnt streng genommen schon im September. Es fand erstmals 1810 zur Hochzeit von Kronprinz Ludwig von Bayern statt. Während des ganzen Oktoberfestes trinken über 6 Mio. Besucher 6,5 Mio. Liter Bier. Traditionell eröffnet der Münchner Oberbürgermeister das Fest mit dem Fassanstich. Er schlägt den Hahn in ein Fass Bier und mit dem Ruf „O'zapft is!" beginnt das Fest.

MOTOREN UND AUTOS

Autoverrückte finden in München Historisches und Neues. Im Deutschen Museum parkt ein Nachbau des ersten Autos der Welt, ein Dreirad, das Karl Benz 1886 konstruierte. Die futuristische BMW Welt zeigt Gegenwart und Zukunft der Autos. Gleich daneben stehen die glitzernden Chromtürme der BMW-Hauptverwaltung, die den vier Zylindern eines Motors nachempfunden sind.

VIELSEITIGES GEMÜSE

König Friedrich der Große von Preußen führte im 18. Jh. die Kartoffeln in sein Königreich ein. Damals wurden sie sogar erhitzt und als Mini-Wärmflaschen in der Hand gehalten. Das Kartoffelmuseum in der Stadt zeigt weitere kuriose Nutzungen. Beispielsweise schmückte Johann Ernst Gotzkowsky 1755 seinen Weihnachtsbaum mit Kartoffeln!

SELTENE SHOW

Alle sieben Jahre findet in München der Schäfflertanz statt (Tanz der Fassbauer). Zwanzig Tänzer, zwei Reifenschwinger, zwei Kasperl und ein Fahnenträger bewegen sich in komplizierten Tanzschritten und halten dabei Girlanden hoch. Angeblich tanzten die Schäffler erstmals 1517 durch die Stadt, um das Ende einer Pestepidemie zu feiern. Wer nicht sieben Jahre warten will, kann sich den Tanz täglich am Münchner Rathaus ansehen, wo 32 lebensgroße Figuren zum Glockenspiel tanzen.

STARKE KERLE – STARKES BIER

Zwischen Fasching und Ostern liegt die Starkbierzeit. Dazu wird ein besonders starkes, dunkles Bier gebraut (Doppelbock) und die kräftigsten Männer treffen sich zum Steinheben. Das Anheben des über 250 kg schweren Steins ist keine Kleinigkeit – stell dir vor, du müsstest einen ausgewachsenen Königstiger hochheben!

FLUSS-SURFEN

München hat zwar weit und breit kein Meer, aber eine aktive Surferszene, die sich zum Surfen im Eisbach trifft. Die Welle bildet sich an schweren Betonblöcken, die Ingenieure in den Bach versenkt haben, um die Fließgeschwindigkeit zu senken. Das Surfen auf dieser Stromschnelle ist rasant und nicht ungefährlich, immerhin brauchen die Surfer keine Haie zu fürchten.

KRAKAU
POLEN, Europa

Nach einer Legende wurde Krakau nach dem Sieg über einen Feuer speienden Drachen gegründet. Polens zweitgrößte Stadt gehört zu den wenigen Städten, die im 2. Weltkrieg nicht zerstört wurden. Der *Rynek Glowny* im Zentrum der Stadt ist der größte Marktplatz des europäischen Mittelalters.

DER DRACHE AUF DEM WAWELHÜGEL

Angeblich soll die Welt enden, wenn die Knochen am Eingang der Kathedrale herunterfallen. Sie stammen der Legende nach von dem Waweldrachen, der Jungfrauen mit einem einzigen, feurigen Biss verschlingen konnte. Um ihn loszuwerden, setzten ihm die Bürger ein Lamm voller Schwefel vor. Davon bekam der Drache einen derart rasenden Durst, dass er die halbe Weichsel leer trank – bis er zerplatzte! Eine Statue vor dem Eingang der Drachenhöhle erinnert an ihn. Vorsicht! Sie speit Feuer!

LAJKONIK

Am Donnerstag nach Fronleichnam reitet der Lajkonik mit einem hölzernen Pferd durch die Stadt und berührt die Menschen mit seinem Streitkolben – das bringt Glück! Er fordert Tribut und tanzt mit dem Bürgermeister auf dem *Rynek Glowny*. Die Figur des Lajkonik geht auf das Mittelalter zurück, als Krakau auf wundersame Weise von einem Angriff der Tartaren verschont blieb. An dieses asiatische Reitervolk erinnert auch die Kleidung des Lajkonik.

ABENTEUER UNTER DER ERDE

Im Bergwerk von Wieliczka wird seit 800 Jahren Salz gefördert. Das geheimnisvolle Labyrinth aus Tunnels, Seen und Höhlen enthält Grotten aus Salzkristall, eine Kathedrale und außerordentliche Salzskulpturen. Sie stellen die sieben Zwerge und andere Märchenfiguren dar. Im Bergwerk finden Konzerte statt und werden Filme gedreht.

WIE DIE HERINGE

Wer mit Krakauer Bussen und Bahnen unterwegs ist, muss sich dünn machen, denn der öffentliche Nahverkehr ist total überlastet. Für einen neuen Weltrekord quetschten sich 2011 229 Studenten der Universität in einen Bus. Der Versuch war erfolgreich, obwohl die Busfahrt schon nach 57 Sekunden endete.

DER TROMPETER VON KRAKAU

Es ist unmöglich, in Krakau einen Termin zu verpassen. Einmal pro Stunde stößt der Wächter auf dem Turm der Marienkirche in seine Trompete. Beim *hejnał* (Turmwächtersignal) wechseln sich sieben Trompeter ab, die alle zur Feuerwehr gehören.

FEUCHTER MONTAG

Am Ostermontag laufen Jungen mit Flaschen, Eimern, Wasserpistolen und allem, was Wasser fassen kann, durch Krakau und spitzen die Passanten nass. Angeblich werden Mädchen, die dabei nass gespritzt werden, innerhalb des nächsten Jahres heiraten. Na dann: Wasser marsch!

PIROGGEN-FESTIVAL

Die Krakauer lieben ihre Piroggen (gefüllte Teigtaschen) so sehr, dass sie ein eigenes Festival haben. Im August werden Millionen der halbmondförmigen Piroggen gegessen. Die Füllungen lassen keine Wünsche offen: von Hackfleisch, Käse, Kohl, Pilzen und Kartoffelpüree bis zu süßen Waldbeeren und sogar Schokolade!

GETTOHELDEN

Während des 2. Weltkriegs verschleppten die Deutschen Menschen aus allen Teilen des von ihnen besetzten Europas nach Osteuropa, wo ein Großteil von ihnen starb. Allein im Lager Auschwitz in der Nähe von Krakau wurden etwa 1,5 Mio. Menschen getötet, 90% davon waren jüdischen Glaubens. Viele kamen auch aus dem Krakauer Getto, dem Stadtviertel, in dem die Juden wohnen mussten. Die Architekten Piotr Lewicki und Kazimierz Latak erinnern in Krakau mit einer Skulptur an diese „Gettohelden", die aus 70 überdimensionalen Stühlen besteht, die auf dem Platz der Gettohelden stehen.

PRAG
TSCHECHISCHE REPUBLIK,
Europa

Prag, das seit 1993 Hauptstadt der unabhängigen Tschechischen Republik ist, hat viele Ehrentitel: „Paris des Ostens", „Stadt der 100 Türme", „Goldene Stadt" und sogar „Mutter der Städte". Prag ist berühmt für seine Kirchtürme, Gassen mit Kopfsteinpflaster und ein Märchenschloss.

GINGER UND FRED

Das „Tanzende Haus" am Ufer der Moldau in Prag besteht aus zwei Türmen, die sich aneinanderschmiegen. Der weltberühmte Architekt Frank Gehry hat es „Ginger und Fred" getauft, weil ihn die geschwungene Form an das berühmte Tanzpaar Fred Astaire und Ginger Rogers erinnerte.

DER BÄRTIGE MANN

An der Ufermauer der Moldau bei der Kreuzherrenkirche ist das Gesicht eines bärtigen Mannes eingemeißelt. Die Bewohner sagen, dass der Fluss über die Ufer tritt, wenn das Wasser das bärtige Kinn des Mannes berührt.

DIE KARLSBRÜCKE

Etwa 500 Jahre lang war die Karlsbrücke der einzige Weg über die Moldau. Heute treten hier Straßenmusikanten und -künstler vor Touristen und Einheimischen auf. Wer die glänzende Statue des Johannes von Nepomuk reibt, soll angeblich nach Prag zurückkehren. Zum Glück muss heute niemand mehr fürchten, von der Brücke gestürzt zu werden, wie der Heilige Nepomuk, der 1393 an der mit einem Kreuz und fünf Sternen markierten Stelle sein grausiges Ende fand.

LECKERE SCHWEINEREI

Tlačenka ist eine Prager Spezialität. Es ist eine Presswurst (Sülze) aus dem Fleisch eines gekochten Schweinekopfs in Aspik. Die Prager essen sie traditionell als dicke Scheibe mit Essig, rohen Zwiebeln und Brot. Superlecker!

DIE GRÖSSTE BURG DER WELT

Prags sagenhafte Burg, der Sitz des heutigen Staatspräsidenten, ist riesengroß. Der Baubeginn der Burg auf dem Hradschin geht bis ins 9. Jh. zurück. Im Guinness Buch der Rekorde ist die Burg als das größte zusammenhängende Burgareal geführt – es ist größer als acht Fußballplätze.

DAS GETRÄNK EINES REICHEN MANNES

Fühlst du dich reich? Dann springe ins Prager Alchemie-Museum und kaufe eine Flasche „trinkbares Gold". Angeblich sollen schon wenige Schlucke ewige Jugend verleihen (oder gute Gesundheit). Das Getränk besteht aus 77 Kräutern, die Gold aus der Erde aufnehmen. Das Mittelalter war die große Zeit der Alchimisten. Überall in Prag versuchten die damaligen Harry Potters, Minerale in Gold zu verwandeln – einer fand angeblich das fabelhafte Elixier der ewigen Jugend.

VORSICHT! RIESENBABYS UNTERWEGS!

Am Prager Fernsehturm klettern Riesenbabys des Weltraumzeitalters mit unheimlichen Strichcodes als Gesichtern hoch. Es sind Skulpturen des Bildhauers David Černý, dessen Arbeiten überall in der Stadt stehen. Eine davon ist ein Brunnen mit zwei pinkelnden Männern – sie bewegen sich, wenn man ihnen eine SMS schickt.

ASTRONOMISCH!

Die riesige mittelalterliche Uhr am Prager Rathaus zeigt nicht nur die Zeit, sondern auch Monate, Tierkreiszeichen und die Stellung von Sonne und Mond an. Um die großartige astronomische Uhr rankt sich eine Legende: Die Prager Ratsherren sollen dem Uhrmacher mit einem heißen Eisen die Augen ausgebrannt haben, damit er nie mehr eine ähnliche Uhr machen konnte.

WIEN
ÖSTERREICH, Europa

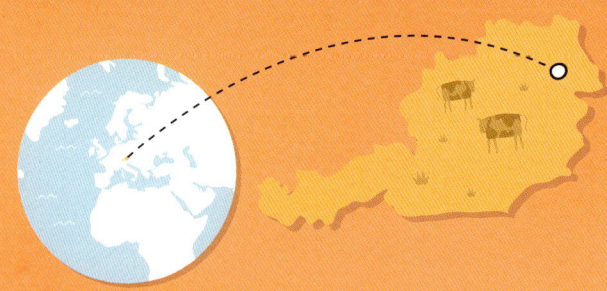
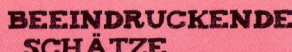

Wien ist eine Schönheit mit grandiosen Plätzen, prächtigen Palästen und Springbrunnen. Man kann sich gut vorstellen, wie Mozart, Strauss und die anderen klassischen Komponisten in ihrer Zeit durch die eleganten Straßen spazierten. Wien war und ist eine Stadt der Musik und des Tanzes.

BEEINDRUCKENDE SCHÄTZE

In der Kaiserlichen Schatzkammer sind erstaunliche Prachtstücke ausgestellt: Das Horn eines Einhorns (der Zahn eines Narwals), eine antike Schale (angeblich der Heilige Gral) und ein Dorn aus der Dornenkrone Christi. Das Glanzstück ist der größte geschliffene Smaragd der Welt, der 1641 für den Habsburger König Ferdinand III. angefertigt wurde. Er hat 2860 Karat und ist damit schwerer als ein Pfund Zucker.

DER MAESTRO

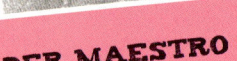

Ludwig van Beethoven lebte lange in Wien. Obwohl er mit 31 taub wurde, komponierte er erstaunlicherweise noch ein Vierteljahrhundert lang Musik. Dabei halfen ihm Geräte, um die Schwingungen der Töne wahrzunehmen. Eine interaktive Ausstellung im Haus der Musik demonstriert den Besuchern, wie sich Komponieren in der Stille anfühlt.

HÖHER? NICHT ERLAUBT!

Der Südturm des Stephansdoms ist das höchste Bauwerk der Stadt – ganz offiziell! Ein Gesetz aus dem 14. Jh. legt fest, dass kein Bauwerk in Alt-Wien höher sein darf als der Domturm. Der Nordturm sollte ebenfalls Schritt für Schritt auf 136,40 m erhöht werden, wurde aber nie fertig.

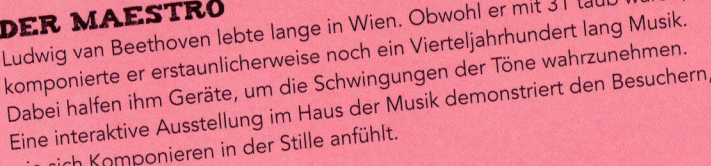
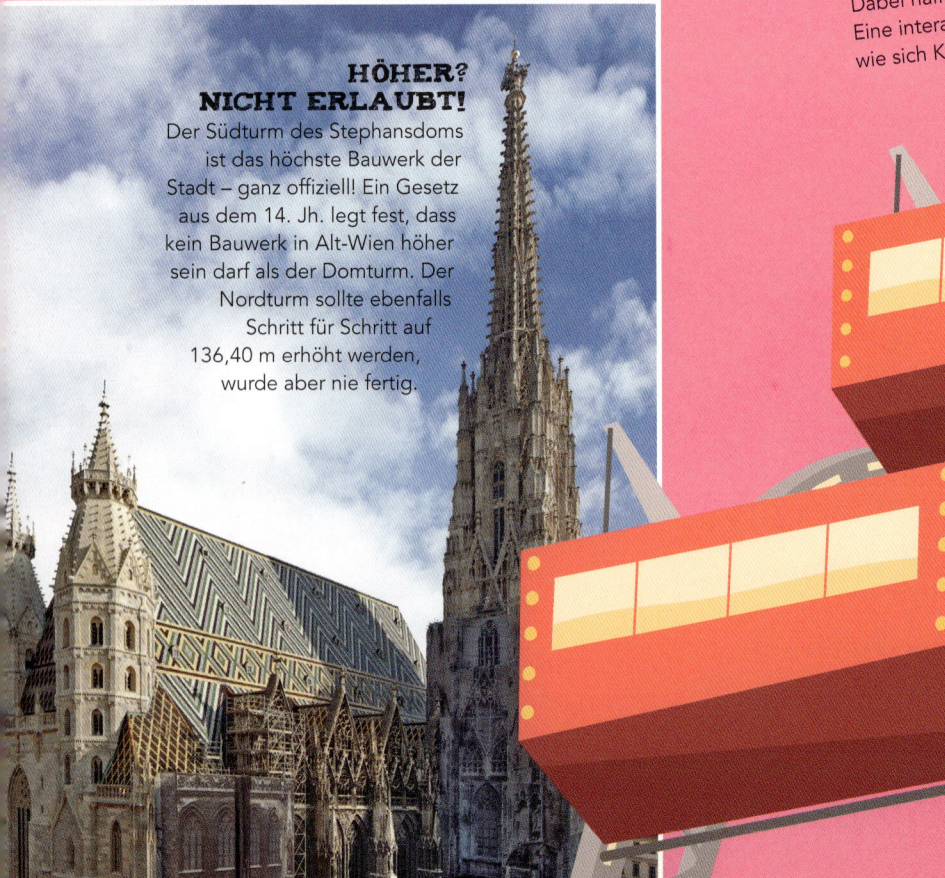

SPASS AUF DEM PRATER

Das Riesenrad auf dem Wiener Prater dreht sich ununterbrochen seit 1897. Das 64,75 m hohe Rad war 65 Jahre lang das höchste der Welt. Einer der 15 Waggons kann für ein romantisches Candlelight-Dinner zu zweit gebucht werden.

DIE BERÜHMTESTE SCHOKOLADENTORTE DER WELT

Wäre der Hofkoch von Fürst Metternich 1832 nicht krank geworden, hätte die Welt die köstliche Sachertorte wohl nicht kennengelernt. Franz Sacher, damals ein 16jähriger Kochlehrling, hat sie erfunden: Der Kuchen wird in drei Scheiben geschnitten, die Zwischenräume mit Aprikosenmarmelade gefüllt und alles mit Schokolade überzogen. Sachertorte steht in allen Cafés von Wien auf der Karte.

ALLES WALZER

Die Wiener Ballsaison beginnt kurz vor Weihnachten und zieht sich bis März hin. Karten für die rund 450 Themenbälle im Jahr sind für jeden erhältlich. Die Frauen tragen lange, fließende Ballkleider und die Männer Frack oder Smoking. Es gibt den Opernball, Ball der Kaffeehausbesitzer, Ingenieurs-, Ärzte-, Blumen- und sogar einen süßen Bonbon-Ball! Dort wird um Mitternacht die „Miss Bonbon" gewählt und ihr geschätztes Gewicht in Süßigkeiten aufgewogen – sie werden an Bedürftige verteilt.

DIE STADT IN DER KUGEL

Als der Wiener Mechaniker Erwin Perzy im Jahre 1900 an einer Glühbirne bastelte, erfand er durch Zufall die Schneekugel. In seinen ersten Modellen sorgte Grieß für den Schnee, doch er verbesserte das Rezept. Perzys Schneekugeln werden aus Glas hergestellt und das Schneerezept ist topsecret. Jede der Miniaturszenen in der Kugel ist handbemalt.

SCHULE ÜBER DER ERDE

Die Spanische Hofreitschule in Wien ist die älteste klassische Reitschule der Welt. In den Ställen mitten in der Stadt stehen 70 schneeweiße Lipizzanerpferde. Sie sind berühmt für ihre enorme Sprungkraft. Es dauert Jahre, bis die Pferde die „Schule über der Erde" beherrschen. Bei Sprüngen wie der *Croupade* hebt das Pferd mit allen vier Beinen vom Boden ab.

MOSKAU
RUSSLAND, Europa

In Moskau braucht niemand einen Wecker, denn frühmorgens kommen die Straßenreiniger und schaben den Schnee vom Pflaster – der Weckruf einer alten Stadt. Zum Glück helfen *Chapkas* (Pelzhüte mit Ohrklappen) und heiße Krautwickel durch den eisigen Winter. Wenn endlich der Sommer kommt, treffen sich die Städter auf umweltfreundlichen Wegen und Spielplätzen im Gorki-Park.

KLOPFEN UND SPUCKEN

Moskauer sind sehr abergläubisch: Man gibt sich niemals die Hand über der Türschwelle und verschenkt auf keinen Fall Blumensträuße mit gerader Anzahl von Blüten (außer bei Begräbnissen und für Tote). Um Unglück abzuwehren, klopfen die Moskauer auf Holz oder spucken dreimal über ihre Schulter.

HAUPTSTADT DER MILLIARDÄRE

In Moskau leben mehr Milliardäre als in anderen Städten der Welt. Viele arbeiten im Finanzzentrum der Moskauer City, wo sich futuristische Wolkenkratzer türmen. Der *Mercury City Tower* ist mit 339 m der dritthöchste Wolkenkratzer Europas. Am Abend trifft sich Moskaus Elite im Bolschoi Ballet oder speist im Turandot, einem Restaurant mit Opernthemen, dessen Einrichtung und Dekoration Millionen von Rubel gekostet hat.

ZUCKERBÄCKERSTIL

Nach dem 2. Weltkrieg ordnete der sowjetische Diktator und Staatschef Joseph Stalin den Bau von sieben Wolkenkratzern an. Er wollte, dass Moskau so modern aussieht wie die Städte der USA. Die stufig gebauten Hochhäuser mit breiter Basis und Türmchen an der Spitze tragen den Spitznamen „sieben Schwestern" und sehen aus wie Hochzeitskuchen – daher „Zuckerbäckerstil".

VERRÜCKT NACH EICHHÖRNCHEN

Zurzeit sind Eichhörnchen als Haustiere der absolute Hit in der Hauptstadt. Wilderer fangen die Sibirischen Eichhörnchen in den Parks ein, wo sie in Baumhäuschen mit Nüssen, Obst und anderem gefüttert werden. Die gefangenen Hörnchen mit dem buschigen Schwanz werden dann als Haustiere verkauft. Selber fangen wäre keine gute Idee, denn die Strafe dafür beträgt 20.000 Rubel.

DIE MOSKAUER METRO

Moskau hat ein weit gespanntes und oft sehr schön gestaltetes U-Bahnnetz. Stationen wie *Komsomolskaja* sind mit gemalten Friesen, weiten Bögen und Kronleuchtern geschmückt. Jeden Tag nutzen neun Millionen Menschen die Metro – das ist die Einwohnerzahl von Schweden. Für Touristen kann eine Fahrt zum Glücksspiel werden, denn die Namen der 196 Stationen sind nur mit kyrillischen Buchstaben ausgeschildert.

GEHEIM!

METRO 2

Gibt es die Metro 2 oder nicht? Angeblich verläuft unterhalb der U-Bahntunnel ein zweites System. Es soll für Stalin gebaut worden sein und vom Haus des russischen Staatschefs zu einer geheimen unterirdischen Stadt im Südwesten Moskaus führen – mit atombombensicherem Bunker für 15.000 Menschen.

DIE TRANSSIB

Nur in Moskau kann man in einen Zug einsteigen und 9.288 km weit fahren. Die Reise mit der Transsibirischen Eisenbahn von Moskau nach Wladiwostok am Pazifik ist die längste Zugstrecke ohne Umsteigen – die reine Fahrzeit beträgt etwa 160 Stunden.

HUNDE IM WELTRAUM

Das Moskauer Denkmal für die Eroberung des Weltraums sieht aus wie eine Rakete mit Feuerschweif und erinnert an die Erfolge des russischen Weltraumprogramms. Es ist wie eine *Matrjoschka* (Russische Puppe) gebaut. Im Kosmonautenmuseum unter dem Denkmal stehen Glaskästen mit zwei ganz besonderen Hunden – Belka und Stelka. Die beiden waren die ersten Tiere, die in den Weltraum aufstiegen und heil wieder landeten. Ihre historischen Reisen im Sputnik zusammen mit einem Kaninchen, zwei Ratten, 42 Mäusen, einigen Insekten und Pflanzen fanden am 5. und 19. August 1960 statt.

MOSKAU

Krasnaya Ploshchad, der „Rote Platz", ist nicht wirklich rot. Die wörtliche Übersetzung lautet „schöner Platz", was den Charakter besser trifft! Im Laufe der Jahrhunderte war der riesige, autofreie Platz Marktplatz, militärischer Paradeplatz, Festivalgelände, Buchmesse, Konzerthalle, Tanzfläche und Eislauffläche. Im 17. Jh. wurden hier Rebellen und meuternden Palastwachen die Köpfe abgeschlagen.

STRASSENKUNST

Für Moskauer Künstler gibt keinen besseren Ort, ein Publikum zu finden, als den roten Platz. Viele Menschen lauschen hier den Straßenmusikern oder bewundern Akrobaten, Spaßmacher und Performance-Künstler. Angesichts der harten Konkurrenz können sich hier nur die Besten behaupten.

DER KREML

Der Rote Platz wurde einst angelegt, um den Kreml von der Stadt abzugrenzen. Die Zitadelle ist die größte mittelalterliche Festung und der Sitz der russischen Regierung. Vom Kreml aus herrschten Zaren, kommunistische Diktatoren und die Präsidenten unserer Zeit – mal besser, mal schlechter.

DIE GRÖSSTE GLOCKE DER WELT

Die Zarenglocke im Kreml ist so groß, dass sogar Menschen darunter passen. Eine Zeitlang diente sie sogar als Kapelle. Eine Nichte von Zar Peter dem Großen gab die bronzene Glocke 1733 in Auftrag. Sie hat allerdings nie geläutet, da sie 1737 bei einem Feuer noch beim Gießen zersprang. Dabei entstand auch die „Tür", die 11 t wiegt, so viel wie zwei Elefanten!

DIE USPENSKI-KATHEDRALE

Die Kathedrale hinter den Kremlmauern stammt aus dem 15. Jh. und ist das älteste Bauwerk Moskaus. Napoleon Bonaparte wagte es tatsächlich, die Kirche 1812 als Pferdestall zu benutzen. Als er sich zurückzog, sollte der gesamte Kreml in die Luft gesprengt werden. Zum Glück wurde das Pulver nass und der Kreml war gerettet.

MODERNE MUMIE

Wladimir Lenin, der Gründer der Sowjetunion, ist die jüngste Mumie der Welt. Er liegt in einem eigenen Mausoleum neben der Kremlmauer. Lenin starb 1924 an einem Herzschlag. Eigentlich wollte er neben seiner Mutter in St. Petersburg begraben werden, doch die Schlange der Trauernden, die seine Leiche sehen wollte, war so lang, dass man Lenin einbalsamieren musste.

ZWIEBELTÜRME

Die neun bunten Türme der Basilius-Kathedrale sind ein unvergesslicher Anblick. Die Kirche wurde 1555-1561 unter Iwan dem Schrecklichen erbaut, dem mächtigen und grausamen Großfürsten von Moskau. Acht Kapellen symbolisieren die acht Angriffe Iwans auf die Tatarenstadt Kasan, 640 km wolgaabwärts. Die letzte, später angebaute Kapelle enthält das Grab des Hl. Basilius. Entgegen ihres großartigen äußeren Erscheinungsbildes ist die Basilius-Kathedrale sehr eng. Die kleinen Kapellen sind durch alte Steingalerien miteinander verbunden.

PRYPJAT

UKRAINE, Europa

1986 explodierte das Kernkraftwerk Tscher-nobyl und verstrahlte weite Teile der Umgebung. Die Bewohner der nahe gele-genen Stadt Prypjat mussten daraufhin ihre Wohnungen verlassen. Während Ingenieure noch immer versuchen, den Unglücksreaktor zu sichern, erobern inzwischen Wildtiere und sogar Touristen die Geisterstadt.

TOUREN IN DIE TODESZONE

Mit geführten Touristengruppen kommt wieder Leben in die ehemalige Todeszone von Tschernobyl – der Zugang ist nur mit speziellen Passierscheinen erlaubt. Die Besucher sehen geisterhaft leere Klassenräume und Uhren, die zum Zeitpunkt der Katastrophe stehen geblieben sind. Um 11.55 Uhr fiel der Strom in der Stadt aus.

EINE MODELLSTADT

Kannst du dir vorstellen, in einer Stadt zu wohnen, die für dich gebaut wurde? Die Arbeiter im Kernkraftwerk von Tschernobyl führten im 3 km entfernten Prypjat (50.000 Einwohner) ein gutes Leben. Die Löhne waren hoch, das Warenangebot gut und es gab gute Schulen und Freizeitangebote. Die Kinder freuten sich auf das Riesenrad im neuen Freizeitpark... doch dann explodierte der Reaktorblock 4 von Tschernobyl!

EIN ROTER WALD

Die Strahlung tötete alle grünen Nadeln und braune Rinde der Kiefern in den Wäldern um Tschernobyl – übrig blieben nur nackte rote Stämme. Die Bäume starben, verfaulten aber nicht, sondern blieben als geisterhafte Zeugen stehen.

IN DER GEFAHRENZONE

Nach der Explosion von Tschernobyl stieg eine gewaltige Staubwolke auf. Die Strahlung macht jeden Aufenthalt in einem Umkreis von 2800 km² unmöglich. Dieses absolute Sperrgebiet wird noch für weitere 20.000 Jahre unbewohnbar sein. Die Experten sind sich nicht einig, wie viele Menschen bei der Katastrophe ihr Leben verloren. Zwei Arbeiter starben bei der Explosion, 29 weitere an akuter Strahlung wenige Tage darauf in einem Krankenhaus. Und niemand weiß, wie viele bereits an Krebs – ausgelöst durch die Strahlung – gestorben sind und noch sterben werden.

DER „ELEFANTEN-FUSS"

Dieses Gebilde dürfte das gefährlichste Objekt auf unserem Planeten sein. Es besteht aus verfestigtem Material aus dem geschmolzenen Kern von Reaktor 4. Der wie ein Elefantenfuß geformte Klumpen liegt versteckt am Grunde des Reaktors. Wer sich nur Minuten in seiner Nähe aufhält, ist wenige Tage später tot.

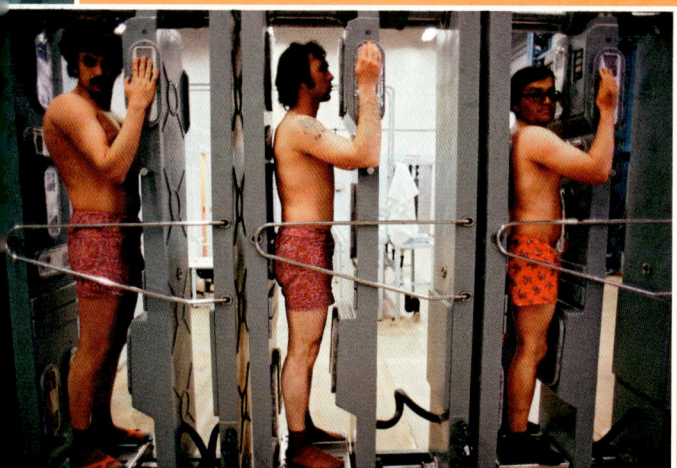

ZWEI-WOCHEN-SCHICHTEN

Obwohl der Reaktor von Tschernobyl stillgelegt wurde, bleibt die Sicherung der Ruine eine gewaltige Aufgabe. Die 7000 Menschen, die hier arbeiten, dürfen sich nur jeweils zwei Wochen in der Sperrzone aufhalten. Sie arbeiten täglich fünf Stunden im Reaktor und müssen nach der Arbeit durch einen Strahlungsmesser gehen.

TÖDLICHES GRAB

Die erste Betonabdeckung für den explodierten Reaktorblock von Tschernobyl kann die Strahlung nur 30 Jahre lang zurückhalten. Inzwischen haben Ingenieure aus aller Welt eine Hülle konstruiert, die 100 Jahre halten soll. Da die Arbeit direkt am Reaktor zu gefährlich ist, werden die 29.400 t Stahl und 680.000 Bolzen in einiger Entfernung montiert. Wenn die Mammuthülle fertig ist, wird sie über die alte Abdeckung gerollt und versiegelt den tödlichen Reaktor.

NATURSCHUTZGEBIET

Im Sperrgebiet liegen mehrere verlassene Dörfer – dort ist die Strahlung zu hoch. Inzwischen wurden aber Berge unverseuchter Erde ausgebreitet, und die Pflanzen und Tiere siedeln sich wieder an, ohne menschliche Jäger fürchten zu müssen! Wölfe, Wildschweine, Vögel und Elche teilen sich das Schutzgebiet.

DIE FEUERWEHRLEUTE

Vor der Feuerwache von Tschernobyl steht ein Denkmal für die heldenhaften Feuerwehrleute, die unmittelbar nach der Explosion den Brand bekämpften. Das Feuer wütete zwei Wochen und wurde erst gestoppt, als Hubschrauber 5000 t Sand, Blei, Ton und Säure darüber kippten.

ISTANBUL
TÜRKEI, Europa/Asien

In den alten Straßen Istanbuls trifft Europa auf Asien. Minarette und Moscheen, Kirchtürme und prächtige Paläste überragen die Häuser. Griechen, Perser, Römer, Byzantiner, Venezianer und Ottomanen haben in den letzten 2000 Jahren das heutige Istanbul in einen der faszinierendsten Orte der Welt verwandelt.

FLUCHT IN DEN WALD

In Istanbul leben über 14 Mio. Menschen. Um dem Trubel zu entfliehen, ziehen sich die Familien in den Belgrader Wald im Norden der Stadt zurück. Aus dem Jagdrevier der Sultane wurde ein Naherholungsgebiet mit Picknick- und Spielplätzen und Radfahrwegen. In dem 5500 ha großen Wald leben Rehe, Wildschweine, Schlangen und sogar Wölfe. Schulklassen besuchen das Atatürk-Arboretum mit 2000 Pflanzenarten und Schildkröten, die in einem See schwimmen.

DER UNTERIRDISCHE PALAST

Die *Cisterna Basilica* ist ein riesiger unterirdischer Wasserspeicher. Er wurde vor fast 1500 Jahren gebaut, geriet völlig in Vergessenheit und wurde erst 1987 restauriert und für Touristen geöffnet. Besucher wandern durch geisterhafte Gewölbe, vorbei an einem gruseligen Medusenhaupt und auf Zehenspitzen weiter über hölzerne Stege. Im Wasser kreisen gespenstische weiße Fische.

UMGEWANDELT

Als die Herrschaft über die Stadt nach Jahrhunderten von den Christen auf die Muslime überging, wurden viele Kirchen in Moscheen umgewandelt. Die herrliche Hagia Sophia war seit 537 eine christliche Kirche, dann 1453–1935 eine Moschee und ist heute Museum.

NAME WECHSLE DICH

Die Griechen der Antike nannten die Stadt Byzanz, die Römer zuerst *Nova Roma* (Neu-Rom), dann Konstantinopel, und machten sie 330 n.Chr. zur Hauptstadt des römischen Reiches. Nach fast 500 Jahren unter türkischer Herrschaft heißt sie seit 1930 Istanbul.

BASAR TOTAL

Der Große Basar von Istanbul erscheint chaotisch und bunt. In den geschäftigen, wuseligen Hallen gibt es versteckte Türen zu geheimen Wegen mit Ständen für billigen Schmuck. Es gibt Aladins Wunderlampen und Teppiche, die so aussehen, als könne man darauf fliegen. Clevere Käufer trinken Tee, vergleichen und handeln den besten Preis aus.

MINI-STADT

Miniatürk ist der größte Miniaturpark der Welt – Istanbul im Kleinformat. Hier stehen 105 berühmte Bauten aus Istanbul und der Türkei in maßstabsgerechter Größe 1:25. Der Freizeitpark mit Wegen, Teichen und Minibauten befindet sich am Ufer des Goldenen Horns.

CHOR DER MUEZZINE

Nach der letzten Zählung gibt es 2944 aktive Moscheen in Istanbul. Jeden Morgen erwacht die Stadt vom Ruf der *Muezzine* (Ausrufer) zum Gebet. Die berühmteste Moschee ist die Sultan-Achmed- oder Blaue Moschee. Ihre sechs Minarette heben sich deutlich von dem Wald anderer Türme über der Skyline Istanbuls ab.

ISTANBUL

Istanbul erstreckt sich über zwei Kontinente. Die Stadt liegt zwischen den Meeren und wird von einer Wasserstraße geteilt, denn der Bosporus – die Grenze zwischen Asien und Europa – verläuft mitten durch die Stadt.

VON KONTINENT ZU KONTINENT

Jedes Jahr nehmen über 1600 Menschen am berühmten Bosporusrennen teil. Die Teilnehmer schwimmen in einem außergewöhnlichen interkontinentalen Wettbewerb 6,5 km von Asien nach Europa – sicherheitshalber dürfen dann keine Schiffe fahren.

GOLDENE KETTE

Das Goldene Horn ist eine Meeresbucht des Bosporus, der hier in das Marmarameer übergeht. Die Halbinsel zwischen Goldenem Horn und Meer ist der älteste Teil Istanbuls. In der byzantinischen Zeit sperrte eine mächtige Kette den Eingang zum Goldenen Horn ab. Sie sollte verhindern, dass feindliche Schiffe eindrangen und die hier vertäute Flotte angriffen.

MEERENGE MIT GEGENVERKEHR

Der Bosporus ist eine merkwürdige Meerenge, denn die Strömungen verlaufen gleichzeitig in zwei Richtungen: Das Wasser an der Oberfläche fließt aus dem Schwarzen Meer durch den Bosporus ins Mittelmeer. Gleichzeitig strömt in der Tiefe Wasser aus dem Marmarameer Richtung Schwarzes Meer.

ISTAN-BALL

Die Bewohner Istanbuls sind fußballverrückt! In der *Süper Lig* (Türkische Nationalliga) spielen fünf Teams aus der Hauptstadt, darunter auch *Fenerbahçe* und *Galatasaray*. Wenn die beiden Top-Teams zum „Interkontinentalen Derby" (Kıtalar Arası Derbi) aufeinandertreffen, kochen die Emotionen hoch. *Fenerbahçe* ist ein Verein auf der asiatischen, *Galatasaray* auf der europäischen Seite.

ENDE EINER LANGEN STRASSE

Die Seidenstraße endete früher in Istanbul. Die alte, 6437 km lange Handelsstraße verband China und Indien mit Europa. Waren wie Seide und Gewürze, aber auch Krankheiten kamen durch die Straßen der Stadt.

GOLDENES

DER GROSSE BASAR

EUROPA

HIPPODROM VON KONSTANTINOPEL

MARMARAMEER

EUROPA

BASILIKA
ST. ANTONIUS

GALATA-
TURM

HORN

BOSPORUS

TOPKAPI-
PALAST

ZÜGE UNTER DEM MEER

Der Eisenbahntunnel unter dem Bosporus
ist eine wichtige Verbindung zwischen
Europa und Asien. Die Idee zu einem
Eisenbahntunnel hatte schon 1860 der
ottomanische Sultan Abdülmecid. Die
jetzige Strecke wurde aber erst 2013
eröffnet und macht es theoretisch möglich,
mit dem Zug von London direkt nach
Beijing zu fahren.

CISTERNA
BASILICA

HAGIA
SOPHIA

ASIEN

BLAUE
MOSCHEE

MUTIGE DELFINE

Im Meeresarm, der Istanbul teilt, leben drei Delfinarten –
Meeresbiologen nennen sie „Straßenkinder des Bosporus".
Sie reiten regelmäßig auf den Bugwellen der riesigen
Schiffe, die eine der am meisten befahrenen Meeresstraßen
passieren. Schweinswale und Gewöhnliche Delfine wandern
zwischen Marmarameer und Schwarzem Meer hin und her,
die Großen Tümmler bleiben im Bosporus.

KÖNIGLICHE ENTSPANNUNG

An heißen Sommertagen springen die Menschen auf
die Fähre zu den Prinzen-Inseln vor der Küste Istanbuls.
Dieser Abschnitt des ruhigen Marmarameeres ist ein
Paradies für Sonnenanbeter mit Sandstränden und
Buchten. Früher wurden Prinzen und Prinzessinnen auf
die Inseln verbannt.

ATHEN
GRIECHENLAND, Europa

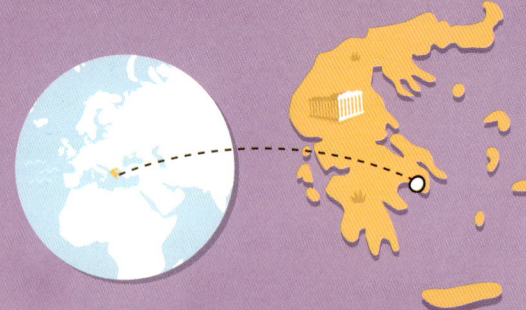

An keinem Ort der Welt werden mythische Monster und alte Götter so lebendig wie in Athen. Griechenlands große, hektische, kosmopolitische Hauptstadt – die älteste der Welt – blickt auf eine faszinierende Geschichte zurück. Andererseits ist Athen supermodern. Unterhalb der Akropolis breiten sich geschäftige Märkte, Straßencafés und eine enorme Fußgängerzone aus.

TRAGÖDIEN IN ATHEN

Man sagt, dass alle Athener ein Gefühl für Dramen haben – immerhin erfanden sie das Theater. Die vor Tausenden von Jahren geschriebenen griechischen Tragödien wurden in großartigen Amphitheatern aufgeführt – im Odeon des Herodes Atticus und dem Theater von Epidauros, südwestlich der Stadt.

DRAKONISCHE GESETZE

Die Demokratie wurde im 7. Jh. v.Chr. in Athen geboren. Drakon schrieb als erster die Gesetze der Stadt auf. Der griechische Autor Plutarch schrieb später, dass Drakons Gesetze „mit Blut, nicht mit Tinte" geschrieben wurden. Jedes Verbrechen, vom Diebstahl eines Kohlkopfes aufwärts, wurde mit dem Tode bestraft.

DER RENNENDE MANN

Der *Dromeas* in der Avenue Vassilissis Sofias, in einer der Prachtstraßen Athens, ist die moderne Statue eines rennenden Mannes. Um den Eindruck schneller Bewegung zu erzeugen, hat der Athener Bildhauer Costas Varotsos sein 12 m hohes Werk aus aufgestapelten Glasscheiben geschaffen.

MARKTTAG

Dimotiki Agora ist der zentrale Markt der Stadt. Die Markthallen mit dem verglasten Dach empfangen den Besucher mit Lärm, Chaos und dem üblichen Athener Gedränge. Mancher macht dabei blutige Erfahrungen, wenn gehäutete Kaninchen oder glitschige Kuhdärme angeboten werden. Dimotiki Agora ist aber genau der richtige Ort, um frisches Schweinefleisch für die traditionellen *Souvlaki* (Fleischspieße) zu kaufen.

MANGELWARE GRÄBER

Athen ist so voller Menschen, Häuser, Autos und historischen Stätten, dass der Stadt der Platz für die Toten ausgeht. Auf den Friedhöfen geht es so gedrängt zu, dass die Gräber „recycelt" werden müssen. Nach drei Jahren werden die Knochen wieder ausgegraben, in Wein gewaschen, in einen Kasten gelegt und in einem städtischen „Beinhaus" gelagert.

MAGIE IM MONDLICHT

Der antike Parthenon-Tempel auf der Akropolis ist eines der am häufigsten kopierten Gebäude der Welt. In der hellsten Nacht des Jahres (Festival des Augustmondes) sieht der Tempel besonders eindrucksvoll aus. Dann werden 100 historische Stätten in ganz Griechenland geöffnet, um den Vollmond zu feiern. Da die Akropolis bei Dunkelheit aus Sicherheitsgründen geschlossen wird, kann man sie nur von Weitem bewundern.

AM HAFEN

In Piräus, dem gigantischen Hafen von Athen, legen beeindruckend viele Tanker, Fähren und Kreuzfahrtschiffe an. Im Jahre 2014 kamen hier 18 Mio. Passagiere an – das entspricht der Bevölkerung von Schweden und Ungarn zusammen! Vor Piräus fand 480 v.Chr. auch die größte Seeschlacht der Geschichte statt. Athener und Perser kämpften mit 1000 Schiffen und 200.000 Mann Besatzung.

OLYMPISCHE REKORDE

Die modernen Olympischen Spiele, die bekannteste Erfindung Athens, fanden erstmals 1896 im Athener Panathinaiko-Stadion statt. Es ist das einzige ganz aus weißem Marmor erbaute Stadion der Welt. Hier wird auch in jedem neuen Olympiajahr die „olympische Flamme" entzündet, bevor sie auf die Reise zum Ort der Spiele geht.

ROM
ITALIEN, Europa

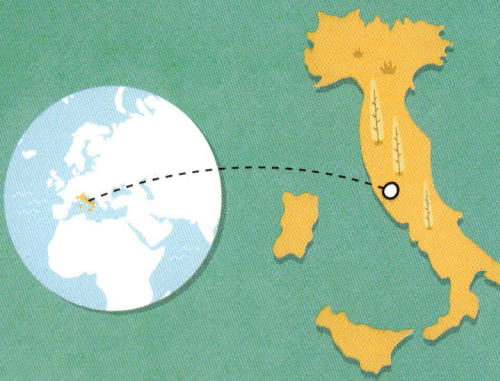

Rom ist laut, ausufernd und unglaublich reich an Geschichte. Niemand braucht hier in Museen zu gehen, um antike Relikte und Architektur zu sehen. Überall beim Spaziergang durch die Straßen stößt man auf Ruinen aus der Zeit, als das Römische Reich in Europa und darüber hinaus herrschte. Die modernen Römer sind mode- und familienbewusst und stolz auf ihre glorreiche Stadt.

TOLLER BLICK DURCHS SCHLÜSSELLOCH

Für eine perfekte Aussicht auf den Petersdom und die nahe Vatikanstadt blicken die Römer durch das „Schlüsselloch" – ein Tor vor dem Sitz des Malteserordens. Die Kuppel des Petersdomes erhebt sich majestätisch über die Ziegelsteinhäuser und die charakteristischen Schirmkronen der Pinien.

DAS KOLOSSEUM

Das Kolosseum ist ein Touristenmagnet. Jedes Jahr besuchen vier Millionen Menschen das antike Amphitheater und stellen sich vor, wie wilde Tiere gejagt wurden, Gladiatoren blutige Kämpfe ausfochten, Feierlichkeiten und Shows stattfanden – für Römer waren Menschen- und Tieropfer Unterhaltung. Allein zur Eröffnung des Kolosseums (80 n.Chr.) starben 5000 Tiere. Der rot gefärbte Sand sollte das Blut kaschieren.

ALLE STRASSEN FÜHREN NACH ROM

Römer flitzen gerne auf Motorrollern durch die Stadt. Die Fahrt auf zwei Rädern durch die von Autos verstopften Straßen ist nicht ungefährlich. Zur Sicherheit lassen viele Römer ihre Roller und Autos einmal im Jahr segnen. Im März treffen sie sich zur *Festa di Santa Francesca Romana*, um den Schutzheiligen der Fahrer zu ehren.

KEINE LÜGEN!

Der steinerne *Bocca della Verità* (Mund der Wahrheit) am Eingang der Kirche Santa Maria in Cosmedin ist kein normales Relief. Seit dem 17. Jh. gilt das von wilden Haaren umrankte Gesicht als eine Art Lügendetektor. Wer die Hand in den Mund steckt und dabei lügt, riskiert, dass seine Hand abgebissen wird.

TREVI-BRUNNEN

In Rom plätschern über 2000 tolle Brunnen, doch der prächtige Trevi-Brunnen aus Travertingestein ist definitiv der berühmteste. Er zeigt den Gott Oceanus in einer muschelförmigen Kutsche, die von Tritonen und zwei Meerespferden gezogen wird. Touristen, die ein Geldstück über ihre linke Schulter in den Brunnen werfen, sollen angeblich wiederkommen. Im Durchschnitt landen täglich 2400 € im Brunnen.

ESSEN WIE DIE RÖMER

Römer lieben herzhaftes und gesundes Essen mit einfachen Zutaten wie Lamm, Kabeljau und Gemüse mit Schweinefett, Knoblauch und Kräutern. Bekannte Spezialitäten sind *bucatini all'amatriciana* (Nudeln in einer Soße mit Tomaten und Schweinebacken) oder *carciofi alla romana* (gefüllte Artischocken).

GRUSELIG RECYCELT

Die Kapuzinermönche hatten einen schrägen Sinn für Design: Sie statteten ein Grabmal in der Krypta ihrer Kirche Convento dei Cappuccini mit Knochen aus! Aus Oberschenkeln wurden Leuchter und aus Schädeln Bogen. Insgesamt schmücken die Knochen von 4000 Ordensbrüdern das makabre Grabmal. Ein paar Skelette blieben intakt und tragen Kleidung.

AUSGESETZT

Überall in Rom stößt man auf Bilder und Souvenirs, die eine Wölfin zeigen, die zwei Junge säugt. Nach einer Legende wurden die Zwillinge Romulus und Remus sofort nach der Geburt in einem Körbchen in den Tiber gesetzt und von einer Wölfin gerettet. Als Erwachsene beschlossen die beiden, am Ort ihrer Rettung eine Stadt zu gründen. Als sie darüber in Streit gerieten, tötete Romulus seinen Bruder Remus und gab der Stadt seinen Namen.

VATIKANSTADT
ITALIEN, Europa

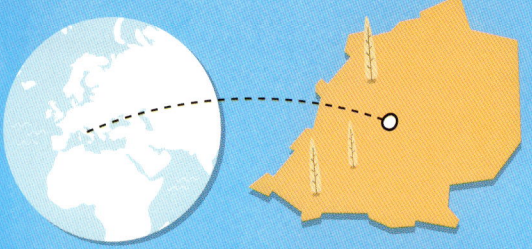

Die Vatikanstadt ist gleichzeitig Stadt und Staat. Obwohl das Staatsgebiet kleiner ist als ein Golfplatz, werden hier viele Sprachen gesprochen. Es gibt Museen und Kapellen, aber keine Schulen. Die wenigen Kinder, die hier wohnen, gehen morgens über die Grenze nach Rom (Italien).

SIXTINISCHE KAPELLE
Michelangelos Fresken auf der Decke der Sixtinischen Kapelle des Vatikans sind etwa so groß wie zwei Tennisplätze. Der italienische Maler und Bildhauer brauchte vier Jahre für diese Arbeit. Michelangelo malte die über 300 Figuren, während er auf einem riesigen Gerüst in der Kapelle stand.

BÜRGER NUR GEGEN ARBEIT
Die Vatikanstadt ist der einzige Staat auf der Welt, in den man nicht hineingeboren werden kann. Bürger wird nur, wer im Vatikan arbeitet. Wenn der Job endet, verliert man automatisch die Staatsangehörigkeit.

IN GEHEIMER WAHL
Im Vatikan findet eine einzigartige Wahl statt: Zur Wahl eines neuen Papstes versammeln sich die Kardinäle in der Sixtinischen Kapelle und geben ihre Stimme ab. Die Zuschauer warten darauf, dass Rauch aus einem winzigen Schornstein aufsteigt – schwarz bedeutet, kein neuer Papst, weißer Rauch kündigt einen neuen Papst an.

LANDESREGIERUNG

DAS LETZTE RITUAL
Wenn früher ein Papst starb, soll der *Camerlengo* (Kämmerer des Vatikans) dem Toten dreimal mit einem silbernen Hammer auf die Stirn geschlagen und seinen Namen gerufen haben. Wenn er keine Antwort bekam, verkündete er den Tod des Papstes.

BAHNHOF

DER PETERSDOM
Der Petersdom ist die größte, reichste und spektakulärste Kirche Italiens. In seinem Innern können mindestens 60.000 Gläubige an der Messe teilnehmen und viele Tausende versammeln sich regelmäßig auf dem weiten Petersplatz zur Messe im Freien. Auf ihrem Weg in die Kirche küssen oder reiben die Menschen den Fuß der Petrus-statue – die Zehen des rechten Fußes sind bereits völlig abgerieben.

ZUVERLÄSSIGE POST
Die Vatikanstadt hat weder einen König noch eine Regierung. Sie wird vom Papst geleitet, der auch auf den Briefmarken und Münzen des Vatikans abgebildet ist. Die Post ist so zuverlässig, dass Römer gerne die Grenze überqueren und ihre Briefe von hier abschicken.

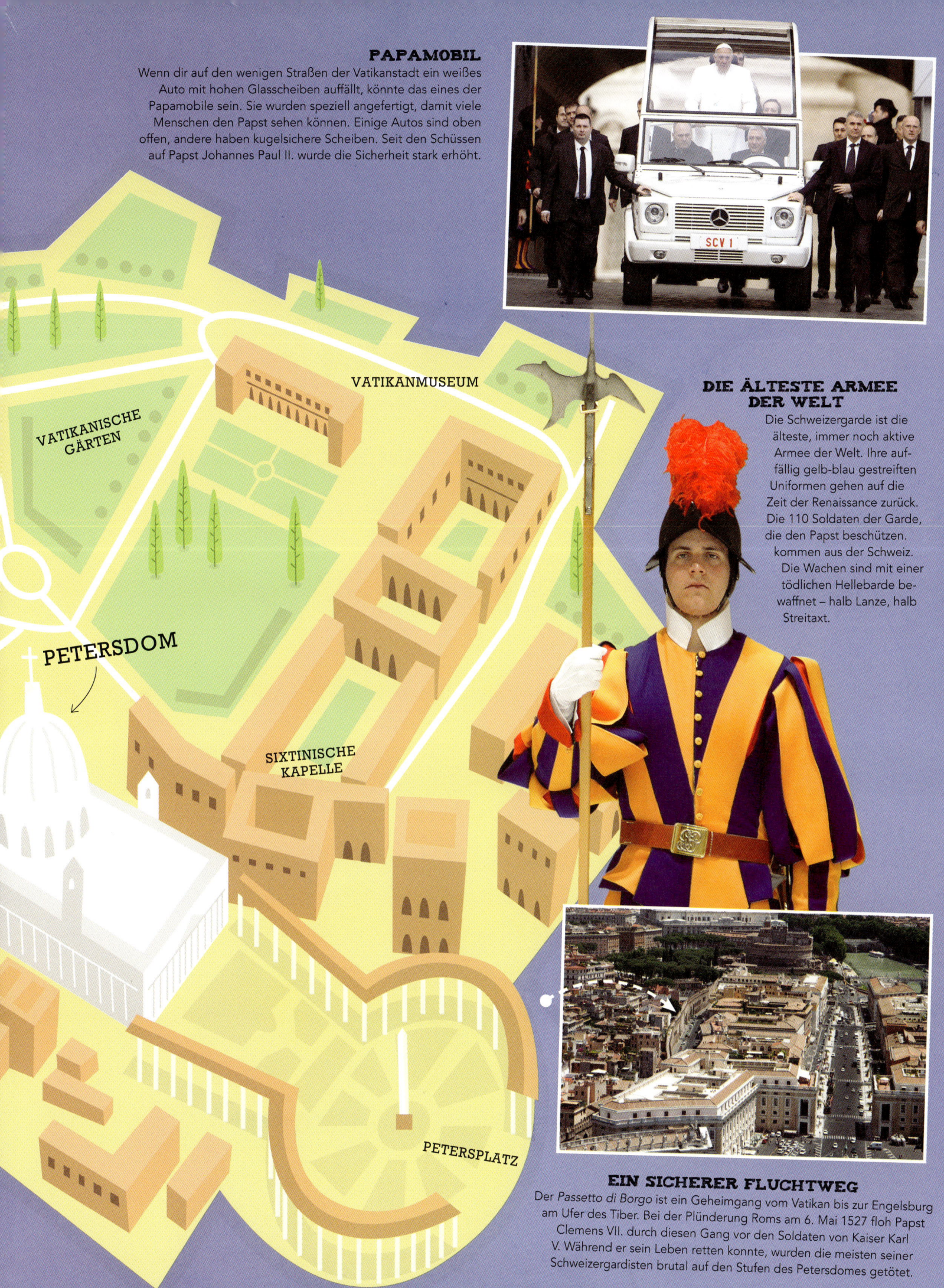

PAPAMOBIL

Wenn dir auf den wenigen Straßen der Vatikanstadt ein weißes Auto mit hohen Glasscheiben auffällt, könnte das eines der Papamobile sein. Sie wurden speziell angefertigt, damit viele Menschen den Papst sehen können. Einige Autos sind oben offen, andere haben kugelsichere Scheiben. Seit den Schüssen auf Papst Johannes Paul II. wurde die Sicherheit stark erhöht.

VATIKANMUSEUM

VATIKANISCHE
GÄRTEN

PETERSDOM

SIXTINISCHE
KAPELLE

PETERSPLATZ

DIE ÄLTESTE ARMEE DER WELT

Die Schweizergarde ist die älteste, immer noch aktive Armee der Welt. Ihre auffällig gelb-blau gestreiften Uniformen gehen auf die Zeit der Renaissance zurück. Die 110 Soldaten der Garde, die den Papst beschützen, kommen aus der Schweiz. Die Wachen sind mit einer tödlichen Hellebarde bewaffnet – halb Lanze, halb Streitaxt.

EIN SICHERER FLUCHTWEG

Der *Passetto di Borgo* ist ein Geheimgang vom Vatikan bis zur Engelsburg am Ufer des Tiber. Bei der Plünderung Roms am 6. Mai 1527 floh Papst Clemens VII. durch diesen Gang vor den Soldaten von Kaiser Karl V. Während er sein Leben retten konnte, wurden die meisten seiner Schweizergardisten brutal auf den Stufen des Petersdomes getötet.

VENEDIG
ITALIEN, Europa

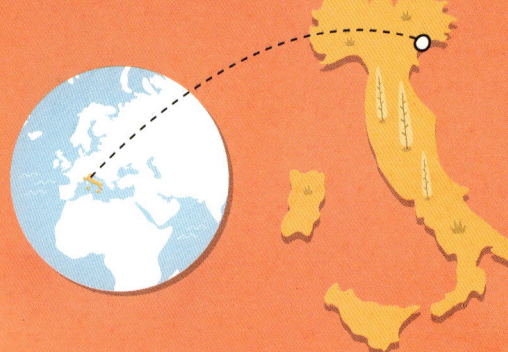

Venedig ist das berühmteste Stadtlabyrinth Europas. Die Erkundung der superengen Gassen und romantischen Kanäle, auf denen Gondeln fahren, gleicht einem Brettspiel. Die Zahl der Touristen ist zwar viel höher als die der Venezianer, aber selbst das tut dem Charme Venedigs keinen Abbruch.

DIE STADT AUF PFÄHLEN

Der Bau Venedigs war ein abenteuerliches Unternehmen: Man trieb Holzpfähle in überschwemmte Inseln und setzte die Häuser darauf – Venedig ist eine Stadt auf 118 Inseln der Adria mit Hunderten von Kanälen. Es gibt keine Autostraßen, sondern ein Labyrinth von *calli* (Gassen), *campi* (Plätze) und *fondamente* (Uferwege), in dem sich nur Einheimische zurechtfinden. Die Calletta Varisco, die engste Gasse, ist nur 53 cm breit!

AQUA ALTA

Venedig hat einen großen Nachteil – instabile Fundamente. Die Stadt sinkt langsam ab. Wenn *aqua alta* (Hochwasser) droht, werden die Bewohner durch Sirenen gewarnt, dass Plätze und Gassen bald überschwemmt werden. Die Stadtverwaltung hofft, dass die Straßen trocken bleiben, wenn 2018 das M.O.S.E Projekt – ein Sturmflut-Sperrwerk – abgeschlossen sein wird. Dann werden bei Hochwasser 78 gigantische Stahltore geschlossen, um das Wasser von der Lagune fernzuhalten.

CAMPO SAN POLO

CANAL GRANDE

KIRCHE SAN VIDAL

GALLERIE DELL' ACCADEMIA

CIAO!

Ciao bedeutet in ganz Italien sowohl „Hallo" als auch „Tschüss", doch der Begriff wurde in Venedig erfunden, in dessen lokalem Dialekt sich Italienisch, Französisch, Portugiesisch und Griechisch mischen.

DER MARKUSDOM

Wer die verzierten Türmchen, Kuppeln und glänzenden Mosaiken der Basilica di San Marco am belebten Markusplatz sieht, versteht, warum die Venezianer stolz auf ihre Stadt sind. Die Kirche wurde gebaut, um die sterblichen Überreste des Hl. Markus aufzunehmen, den venezianische Kaufleute 828 n.Chr. in einem Fass mit Schweinefett aus Ägypten nach Hause schmuggelten. In der Basilika wird auch der Arm aufgehoben, mit dem Georg den Drachen erschlug.

DIE SEUFZERBRÜCKE

Die ersten Brücken Venedigs hatten keine Stufen, damit Pferde darüber laufen konnten. Von den über 400 Brücken der Stadt ist die Seufzerbrücke die romantischste. Die Legende sagt, dass ein Kuss in einer Gondel unter dieser Brücke ewige Liebe garantiert – bei Sonnenuntergang und zum Glockengeläut vom Markusdom.

GONDELN UND GONDOLIERE

Gondeln sind das traditionelle Verkehrsmittel auf den schmalen Kanälen Venedigs. Der Schiffsrumpf besteht aus 280 Einzelteilen aus acht verschiedenen Holzarten. Auf den Kanälen schwimmen etwa 400 Gondeln mit Taxilizenz, die Passagiere transportieren dürfen. Sie werden vom Gondoliere mit gestreiftem Hemd und Strohhut gerudert. Seit 2010 gibt es die erste weibliche Gondoliere.

RIALTO-BRÜCKE

KIRCHE SANTA MARIA FORMOSA

MARKUSDOM

MARKUS-PLATZ

SEUFZER-BRÜCKE

DOGENPALAST

VENEDIG

Schon zu vorchristlichen Zeiten haben die Menschen das Ende des Winters mit allen möglichen Verkleidungen und Narrenumzügen gefeiert. Der Karneval von Venedig im Februar ist wahrscheinlich der farbenprächtigste von allen.

DER ENGELSFLUG

Der Karneval beginnt mit dem „Engelsflug" auf dem Markusplatz. Eine hübsche Frau gleitet an einem Seil von der Spitze des Glockenturms des Markusdoms herab und streut während ihres „Fluges" Rosenblätter in die Menge. Damit ist der Karneval mit Maskenbällen, Bällen, üppigen Festmählern und Wettbewerben um das schönste Kostüm offiziell eröffnet.

DER MARKUSPLATZ

Auf der Piazza San Marco treffen sich die Reichen und Schönen zum Kaffee – außer im Karneval. Dann verwandelt sich der Platz wochenlang in eine wogende Parade aus Feiernden, die stolz ihre Kostüme präsentieren. Theateraufführungen, Jongleure, Clowns, Zirkusvorstellungen und Musiker sorgen für eine rauschhafte Atmosphäre.

PARTYTIME

Im Lauf der Jahrhunderte gab es immer wieder kuriose Vorführungen, um den Karneval aufzupeppen. Lebende Hunde wurden aus Kanonen geschossen und Stiere (einmal sogar ein Nashorn) durch die Gassen getrieben. Zum Glück beschränken sich die Aktivitäten heute auf Masken, Musik, Maskenbälle und andere zivile Vergnügen.

UNERKANNT IM SCHUTZ DER MASKE

Im Karneval von Venedig trägt jeder eine Maske – diese Tradition reicht bis ins Mittelalter zurück. Da das Gesicht hinter der Maske unsichtbar bleibt, kann sich jeder unmöglich oder dreist verhalten. Maskierte Adlige tanzten mit Bürgern, heimliche Liebespaare trafen sich in der Öffentlichkeit und Spieler konnten unerkannt gewinnen oder verlieren. Bis 1797 trugen venezianische Adlige ihre Masken mehrere Monate lang.

PESTDOKTOR

Die bekannteste Maske ist *Il Medico della Peste* (Pestdoktor). Das Kostüm stammt aus dem 17. Jh., als die Pest in Europa wütete. Die Ärzte trugen zum Schutz vor Ansteckung lange, hässliche Umhänge und eine Maske mit langem Schnabel. Im Karneval laufen diese merkwürdigen Gestalten wieder durch die Straßen und erinnern an furchterregende schwarze Vögel mit riesigen weißen Schnäbeln.

OHNE SIE KEINE MASKEN

Die venezianischen *mascherari* (Maskenmacher) sind eine ehrwürdige Zunft, deren Kunst hoch über den billigen Keramikmasken steht, die in Souvenirshops an den Kanälen verkauft werden. Echte venezianische Masken werden in Handarbeit aus Pappmaschee oder Leder geformt und mit Gold, Federn und glitzernden Steinen verziert. Es gibt sieben unterschiedliche Maskentypen. Einige bedecken das ganze Gesicht, andere nur Augen und Nase. Eine einfache Maske ist der geisterhaft weiße *Volto*, die *Columbine* – eine Halbmaske für Frauen – ist reich mit Gold, Silber und Kristallen verziert.

MADRID
SPANIEN, Europa

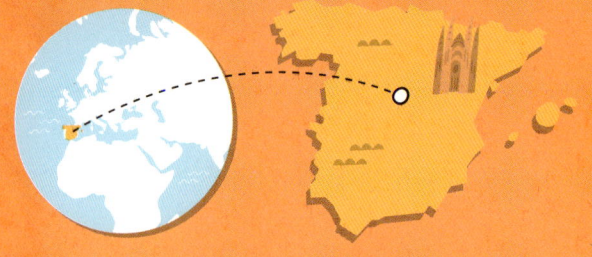

Madrid ist wie ein lebhaftes, großes Kind voller Energie, das sich weigert, ins Bett zu gehen. Die höchstgelegene Hauptstadt Europas (650 m) ist eine einzige Party. Es gibt grüne Parks, angenehme *Shopping Malls* und unzählige Bars, Restaurants und Clubs. Madrid ist verrückt und anziehend, daher heißt es: „Wenn du in Madrid bist, bist du ein Madrilene."

DAS ÄLTESTE RESTAURANT DER WELT

Das *Botín* wurde 1725 gegründet. Seine Spezialität ist *cochinillo asado* (Gebratenes Spanferkel), das als Ganzes in einem mit Holz geheizten Pizzaofen zubereitet wird. Wie in den meisten Restaurants sind Kinder gerne gesehen. Für sie gibt es keine Kinderteller, sondern sie sitzen fröhlich stundenlang mit Familie und Freunden am Tisch und essen die gleichen herzhaften Gerichte.

LANGE TAGE, LANGE NÄCHTE

Madrider Kinder sind hart im Nehmen: Sie machen sich um 7.30 Uhr zu Fuß oder mit dem Bus auf den Weg zur Schule. Der Unterricht geht von 9 Uhr bis Mittag, dann folgen Mittagessen und Siesta (Nickerchen). Manche gehen dann nach Hause. Schüler, deren Eltern beide arbeiten, bleiben in der Schule. Von 15–17 Uhr ist wieder Unterricht. Zu Hause machen sie Hausaufgaben und spielen an den warmen Abenden auf der Straße oder in Parks, wie dem riesigen Casa de Campo. Da die Spanier sehr spät essen, gehen selbst kleine Kinder oft erst gegen 22 oder 23 Uhr ins Bett.

LIEBESGRÜSSE AUS ÄGYPTEN

Als 1960 ägyptische Tempel und Baudenkmäler im Wasser eines Stausees zu versinken drohten, halfen spanische Archäologen dabei, die Bauten umzusetzen. Aus Dankbarkeit bauten die Ägypter 1972 den alten Tempel von Debod ab und schickten ihn Stein für Stein nach Madrid – als eindrucksvolles Dankeschön!

STADT DER KATZEN

Die Einwohner Madrids werden *Madrileños* oder *los gatos* (die Katzen) genannt. Der Name entstand 1083, als die arabischen Mauren über das mittelalterliche Madrid herrschten. Alfons VI. wollte die Stadt befreien – erfolglos. Doch dann kletterte ein geschickter junger Soldat wie eine Katze auf die Mauer und ließ ein Seil für die anderen herunter.

REAL MADRID

Für Fußballfans ist Madrid der Himmel auf Erden, denn hier spielt der erfolgreichste Club der Welt! In einer Umfrage stellte Real Madrid 2015 fest, dass der Verein auf 450 Mio. Fans in aller Welt zählen darf. Die Heimspiele werden samstagnachmittags im Santiago Bernabéu Stadion ausgetragen – ein Muss für die Fans.

EIN GESTÜRZTER ENGEL?

Ins *Dach der Calle de los Milaneses* Nr. 3 kracht ein merkwürdiger geflügelter, nackter Mann, der ganz und gar nicht ins Bild eines „gefallenen Engels" passt. Der Accidente Aereo (Luftunfall) ist eine moderne Skulptur des Bildhauers Miguel Ángel Ruiz. Sie stellt einen Mann dar, der das ländliche Madrid verließ und bei seiner Rückkehr nach 10.000 Jahren in einer Großstadt landete.

PALACIO REAL

Für das Publikum sind nur 50 der 2800 Zimmer im Königspalast von Madrid geöffnet. Im *Salón de Gasparini* kann niemand die Zeit verpassen, denn 215 der 700 Uhren aus der königlichen Sammlung sind aufgezogen und verticken die Tageszeit. Die Wände sind mit Seidentapeten mit Stickereien aus echtem Gold und Silber verkleidet.

MEHR FISCH GEHT NICHT

Obwohl Madrid weit von der Küste entfernt ist, ist der MercaMadrid Europas größter Fischgroßmarkt! Hier wechseln jedes Jahr unglaubliche 220.000 t Fisch den Besitzer – darunter ganze Schwärme von Blauflossen-Thunfisch.

BARCELONA
SPANIEN, Europa

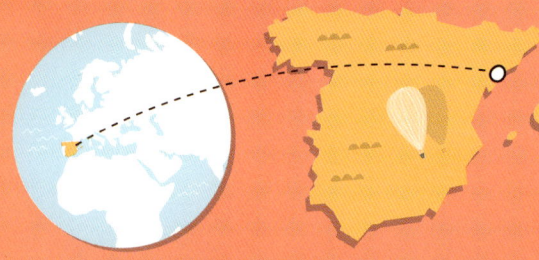

Barcelona gehört zu den coolsten Städten Europas. Neben Sonne, Meer und Strand sind hier die neueste Mode und Design zu Hause. Der moderne katalanische Architekt Antoni Gaudí hat der Stadt ihr unverwechselbares Gesicht gegeben. Barcelonas Bauwerke, Oberfläche und Häuser sind mit glänzenden Mosaiken aus Keramik bedeckt.

SCHERBEN BRINGEN GLÜCK

In Barcelona wird seit alters hübsche Keramik hergestellt. Heute streifen viele Käufer über die Märkte und durch die Gassen der Stadt, um traditionelle Handwerksbetriebe zu finden. Gaudí entwarf sein erstes wichtiges Gebäude in Barcelona für den reichen Besitzer einer Keramikfirma. Die *Casa Vicens* ist mit farbigen Mosaiken aus den Scherben von Keramiken *(trencadis)* verziert. Auch die *Casa Batlló*, die Gaudí 1904 neu gestaltete, ist mit Mosaiken geschmückt. Das auffällige Gebäude soll dem Buckel eines Drachen oder Dinosauriers ähneln.

PARK GÜELL

Der Park Güell dürfte den Preis für den bezauberndsten (und am meisten fotografierten) Park Barcelonas verdienen. Die mit Mosaiken bedeckten Treppen, Zickzackwege und kuriosen Gebäude sind alles, was von einem ehrgeizigen Projekt übrig blieb: Graf Eusebi Güell kaufte 1900 drei bewaldete Hügel und beauftragte Gaudí, darauf ein Stadtviertel für reiche Barceloneser zu planen. Als das Projekt scheiterte, hatte Gaudí schon Straßen und Gehwege, einen Platz und zwei Torhäuser in seinem einzigartigen Stil angelegt.

LA RAMBLA

Über keinen Boulevard Spaniens wird mehr geredet als über La Rambla! Auf Barcelonas berühmter Hauptstraße drängen sich Blumen- und Souvenirverkäufer, Bars und ein Strom von Passanten aus allen Ecken der Erde. Nur wenige wissen, dass La Rambla aus fünf miteinander verbundenen Straßen besteht, daher manchmal auch der Plural – *Las Ramblas*. Am frühen Abend scheint die ganze Stadt dort zu spazieren, zu essen oder unter den Bäumen abzuhängen.

OLYMPIA ÄNDERTE ALLES

Barcelonas goldener Strand ist weltberühmt, allerdings erst seit 1992! Die Stadt hat ihre „Meeresseite" lange vernachlässigt und dort Industriebauten und Fabriken angesiedelt. Als Barcelona zum Austragungsort der Olympischen Spiele ausgewählt wurde, planten die Organisatoren eine komplette Verwandlung der Küste. Die alten Gebäude wurden abgerissen, zwei Strände verbessert und fünf neue angelegt. Heute ist die Meeresküste fester Bestandteil im Leben der Städter – ein Ort, wo sie spielen, schwimmen und das Wochenende genießen.

VORSICHT (IMMER NOCH) BAUARBEITEN!

Die Sagrada Familia ist eine riesige Kirche, die wie ein Bündel aus Stalagmiten aus dem Boden aufsteigt – geplant sind insgesamt 18 Türme, von denen acht fertig sind. Die Säulen im enormen Innenraum ragen wie Bäume empor. Der Grundstein wurde 1882 gelegt und Gaudí hat die fertige Kirche nie gesehen. Wenn man bedenkt, dass die Pyramide von Gizeh mit primitiven Werkzeugen innerhalb von 20 Jahren gebaut wurde, ist das eine mächtige Verzögerung.

MENSCHENTÜRME

Die Katalanen lieben schöne Architektur so sehr, dass sie sogar Türme oder *castells* („Burgen" auf Katalanisch) aus Menschen bauen! Dieser Sport wird *castellars* genannt – Barcelona hat einen eigenen Club. Wenn sich die Sportler Ende September auf der Plaça de Sant Jaume versammeln, um die Stadtpatronin La Mercè zu feiern, warten Scharen von Menschen auf das Ereignis. Die Menschen steigen auf die Schultern ihrer Untermänner bis zu einem zehn Stockwerke hohen Turm. Erwachsene sind für die oberen Etagen zu schwer, also klettern Kinder mit Sturzhelmen bis auf die Spitze – Balance ist alles!

LISSABON
PORTUGAL, Europa

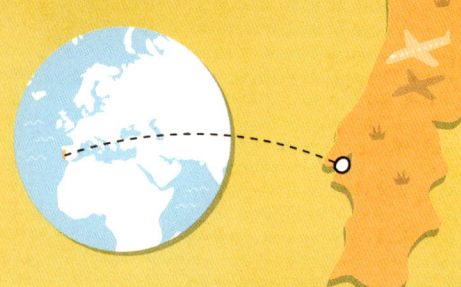

Lissabon verfügt über einen Meeresstrand, sensationelle Surfreviere und eine großartige Küche mit Meeresfrüchten. Glückliche Lissaboner, wer hier lebt, will nie wieder weg. Hier begann das goldene Zeitalter der Entdeckungsreisen, als portugiesische Schiffe nach Westen segelten, zum Ende der bekannten Welt.

KÖNIGIN DER TÖRTCHEN

Die portugiesische Küche ist köstlich (vor allem die Meeresfrüchte), doch in der Hauptstadt steht eindeutig ein Blätterteigtörtchen auf Platz Eins – *Pastéis de Nata*, ein superlockeres Blätterteigtörtchen mit Pudding. Das Café *Antiga Confeitaria de Belém* verkauft täglich 16.000 der handgemachten, warmen *Pastéis de Nata*. Die süße Köstlichkeit wurde von den Mönchen im Hieronymus-Kloster in Santa Maria de Belém erfunden. Das 180 Jahre alte Rezept ist ein streng bewachtes Geheimnis, das nur jeweils drei Küchenchefs kennen.

JURASSIC PARK IN ECHT

Lissabon ist von Naturparks umgeben. Das *Cabo da Roca* im Naturpark Sintra-Cascais ist der westlichste Punkt Kontinentaleuropas, der Ort, „wo das Land endet und das Meer beginnt". An der Klippe südlich von *Praia Grande* ziehen sich Dinosaurierspuren die Kalkwände hinauf, als ob die riesigen Tiere gerade aus dem Wasser gestiegen wären. Die fossilen Abdrücke, die von *Megalosaurus* und *Iguanodon* stammen sollen, sind 100 Mio. Jahre alt.

LAND DER ENTDECKER

Im Mittelalter hieß der Atlantik *Mare Tenebrosum* („Meer der Finsternis"). Es waren Portugiesen, die im 15. und 16. Jh. die Landkarten neu zeichneten: Entdecker wie Vasco da Gama stachen von Lissabon aus in See und erreichten als erste Europäer Indien auf dem Seeweg. Das *Padrão dos Descobrimentos* („Denkmal der Entdeckungen") am Fluss *Tejo* erinnert an diese abenteuerlichen Seereisen.

FADO – MELANCHOLIE IN MUSIK

Lissabon hat einen eigenen Soundtrack, den traditionellen Fado. Die Fadistas, eine Sängerin oder Sänger, singen zur Gitarre und Mandoline eine meist traurige Geschichte über Liebe, Trauer oder Verlust.

SURFEN UND FUSSBALL

Mit dem Atlantik direkt vor der Haustür brechen die Städter am Wochenende oder nach der Schule regelmäßig zum Strand auf. Auf dem flachen goldenen Strand von Carcavelos spielen Jugendliche stundenlang Fußball. Praia do Guincho nördlich der Stadt ist für seine fantastischen Sonnenuntergänge und bei Surfern für die großartigen Wellen berühmt.

EIN ORT DER WUNDER

Das gotische *Mosteiro dos Jerónimos* (Hieronymuskloster) ist ein 500 Jahre altes Wahrzeichen aus hellem Stein. Jedes kleinste Detail ist wunderbar gestaltet – besonders furchterregende Wasserspeier und Fantasiebestien, aber auch gotische Bogen, mehrstöckige Kreuzgänge und Säulen, die von steinernen Ranken und Blättern umschlossen werden.

BERGAUF UND BERGAB

Lissabon wird scherzhaft auch *Cidade das Sete Colinas* („Stadt der sieben Hügel") genannt. Die Kanariengelbe Straßenbahnen quälen sich ratternd und quietschend die Hügel auf und ab. Die Lissaboner benutzen aber auch gern den bizarren *Elevador de Santa Justa* zwischen Ober- und Unterstadt. Ein Schüler von Gustave Eiffel (der Konstrukteur des Eiffelturmes) hat den Lift gebaut – heute ist er eine Touristenattraktion.

MARRAKESCH

MAROKKO, Afrika

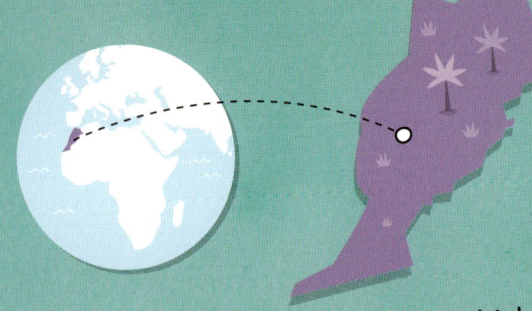

Heiß, hektisch und reich an Geschichte – Marrakesch lässt den Kopf schwirren. Die mächtigen Gipfel des Atlas-Gebirges überragen eine Stadt mit nordafrikanischer Magie und Chaos. In den geschäftigen Straßen wechseln sich marokkanische Dampfbäder mit labyrinthischen Märkten und öffentlichen Plätzen mit Schlangenbeschwörern und Akrobaten ab.

VERLOREN IM SUK

Die Geschichte der *Suks* (Märkte im Freien) rund um den Djemaa-El-Fna-Platz reichen zurück bis in die Zeit, als nordafrikanische Berberstämme hier Handel trieben. Die Suks in einem Labyrinth aus engen Gässchen brummen vor Geschäftigkeit – geheimnisvolle Zauberläden gleich neben Bäckereien und Kunsthandwerk.

PRIVATE PALÄSTE

Marrakesch ist voller prächtiger *riads*, traditionelle marokkanische Häuser um einen Innenhof mit Garten. In der Medina, einem ummauerten Viertel der Stadt, stehen besonders viele dieser riads. Viele haben Flachdächer, von denen aus man die Gipfel des Atlas sehen kann. In der Hitze der Stadt ist kaum vorstellbar, dass die Bewohner dort Skilaufen gehen.

AUF DEM ROLLER

Störrische Esel, schlendernde Touristen und Autofahrer mit dem Finger auf der Hupe drängen sich in den Straßen, doch die wahren Herrscher sind die Motorroller. Die Roller, die von Jugendlichen bis zu älteren Frauen gefahren werden, flitzen furchtlos durch den dichten Verkehr. Die „Kesh Angels" sind Frauen, die zum traditionellen Outfit in grellen Farben moderne Accessoires tragen, wie Sonnenbrillen in Herzform.

EIN GEHEIMER GARTEN

Marrakesch könnte „rote Stadt" heißen, gäbe es nicht den Jardin Majorelle, der ein paar wunderschöne blaue und grüne Farbtupfer beisteuert. Der 1 ha große Garten ist eine Oase der Ruhe im Chaos der Stadt. Der französische Maler Jacques Majorelle hat ihn in den 1920er- und 30er-Jahren eingerichtet. Er strich die Gebäude mit einem einzigartigen Blau an, das nach ihm benannt ist – Majorelle-Blau.

EIN TAG AUF DEM DJEMAA EL-FNA

Wenn die Sonne bei Tagesanbruch über die Mauern des 12. Jhs. steigt, zeigt sich die Altstadt in Schattierungen von Rubin- und Rostrot. Die Händler führen Lastesel auf den *Djemaa El-Fna* und bauen ihre Stände mit Fisch, frisch gepresstem Orangensaft, Gewürzen, Schuhen, Souvenirs und anderem mehr auf. Es ist ein Kaleidoskop von Farben.

Nach einer möglichen Übersetzung bedeutet der Name des 1000 Jahre alten Platzes „Versammlung der Toten", weil hier früher öffentliche Hinrichtungen stattfanden. Heute scheinen sich alle Marokkaner an diesem Ort treffen zu wollen. Am späten Nachmittag wimmelt es von Straßenhändlern, Artisten, Berbern und Tuaregs, Touristen, Hennakünstlern, Schlangenbeschwörern, Affentrainern, Straßenzahnärzten und Taschendieben.

Wenn die Sonne hinter dem 70 m hohen Minarett der Koutoubia-Moschee verschwindet und die Dunkelheit einbricht, rufen die Muezzins zum Gebet. Die Lichter verändern den Charakter des immer dichter bevölkerten Platzes.

Im Halbdunkel glühen die Holzkohlen der Grillstände und verbreiten duftenden Nebel. Überall bekommt man Schlangensuppe, eine marokkanische Delikatesse. Die großen braunen Schlangen werden in einer würzigen Brühe mit Thymian, Pfeffer, Zitronenschalen, Anis und Minze gekocht. Die Kunden reden und lachen über ihrem gesüßten Minze-Tee.

Auch später in der Nacht steigt noch der Rauch der Straßenküchen auf. Tanzende *Schelha*-Jungen und Märchenerzähler unterhalten die Einheimischen, während Touristen über die Zauberer und Unmengen an traditionellen Medizinen staunen. Und wieder endet ein aufregender Tag auf dem Djemaa El-Fna.

KAIRO
ÄGYPTEN, Afrika

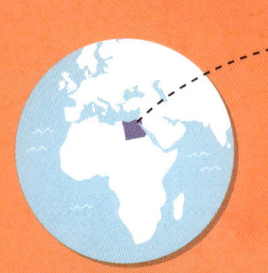

Kairo, die super geschäftige Hauptstadt Ägyptens, breitet sich vor dem Hintergrund der erstaunlichen Pyramiden aus. Dieser Ort wird schon seit Tausenden von Jahren besiedelt. Groß-Kairo wird durch den Nil in zwei Städte geteilt. Die moderne „City" von Kairo liegt am östlichen, die alte Stadt Gizeh mit Kirchen, Moscheen und Basaren am westlichen Ufer.

ESSEN GEHEN

Die Bewohner von Kairo gehen zum Essen gerne aus. Die Männer in den Cafés trinken Tee, rauchen Shishas (Wasserpfeifen) und reden über Politik, während die Kinder geröstete Maiskolben und Falafel aus Straßenküchen knabbern. Im Jahr 2014 wurden unglaubliche 353 neue Restaurants eröffnet – pro Tag fast eines. Wenn Ägypter die rechte Hand auf den Bauch legen, zeigen sie, dass sie satt sind.

MUMIEN UND IHRE FLÜCHE

Im Ägyptischen Museum von Kairo sind Mumien und alle möglichen Kostbarkeiten aus den Gräbern im Tal der Könige ausgestellt – diese uralte Totenstadt liegt etwas nilaufwärts. Das Museum zeigt auch die goldene Totenmaske von Tutanchamun. Er ist der bekannteste der ägyptischen Pharaonen; sein 1922 entdecktes Grab und die Schätze darin waren eine Weltsensation. Der sogenannte „Fluch der Pharaonen" soll jeden treffen, der die Grabstätte eines Königs öffnet. Dafür gibt es keine Beweise, aber 2014 gerieten Museumsarbeiter in Teufels Küche, als sie die Maske fallen ließen, den Bart abbrachen und ihn falsch wieder anklebten.

ALT UND ÄLTER

Kairo ist keineswegs die historische Hauptstadt der Pharaonen. Ägyptens alte Hauptstadt war vielmehr Memphis, das etwa 20 km westlich des Nilufers liegt.

MARIONETTENTHEATER

Seit über 50 Jahren veranstaltet das Puppentheater Kairo an den meisten Donnerstag- und Freitagabenden kostenlose Vorstellungen für die Kinder der City. Die Puppen werden von erfahrenen Marionettenspielern geführt. Sie sprechen zwar Arabisch, aber den lebendigen, farbenfrohen Geschichten kann jeder folgen.

STRASSENLÄUFER

In Ägypten beginnt das Wochenende schon am Freitag. Seit Kurzem gehören Läufer zum Straßenbild, die auf den gewöhnlich von Autos verstopften Straßen laufen. Obwohl es keine Grünflächen gibt und trotz des hektischen Verkehrs wird Laufen immer beliebter. Einige Teilnehmer an einem Marathon waren so ängstlich, dass sie mit Körperpanzern wie im American Football an den Start gingen!

SUPER SUK

An der Stelle des Safran-Grabes – eine Grabstätte der Fatimiden-Kalife (sie haben Kairo gegründet) – dehnt sich heute der *Chan el-Chalili* aus. In den Läden dieses geschäftigen Basars bekommt man alles, von Schmuck bis zu Kronleuchtern.

LEBENSSPENDER

Der Nil, der heute durch elf Länder fließt, war die Lebensader Ägyptens, einer der ältesten Zivilisationen der Welt. Kairo ist die letzte und berühmteste Stadt am 6671 km langen Nil. Nördlich der Stadt verzweigt sich der Fluss in ein ausgedehntes Delta, bevor er ins Mittelmeer fließt. Früher lebten am Ufer des Nils Flusspferde und Krokodile, sie sind längst verschwunden. Nur der Nilwaran streift noch umher. Er ist eine wechselwarme, drachenartige Eidechse, die von Kopf bis Schwanzspitze bis zu 2 m lang wird.

KAIRO

Am anderen Nilufer, gegenüber den modernen Wolkenkratzern, dehnt sich die Ebene von Gizeh aus, eine der berühmtesten historischen Stätten der Welt. Die drei Pyramiden und die Sphinx verblüffen noch immer Archäologen und Touristen. Warum wurden sie gebaut? Und vor allem, wie?

ALTERS-REKORDE

Die 147 m hohe Große Pyramide von Gizeh war über 3800 Jahre lang das höchste Gebäude des Planeten. Ihre ursprünglich glatten Außenflächen sind inzwischen verwittert. Trotz allem hat sie den Stürmen der Zeit standgehalten. Sie ist das älteste der sieben Weltwunder der Antike und das einzige, das noch steht.

WO IST DIE MUMIE?

Im Innern der Großen Pyramide liegt das Grab von Pharao Cheops. Es besteht aus zwei Kammern, die ursprünglich nur durch eine geheime Drehtür und mehrere, sehr schmale Gänge erreichbar waren. Gleitende Blockiersteine sollten Grabräuber fernhalten. Die untere Kammer (fälschlich „Königinnenkammer" genannt) sollte wahrscheinlich nur eine Statue enthalten. In der oberen Kammer, die über die „Große Galerie" zugänglich ist, steht ein Sarkophag (Steinsarg) – doch er ist leer. Da das Grab mehrfach ausgeraubt wurde, könnte die Mumie gestohlen worden sein. Vielleicht liegt der Pharao aber irgendwo an einem geheimen Ort in der Pyramide.

DIE GROSSE SPHINX

Von der Cheops-Pyramide führt ein Weg zur berühmten, aus einem Kalksteinfelsen gehauenen Sphinx – ein Menschenkopf mit dem Kopfschmuck eines Pharaos auf einem Löwenkörper. Das riesige Gesicht könnte Cheops darstellen, allerdings wurde die Nase abgeschlagen. Die Übersetzung des arabischen Namens bedeutet „der Schreckliche" oder „Vater des Grauens".

DREIMAL DREIECK

Drei große Pyramiden beherrschen die Ebene von Gizeh: Die „Große" oder Cheops-Pyramide ist die größte der drei. Die kleineren wurden für Cheops' Sohn und seinen Enkel errichtet. Der Totenkult der alten Ägypter war auf das Leben nach dem Tod fixiert. Cheops wurde als erster Pharao hier bestattet. Für seine Pyramide türmten Arbeiter 2,3 Mio. schwere Steinblöcke aufeinander. Nach einem Graffiti, das Arbeiter in den oberen Ebenen angebracht haben, war der Bau 2560 v.Chr. fertig.

EIN VERWIRRENDES PUZZLE

Welchen Zweck sollten die Pyramiden erfüllen? Sind sie nur gewaltige Grabstätten für die Pharaonen? Sind sie riesige Sonnenuhren, ein komplexer Kalender oder eine symbolische Treppe zu den Sternen? Obwohl diese Fragen seit Jahrhunderten diskutiert werden, wirft dieses faszinierende Puzzle mehr Fragen auf, als Antworten zu liefern.

DIE PYRAMIDE DES ENKELS

Die kleinste der drei ist die Mykerinos-Pyramide. Als Forscher die Grabkammer 1837 öffneten, fanden sie einen herrlich dekorierten Sarkophag. Leider ging das Schiff unter, mit dem der Sarkophag für Untersuchungen nach England transportiert wurde, und liegt am Grund des Mittelmeeres.

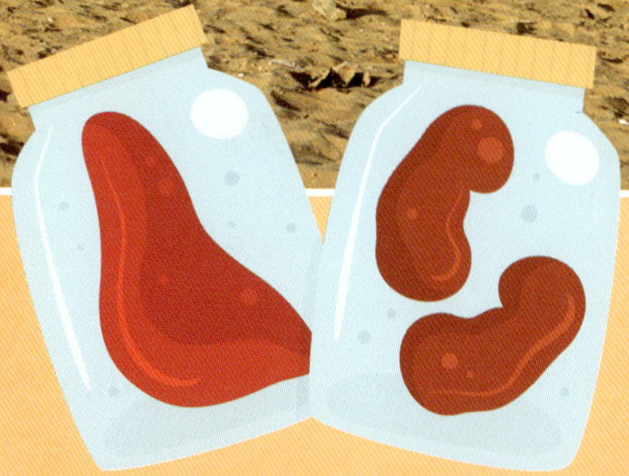

DIE PYRAMIDE DES SOHNES

Die zweitgrößte Pyramide ist die Chefren-Pyramide. Sie ist zwar kleiner als die des Vaters, steht aber auf höherem Grund und ist aufwendiger gestaltet. In einer Grube in der Grabkammer standen vermutlich die Krüge für die Organe des Pharaos, die vor der Mumifizierung entnommen wurden. Chefrens Herz blieb im Körper, während man sein Gehirn wegwarf – die Ägypter wussten noch nicht, welche Rolle es spielt.

DIE CHEOPS-PYRAMIDE

Das älteste ist auch das geheimnisvollste Bauwerk. Unter der Cheops-Pyramide liegt eine dritte Kammer („Felsenkammer"). Sie ist leer, geht aber in einen Gang über, der blind endet. Von den beiden Hauptkammern gehen merkwürdige, schmale Schächte ab, die vielleicht Cheops' Reise zu den Sternen ermöglichen sollten. Als sie 2014 von Robotern untersucht wurden, zeigten sich mehrere kleine Türen, die von den alten Ägyptern als Tore zwischen der realen und der Totenwelt angelegt wurden.

TIMBUKTU

MALI, Afrika

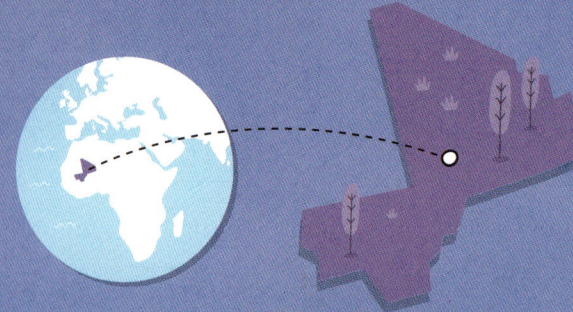

Timbuktu galt früher als geheimnis-umwittertes Tor zum Ende der Welt, tat-sächlich ist es eine reale Stadt, in der reale Menschen leben. Die uralte Goldstadt liegt am Südrand der glühend heißen Wüste Sahara. Auf den Sandstraßen verkehren deutlich mehr Esel und Kamele als Autos.

LOCKENDES GOLD

Das Geheimnis, das Timbuktu um-gibt, ist fast so alt wie die Stadt selbst. Im 14. Jh. war Timbuktu die superreiche Hauptstadt des Mali-Reiches, deren sagenhafte Goldvorräte Abenteurer aus der ganzen Welt anlockten. Unzählige Forscher und Schatzjäger riskierten auf der Suche nach der abgelegenen Stadt ihr Leben in der Wüste.

SCHUTZ VOR DER GLÜHENDEN HITZE

In Timbuktu kann die Temperatur auf 54°C ansteigen. Um die glühende Hitze etwas zu lindern, steht in jedem Haus ein großer, unglasierter Krug mit Wasser. Durch die Poren im Ton verdunstet das Wasser und kühlt die Luft. Viele Menschen schlafen in der kühleren Nachtluft lieber im Freien und viele Tiere sind nur in der Nacht aktiv. Erdferkel graben sich am Tag im Sand ein. Sie kommen erst nachts aus dem Versteck und suchen in der Stadt nach Ameisen und Käfern.

In der Umgebung von Timbuktu soll es bis zu 500.000 Manuskripte geben. Sie haben sich in der trockenen Wüstenluft erhalten und werden von den Familien versteckt.

SCHULE IN DER SAHARA

Sieben Jahrhunderte lang war Timbuktu eine Oase des Wissens in der Wüste. Noch immer stehen dort beeindruckende, aus Lehmziegeln erbaute Moscheen und Medressen (islamische Schulen). In den Universitäten von Timbuktu wurde Astronomie, Mathematik, Medizin, Geschichte und Gesetzeskunde gelehrt. Die erforderlichen Texte stammten aus Kairo, Bagdad, Persien und anderen Orten. Nach den politischen Unruhen der modernen Zeit kann heute nur noch ein Viertel der Kinder Malis lesen und schreiben. In der Umgebung von Timbuktu ist es noch schlimmer: Nur wenige Kinder der Tuareg gehen zur Schule.

AM KARAWANENWEG

Timbuktu wurde an einem Brunnen an einem uralten Karawanenweg gegründet. Zur Glanzzeit der Stadt zogen *Karawanen* (Azalaï) mit 10.000 Kamelen, beladen mit Gold, Elfenbein und Salz durch die Wüste bis ans Mittelmeer. Heute fahren Lastwagen mit Steinsalz über unbefestigte Straßen, nur die Tuareg ziehen noch mit Kamelen als Azalaï über eine der letzten alten Karawanenrouten durch die Sahara.

LEBEN IN DER SANDGRUBE

Für einige Einwohner von Timbuktu klopft der Wüstensand im Wortsinn an die Tür. In älteren Stadtteilen liegen die Türen einiger Häuser mehrere Meter tiefer als die Straße. Der eingewehte Sand der Sahara türmt sich auf und lässt die Häuser versinken.

WOHER KOMMT DER NAME?

Eine beliebte Geschichte erklärt den Namen der Stadt aus tin (Brunnen) und Buktu, der Name einer alten Tuaregfrau. Buktu war so bekannt für ihre Ehrlichkeit, dass Tuareg ihre Wertsachen bei ihr abgaben, wenn sie auf Reisen gingen. Fragte man sie, wo ihr Besitz sei, antworteten sie: „Bei Tin Buktu." Eine andere Theorie vermutet hinter dem Namen das Berber-Wort *buqt* („weit weg"). Dann hieße Tin-Buqtu so viel wie „ein Ort fast am anderen Ende der Welt".

KATZEN UND HEXEN

In Timbuktu haben die Katzen keine neun Leben. Die Menschen trauen den unglücklichen Räubern nicht, die wild durch die Stadt streifen, denn sie sollen Partner von bösen Geistern und Hexen sein, die ihre Gestalt verwandeln können. Der Aberglaube ist so tief verwurzelt, dass Jungen die Katzen töten und manchmal sogar essen.

DAKAR
SENEGAL, Afrika

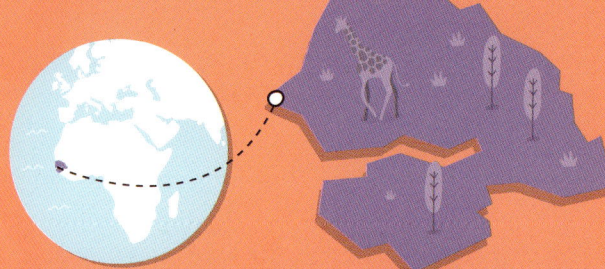

Dakar liegt an der äußersten westlichen Spitze Afrikas. Hier verkaufen Straßenküchen Essen an Geschäftsleute, die in Wolkenkratzern arbeiten. Pferdewagen stehen neben schicken Sportwagen und wenn eine Ziege über die Straße läuft, kommt das quirlige Leben der Großstadt zum Stehen. Die Hauptstadt des Senegal ist eine Explosion von Chaos und Farben.

KÖSTLICHES DAKAR

Croissants und Gebäck zum Frühstück sind typisch für Dakar – ein Erbe der Jahrhunderte dauernden Kolonialherrschaft der Franzosen. Das Lieblingsgericht der Stadt heißt *ceebu jën* oder *thiéboudienne* – mit Kräutern gefüllte Fischstücke mit Reis und Gemüse. Die Einheimischen versammeln sich um eine Schüssel und essen mit der rechten Hand. Dazu trinken sie *jus de gingembre* (Ingwersaft) oder *bouyi*, ein Getränk aus den Früchten des Baobab-Baumes.

LAYEN MAUSOLEUM

MONUMENT DER AFRIKANISCHEN RENAISSANCE

GROSSE MOSCHEE

PRÄSIDENTENPALAST

MUSEUM FÜR AFRIKANISCHE KUNST

KAP MANUEL

HEIMWERKER-BOARDS

Im Unterschied zu den chaotischen Straßen sind die Sand- und Surfstrände Dakars ziemlich ruhig. Die besten Strände liegen im Norden, doch kaum jemand verläuft sich bis hierher. Echte Boards sind kaum zu bekommen, daher surfen die Einwohner häufig auf Holz- oder Plastikbrettern.

MODISCHES DAKAR

Jung oder alt, reich oder arm – die Dakarer sind modeverrückt. Männer und Frauen tragen traditionelle, lange, fließende Gewänder (*boubou*). Die Frauen kleiden sich unglaublich farbenfroh, selbst bei der Hausarbeit oder wenn sie Körbe auf dem Kopf balancieren.

RIESENBABYS

Zwischen September und November blasen und platschen Buckelwale vor der Halbinsel von Dakar. Viele Walmütter haben ihre Jungen im Schlepptau. Dann versammeln sich die Tierliebhaber am Kap Manuel, um die riesigen Säugetiere zu beobachten. Die Wale suchen das warme Wasser an der Küste auf, um ihre Jungen zu säugen, bis sie mit ihnen aufs offene Meer ziehen.

EIN VERRÜCKTES RENNEN

Dakar ist berühmt für seine Lage im Westen des Kontinents. Fast 30 Jahre lang fuhren Autos, Lastwagen und Motorräder eine exzentrische Rallye – 10.000 km von Paris bis Dakar. Die Fahrer mussten nicht nur mit der Sahara, sondern auch mit anderen Gefahren fertigwerden. Das Rennen findet seit 2009 zwar in Südamerika statt, heißt aber immer noch *Rallye Dakar*.

REISE OHNE WIEDERKEHR

Zwischen dem 16. und 19. Jh. wurden Millionen von Afrikanern von der Westküste Afrikas unter fürchterlichen Bedingungen über den Atlantik verschifft, wo sie auf amerikanischen Plantagen als Sklaven arbeiten mussten. Das *Maison des Esclaves* (Sklavenhaus) auf der Insel Gorée, 3 km vor Dakar, ist ein Mahnmal für diese Menschen. Die „Tür ohne Wiederkehr" ist eine Öffnung zum Wasser hin – wer sie passierte, war für immer von Heimat und Familien getrennt.

KNAPP DANEBEN

Das Monument der afrikanischen Renaissance steht auf einem der beiden Gipfel an Dakars Meeresküste. Es ist mit 49 m die höchste Statue in Afrika und höher als die New Yorker Freiheitsstatue. Sie stellt eine Frau und einen Mann dar, der ein Kind hält. Es zeigt nach Westen und symbolisiert den Beginn einer großartigen neuen Zeit. Als die Familie aus Bronze 2010 enthüllt wurde, waren keineswegs alle begeistert. Kritiker fanden das Denkmal zu teuer und einige religiöse Gruppen das Kleid der Frau zu kurz.

ADDIS ABEBA

ÄTHIOPIEN, Afrika

In der Hauptstadt Äthiopiens, wo Schafhirten ihre Herden an Hightech-Wohntürmen vorbei treiben, prallen zwei Welten aufeinander. In der Amharischen Sprache bedeutet Addis Abeba „neue Blüte", und in der Tat blüht und gedeiht diese rasch wachsende Metropole. Dennoch ist die Armut schreckliche Realität und äußert sich beispielsweise in 60.000 Straßenkindern.

SUPER SELTENER LECKERBISSEN

In Addis Abeba wird zu Ostern nicht mit Schokoladeneiern, sondern mit Fleisch gefeiert. Die Christen leben die 56 Tage vor Ostern vegan und essen weder Fleisch noch tierische Produkte. Zu Beginn der Osterferien gibt es dann ungekochtes Ochsen- und Ziegenfleisch. Ein beliebtes Gericht ist *kitfo* – roh gehacktes und in Kräuterbutter und Gewürzen mariniertes Rindfleisch. Eine echte Delikatesse!

KÖNIGE DES HIMMELS

Die Straßen der Stadt gehören den Menschen, doch die Vögel beherrschen den Himmel über Addis Abeba. Über den Köpfen der Menschen schweben Raben, Gelbschnabelmilane, Kappengeier und andere große Vögel. Die wenig attraktiven Geier bieten einen besonderen Service: In einer Stadt, deren Bevölkerung explodiert, fällt enorm viel Abfall an – die Geier entfernen Fleischabfälle und halten die Stadt sauber.

ZUM LAUFEN GEBOREN

Das hügelige Addis Abeba liegt sehr hoch und ist damit der ideale Ort für Lauftraining. Der Sport ist sehr beliebt und aus der Stadt kommen einige Weltklasse-Athleten.

Jeden November findet der Great Ethiopian Run statt, das größte Straßenrennen Afrikas. Dann kämpfen 37.000 Läufer in bunten Trikots auf einem 10 km langen Kurs rund um Addis Abeba.

XXL-MARKT

Der schwer überschaubare Merkato in Addis Abeba soll der größte Markt Afrikas sein. In dem Labyrinth aus Ständen und Gässchen, die in alle Himmelsrichtungen verlaufen, arbeiten etwa 13.000 Menschen. Im Angebot sind Kaffeebohnen und andere lokale Produkte.

KÖNIGE, KÖNIGINNEN UND GRUSELIGE KRYPTEN

Bis 1974 wurde Äthiopien von einer Monarchie regiert, die angeblich direkt von den biblischen Königen und Königinnen abstammte. Sie residierte im Menelik-Palast in Addis Abeba. Ein paar Straßen weiter südlich steht das *Bete Maryam Mausoleum*. Um die unterirdischen Grabkammern zu besuchen, muss man durch eine Geheimtür unter einem Teppich klettern.

URZEIT-LUCY

Addis Abebas ältester Einwohner ist 3,2 Millionen Jahre alt – Lucy gehörte einer ausgestorbenen Primatengruppe an. Sie wurde 1974 ausgegraben und ist eine der wichtigsten Fossilien der Menschheitsgeschichte. Lucy markiert den Übergang von unseren vier- zu den zweibeinigen Vorfahren. In Äthiopien wird sie allerdings *Dinkinesh* genannt („Du bist fabelhaft" auf Amharisch). Ihr Skelett wird im Nationalmuseum von Äthiopien aufbewahrt.

AMHARI-RAP

Rhythmus und Musik sind fester Bestandteil des Lebens in Äthiopien, doch in Addis Abeba wird moderne Musik wie der Hip-Hop immer beliebter. Viele junge Künstler rappen in Amharisch, aber auch in anderen Landessprachen, wie Oromo und Tigrina, natürlich auch in Englisch. Ihre Texte orientieren sich häufig an historischen Ereignissen, Politik und Lokalmatadoren, wie die heiß geliebte Fußballnationalmannschaft.

NAIROBI

KENIA, Afrika

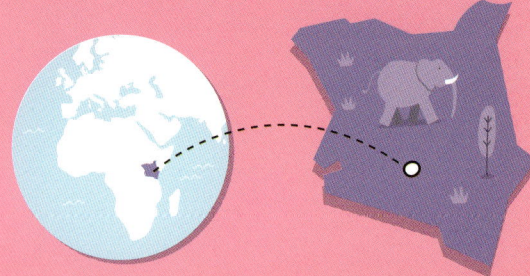

Nairobi entwickelt sich mit Lichtgeschwindigkeit, doch die Natur ist nie weit weg. In den Stadtparks zwischen modernen Shopping Malls schwingen sich Affen durch die Bäume und Gnus grasen in den Vorstädten. Kenias Hauptstadt gehört zu den wenigen Orten auf der Erde, wo sich eine Giraffe vor dem Hintergrund von fernen Wolkenkratzern nach einem Blatt streckt.

AUF SCHNÄPPCHENJAGD

Die enormen Freiluftmärkte Nairobis sind ein Paradies für Schnäppchenjäger. Bei den *mtumbas* („Second Hand" auf Swahili) werden gebrauchte Produkte aus der westlichen Welt angeboten. Die wackeligen Buden ziehen sich in einem Gewirr aus Gässchen durch die ganze Stadt – hier bekommt man alles! Sogar die betuchten Nairobier suchen hier nach Schnäppchen und tragen sie als „Vintage", wie die Hipster auf der anderen Seite des Globus.

PFERDE (UND STRAUSSE) AUF DER RENNBAHN

Auf der Ngong-Rennbahn in Nairobi finden an jedem zweiten Sonntag Pferderennen statt. Auf der einzigen Rennbahn des Landes sind aber auch schon Strauße um die Wette gelaufen. Beim Ziegen-Derby starten sogar verkleidete Ziegen zu wohltätigen Zwecken.

STOLZ DER STADT

Nur ein elektrischer Zaun hält die Löwen des Nationalparks Nairobi davon ab, in die Vorstädte einzudringen. Immerhin tragen Safaris wesentlich zum Image des Landes bei – also warum nicht ein Nationalpark in Sichtweite der Stadt? In diesem ersten Schutzgebiet des Landes, nur 7 km vom Geschäftszentrum entfernt, leben Großkatzen, Spitzmaulnashörner, Giraffen und Zebras. Noch näher ist das Tierasyl für Elefanten und Nashörner.

AFFENTHEATER

Im Stadtpark von Nairobi leben ganze Horden von frechen Diademmeerkatzen. Sie betteln Menschen um Futter an, die durch die Parklandschaft und Baumhaine spazieren. Daneben gibt es Paviane und Vervetmeerkatzen, sowie Schwärme von Schmetterlingen und Herden eleganter Antilopen.

HAKUNA MATATU!

Was in London die roten Doppeldeckerbusse sind, sind in Nairobi die *matatus*. Die schreiend bunt angemalten Minibusse flitzen mit lauter Musik und ständigem Gehupe durch die Stadt, bis zum Rand voll mit Menschen. Jeder Zentimeter der Karosserie ist bemalt, oft mit grellen Slogans und knallbunten Motiven.

SANSIBAR-STADT

TANSANIA, Afrika

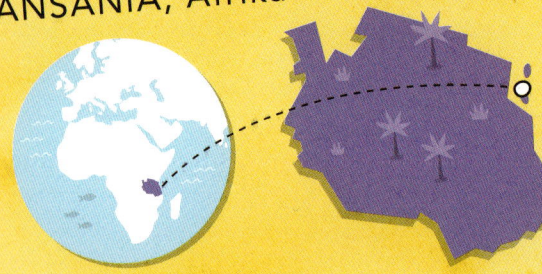

Die Hauptstadt der tropischen Insel Sansibar ist zweigeteilt: Im modernen Ng'ambo stehen Geschäfts-, Wohn- und Verwaltungsgebäude, doch das Herz der Stadt schlägt in der Altstadt Stone Town (*Mji Mkongwe*). Neben verwitternden Palästen aus Korallengestein stehen Festungsanlagen und Moscheen, Fahrräder klappern durch die Gassen und die Kinder schlürfen auf dem Markt am Meer superfruchtige Smoothies aus Zuckerrohr.

PERSISCHES BADEHAUS

Das Hamamni-Bad wurde Ende des 19. Jhs. für Sultan Barghash bin Said erbaut, stand aber auch für reiche Mitglieder der Gemeinde offen. Sie erholten sich bei den heißen und kalten Bädern, es gab Toiletten, Barbiere und ein Restaurant. Das heiße Wasser floss durch ein raffiniertes System unterirdischer Leitungen. Heute fließt kein Wasser mehr – das Bad schloss 1920.

HAUS DER WUNDER

Sultan Barghasch bin Said, der zweite Sultan von Sansibar, ließ die meisten Gebäude in Stone Town errichten. Barghasch lebte mit seinen Frauen in der Stadt und hielt vor seinem Palast angekettete wilde Tiere. Das Haupttor zu seinem Palast war groß genug für einen Reitelefanten. Sein Haus war mit modernen „Wundern" ausgestattet, wie elektrischem Strom und einem Aufzug. Der Leuchtturm wurde während des kürzesten Krieges der Geschichte gesprengt. Er brach zwischen England und Sansibar aus und dauerte am 27. August 1896 nur 40 Minuten.

MAHNMAL FÜR DEN SKLAVENMARKT

In Stone Town existierte der letzte legale Sklavenmarkt; er wurde 1873 geschlossen. Über den Kellerräumen, wo Männer und Frauen unter fürchterlichen Bedingungen hausten, steht heute ein Gästehaus. Auf dem Ort des ehemaligen Sklavenmarktes steht heute eine Kirche. Eine Grube vor der Kirche mit Statuen von fünf angeketteten Sklaven erinnert an diese Zeit.

FORODHANI-GÄRTEN

Tagsüber rennen Kinder durch die Forodhani-Gärten, ein Park vor der Ufermauer von Stone Town, und springen lachend von der Mauer ins Meer. Nach Sonnenuntergang werden auf einem Markt Sansibar-Pizzen (herzhafte Taschen aus Chiabati-Teig), Samosas, sensationelle Meeresfrüchte und andere Leckereien und Gerichte Sansibars verkauft.

DAS ALTE FORT

Ngome Kongwe ist das älteste Gebäude in Stone Town mit einer ziemlich abwechslungsreichen Geschichte: Es war Gefängnis und Hinrichtungsplatz, Tennisclub für englische Ladys und Kunstzentrum. Das Fort wurde 1698 von Arabern aus Oman zur Verteidigung gegen die Portugiesen erbaut.

DIE GEFÄNGNIS-INSEL

Die kleine Insel Changuu liegt nur wenige Kilometer vor Stone Town. Im 19. Jh. wurden hier rebellische Sklaven eingesperrt, bevor sie auf dem Sklavenmarkt des Festlandes verkauft wurden. Heute hat die Insel friedliche Bewohner: Aldabra-Riesenschildkröten.

FORODHANI GÄRTEN

HAUS DER WUNDER

ALTES FORT

ANGLIKANISCHE KATHEDRALE

ST. JOSEPH KATHEDRALE

HAMAMNI PERSISCHES BAD

MAHNMAL FÜR DEN SKLAVENMARKT

KAPSTADT
SÜDAFRIKANISCHE UNION, Afrika

Kapstadt ist vielleicht nicht die größte Stadt Südafrikas, aber sicher eine besonders schillernde. Die stolze, multikulturelle „Mutterstadt" breitet sich unter dem Tafelberg und dem kegelförmigen Lion's Head aus, umgeben von grünen Weinbergen, Sandstränden und fantastischen Küstenstraßen, die nach Süden zum Kap der Guten Hoffnung führen.

UNTER DEM TAFELBERG

Kapstadt wäre undenkbar ohne seinen weltberühmten Hintergrund – den Tafelberg. Der flache Superberg überblickt die ganze Stadt! Manchmal verschwindet er unter einem geheimnisvollen Tischtuch aus Wolken. Nach einer lokalen Legende stammen die Wolken von einem Rauch-Wettbewerb zwischen dem Teufel und dem Piraten van Hunks. Wer ein echter Kapstädter sein will, muss den einen Kilometer hohen Devil's Peak (Teufelsberg) besteigen.

AUF DER PROMENADE

Die Sea-Point-Promenade ist ein langer Küstenstreifen ohne Autoverkehr mit vielen Spielplätzen und faszinierenden Kunstobjekten, wie *Perceiving Freedom* („Freiheit wahrnehmen") von Michael Elion – die Brille blickt über den Atlantik auf die Insel, wo Nelson Mandela eingesperrt war.

OTTERN UND VIPERN

Wanderer im *veld* (Buschland) um Kapstadt sollten vorsichtig auftreten! Dort leben einige sehr gefährliche Giftschlangen, wie Kapkobra und Puffotter. *Boomslang* (Afrikanische Baumschlange) ist nicht nur der Name einer Giftschlange, sondern so heißt auch der 130 m lange Baumpfad durch die Baumkronen des großartigen Botanischen Gartens Kirstenbosch zu Füßen des Tafelberges.

SCHLAG ZWÖLF!

Auf dem Signal-Hill-Felsen, nördlich des Tafelberges, steht die mächtige *Noon-Gun*-Kanone. Seit 1806 feuert sie jeden Tag präzise um 12 Uhr einen Schuss ab. Schiffskapitäne stellten danach ihre Uhren. Seit April 2013 hat die Noon Gun auf dem Signal Hill sogar einen eigenen Twitter-Account, allerdings mit nur einem Tweet täglich: „Bang!" pünktlich um zwölf Uhr.

STRANDLEBEN

Kapstadt ist von herrlichen Stränden umgeben. Der beste Strand zum Sandburgenbauen ist Muizenberg in der geschützten False-Bucht. Am Wasser steht eine Reihe von viktorianischen Badehäuschen auf Stelzen, alle in Primärfarben angestrichen. Trotz Sonne und ruhigem Meer müssen die Schwimmer gut aufpassen, denn auch Weiße Haie mögen warmes Wasser. Am Strand von Muizenberg wurde daher die erste Hai-Beobachtungsstation gegründet: Wächter auf halber Höhe des Berges geben Alarm, wenn ein Hai gefährlich nahe ans Ufer schwimmt.

DAS KLEINE BO-KAAP

Kapstadt ist eine in jeder Beziehung bunte Stadt, das zeigt sich besonders im Stadtteil Bo-Kaap. Das historische Viertel war lange Zeit das Zentrum der Kapstädter Muslime und als „Malaienviertel" bekannt. Die Häuser an den gepflasterten Straßen sind fantasievoll in allen Schattierungen von Rosa, Blau, Grün und Orange angestrichen.

DISTRICT SIX

Auch die Häuser im Stadtviertel District Six sind leuchtend bunt gestrichen. Das Viertel ist ein Zeugnis der dunklen Vergangenheit unter dem Apartheid-System, das eine strenge Trennung der Rassen durchsetzte und die Schwarzen diskriminierte. Heute feiert die Straßenkunst die Fortschritte bei der Integration aller Südafrikaner und ihre Helden, wie Nelson Mandela, einen der wichtigsten Gegner der Apartheid.

KAPSTADT

Das Meer vor der Stadt und dem Kap der Guten Hoffnung wird auch „Schiffsfriedhof" genannt. Wo Atlantik und Indischer Ozean aufeinandertreffen, geht es stürmisch zu. Über 3000 Schiffe sind hier untergegangen.

INSELZEIT

Robben Island in der Mitte der Tafelbucht direkt vor der Stadt war ein berüchtigtes Gefängnis. Hier war Nelson Mandela, der Held der Anti-Apartheid-Bewegung und spätere Präsident des Landes, 18 seiner 27 Jahre im Gefängnis eingesperrt. Auch zwei seiner Mithäftlinge, Kgalema Motlanthe und Jacob Zuma, wurden Präsidenten des Landes.

GEISTERSCHIFF

An der Küste des Kaps liegen viele echte Schiffswracks, auch die *Kakapo*, deren eisernes Skelett aus dem Sand des Noordhoek-Strandes ragt. Das gilt nicht für den Fliegenden Holländer. Dieses Schiff soll in einem Sturm vor dem Kap der Guten Hoffnung gesunken sein, weil niemand ihm den Weg in den sicheren Hafen wies. Seit Jahrhunderten segelt es als Geisterschiff über die Ozeane – sein Erscheinen soll drohendes Unheil ankündigen.

PINGUINE IN DER STADT

Am Strand von Boulders bei Simon's Town teilen sich die Schwimmer den Strand mit sehr ungewöhnlichen (und niedlichen) Schwimmern. Hier leben 2000 Brillenpinguine in einer Kolonie.

AUS STURM ZUR HOFFNUNG

Die Umrundung des Kaps der Guten Hoffnung war ein wichtiger Schritt für die europäischen Seefahrer, die nach einer sicheren Route nach China, Indien und den Gewürzinseln (kleine Inselgruppe nordöstlich von Indonesien) suchten. Als Erstem gelang das dem Portugiesen Bartolomeu Dias – er nannte es *Cabo das Tormentas* (Kap der Stürme). König Johann II. von Portugal gab ihm dann den bekannten, optimistischen Namen. Heute steht am Kap ein Denkmal für den portugiesischen Seefahrer Vasco da Gama, der den Seeweg nach Indien entdeckte.

ROBBEN ISLAND

KAPSTADT

FALSCHE SÜDSPITZE

Der Nationalpark Tafelberg reicht bis zur Spitze des Kaps, bis zu tollen Stränden, herrlichen Wegen durch die Natur und zu unglaublichen Tieren, wie Straußen und Pavianen. Tatsächlich ist das Kap der Guten Hoffnung nicht etwa die Südspitze Afrikas. Der Titel „südlichster Punkt" geht an das Kap Agulhas, 170 km südöstlich von Kapstadt.

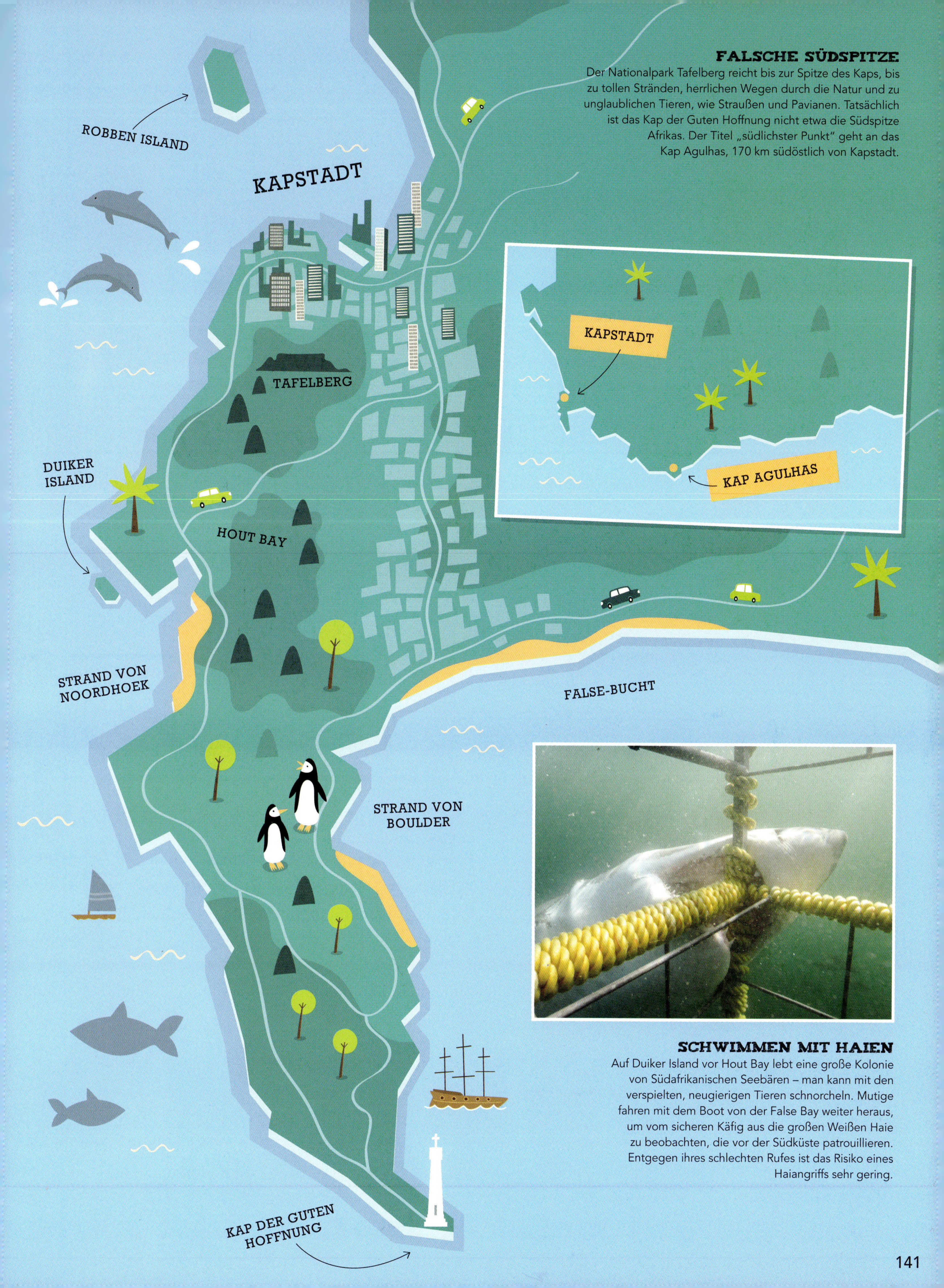

KAPSTADT

KAP AGULHAS

TAFELBERG

DUIKER ISLAND

HOUT BAY

STRAND VON NOORDHOEK

FALSE-BUCHT

STRAND VON BOULDER

SCHWIMMEN MIT HAIEN

Auf Duiker Island vor Hout Bay lebt eine große Kolonie von Südafrikanischen Seebären – man kann mit den verspielten, neugierigen Tieren schnorcheln. Mutige fahren mit dem Boot von der False Bay weiter heraus, um vom sicheren Käfig aus die großen Weißen Haie zu beobachten, die vor der Südküste patrouillieren. Entgegen ihres schlechten Rufes ist das Risiko eines Haiangriffs sehr gering.

KAP DER GUTEN HOFFNUNG

JERUSALEM
ISRAEL, Asien

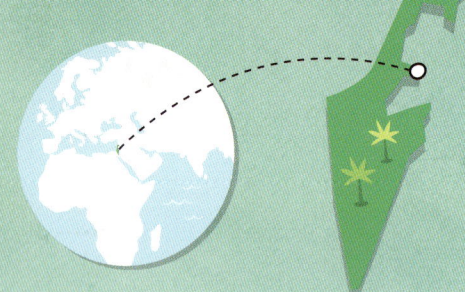

Jerusalem ist eine der ältesten Städte der Welt mit den heiligen Stätten von drei Weltreligionen – Judentum, Christentum, Islam. Um die Stadt wurde seit Tausenden von Jahren gekämpft und bis heute beanspruchen sie zwei Länder als Hauptstadt – Israel und Palästina. Trotz der unsicheren Lage pulsiert in dieser lebhaften und außergewöhnlichen Stadt das Leben.

OPTISCHE TÄUSCHUNG

Die Klagemauer, die westliche Stützmauer des alten Tempels, ist ein Ort des Gebetes. An anderen Mauern Jerusalems toben sich die Künstler in bunten und nachdenklichen Wandbildern aus. Viele sind als *trompe-l'œil* (optische Täuschungen) gemalt, um den Betrachter zu verwirren.

ZEITMASCHINE

Der *Time Elevator* in Jerusalem ermöglicht den Besuchern eine Zeitreise durch 3000 Jahre Geschichte. Die Reise beginnt bei König David und endet mit dem Sechs-Tage-Krieg (1967) – Lichteffekte, Filme und Ton ermöglichen lebensechte Erfahrungen.

SEGEL SETZEN

Die Montefiore-Windmühle im holländischen Stil, die früher Korn mahlte, ist ein ungewöhnliches Wahrzeichen Jerusalems. Sie steht seit 1857 auf einem Hügel vor der westlichen Stadtmauer.

SKATER-SZENE

Jerusalem hat eine aktive Skater-Szene. Im *Gan-Hapa'amon-Park* wurde 2014 ein Bereich speziell für Skateboarder mit Kanten, Treppen, Geländern und Rampen angelegt. In einer Stadt, wo Sicherheitsfragen und alte Traditionen dominieren und es Extremsportler schwer haben, ist der Skatepark eine aufregende neue Entwicklung.

YAD VASHEM

Das Yad Vashem am Herzlberg ist ein düsteres Mahnmal für die Opfer des Holocausts. Es erinnert an die Ermordung von Millionen Juden durch die Nationalsozialisten. Zwischen den Skulpturen und der Synagoge steht das Denkmal für die Kinder. Es ist den 1,5 Mio. Kindern gewidmet, die ihr Leben verloren.

INNEREIEN-SPEZIAL

Der Jerusalemer-*Mahane-Yehuda*-Markt oder Shuk ist ein wildes Gewirr aus Lärm, Farben und aufregenden Düften. Es gibt nichts, was es nicht gibt, auch die Spezialität der Stadt: Die *me'orav Yerushalmi* (Jerusalem-Grillplatte) ist allerdings nichts für Empfindliche – Geflügelherzen, Milz und Leber mit Lamm und Kräutern vom Flachgrill. Dazu trinkt man *etrog* und *gat*-Saft, ein Smoothie vom beliebten Hexendoktor *Uzi-Eli Hezi;* er behauptet, dass seine Säfte jede Krankheit kurieren.

JERUSALEM

In den 6000 Jahren seit seiner Gründung ist Jerusalem mehrmals angegriffen und mindestens zweimal komplett zerstört worden. Die heutigen Mauern um die Altstadt hat Sultan Suleiman der Prächtige 1538 bauen lassen.

GRABESKIRCHE

Die Christen pilgern seit dem 4. Jh. zur Grabeskirche. Sie soll an dem Ort stehen, an dem Christus gekreuzigt und begraben wurde und wieder auferstanden ist.

DIE STADTMAUER

Die Stadtmauer ist knapp über 4 km lang, meist 12 m hoch und 2,50 m dick. Sie hat 34 Wachtürme und acht Tore. Es ist noch heute möglich, die Altstadt auf diesen faszinierenden Mauern zum umrunden.

DIE KLAGEMAUER

Die westliche, aus Steinblöcken erbaute Stützmauer des Tempels ist älter als die Gebäude auf dem Tempelberg. Wahrscheinlich entstand sie 19 v.Chr. unter König Herodes dem Großen. Für Juden ist die Mauer von enormer religiöser Bedeutung – hier beten sie und stecken Gebetszettel in die Ritzen zwischen den Steinen. Zur *Bar-* und *Bat Mitzwa* (Feiern zur religiösen Mündigkeit) wird es lebhafter. Dann versammeln sich die Familien vor der Mauer und singen und tanzen.

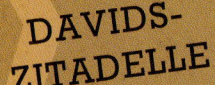
NEUES TOR

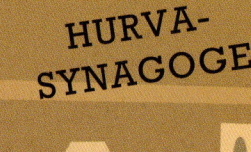
GRABESKIRCHE

DAVIDS-ZITADELLE

HURVA-SYNAGOGE

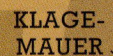
KLAGE-MAUER

DIE DAVIDS-ZITADELLE

Die Davidszitadelle war einst ein Palast von Herodes dem Großen. Nach seinem Tod wurde sie von den Römern übernommen, im Turm wohnten aber auch Kreuzritter und Osmanen. Die Zitadelle wurde im Verlauf der Jahrhunderte immer wieder umgebaut und verändert.

ST. ANNEN-KIRCHE

DER ÖLBERG

Der bewaldete Hügelzug ist nicht nur der Ort eines 3000 Jahre alten jüdischen Friedhofs, sondern spielt auch eine wesentliche Rolle in der biblischen Geschichte: Vom Ölberg stieg Jesus in den Himmel auf.

DER TEMPELBERG

Der Tempelberg ist die wichtigste Stätte in der Altstadt von Jerusalem. Seit Tausenden von Jahren wird er von Juden, Christen und Muslimen benutzt. Für Juden ist er der heiligste Ort der Erde – hier schuf Gott Adam und hier stand Salomons Tempel. Beim Beten blicken die Juden zum Tempel. Für die Muslime ist er der drittheiligste Ort.

FELSENDOM

TEMPELBERG

AL-AQSA-MOSCHEE

DER FELSENDOM

Der islamische Sakralbau mit der riesigen goldenen Kuppel ist das auffälligste Wahrzeichen Jerusalems. Der Felsendom steht seit 691 mitten auf dem Tempelberg und ist damit einer der ältesten sakralen Bauten der Region.

DIE AL-AQSA-MOSCHEE

Die al-Aqsa-Moschee auf dem Tempelberg entstand zu Beginn des achten Jahrhunderts auf den Ruinen der byzantinischen Kirche St. Maria. Als die Kreuzritter Jerusalem eroberten (1099), machten sie daraus einen Palast. Saladin, der die Stadt 1187 zurückeroberte, wandelte sie wieder zur Moschee um.

DIE STADT DAVIDS

Die großartige, von Mauern umgebene Siedlung der Bronzezeit ist sogar für Jerusalemer Verhältnisse alt! Der älteste Teil der Stadt wurde zu Beginn des 20. Jhs. ausgegraben. Manche Archäologen vermuten, dass hier der Palast von David stand – der Hirte, der Goliath erschlug und König von Israel wurde. Außerdem glauben die Juden, dass David hier vor 3000 Jahren die Bundeslade aufbewahrte. Einheimische und Touristenkinder waten gerne durch das hüfthohe Wasser des 500 m langen Hiskija-Tunnels.

MEKKA
SAUDI-ARABIEN, Asien

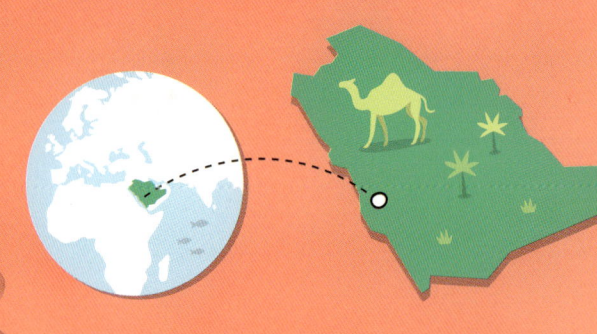

Mekka (*Umm al-Qura*; „Mutter der Städte") ist das Zentrum des islamischen Universums. Jeder gesunde Muslim sollte einmal im Leben auf die *Hadsch* (große Pilgerreise) nach Mekka gehen. Dort umrundet er während des heiligen Monats *Dhu-al-Hidscha* die *Kaaba*, das zentrale Heiligtum des Islam – zusammen mit Millionen anderer Pilger. Nicht-Muslime dürfen die Stadt nicht betreten, doch moderne Technologie ist heiß begehrt.

MEGA-MOSCHEE
Die *Al-Masdschid al-Harām* ist die größte Moschee der Welt. In ihr können gleichzeitig 900.000 Gläubige beten. Während der Hadsch drängen sich aber Millionen Muslime durch den Innenhof, um siebenmal gegen den Uhrzeigersinn die Kaaba zu umrunden, ein schwarzes, würfelförmiges Gebäude.

DIE GROSSE PILGERREISE

Einmal im Jahr brechen Scharen von Pilgern zur Hadsch auf. Dann strömen zwei Millionen Menschen nach Mekka – die vermutlich größte Menschenansammlung der Erde. Wenn sich so viele Menschen auf so engem Raum treffen, sind Unfälle unvermeidlich. Allein 2015 wurden 700 Pilger zu Tode gequetscht und viele Hunderte schwer verletzt.

Alle Muslime sollten einmal im Leben an der Hadsch teilnehmen. Sie findet im heiligen Monat Dhu al-Hidscha statt, dem letzten Monat des islamischen Kalenders. Da er vom westlichen (Gregorianischen) Kalender abweicht, ändert sich das Datum jedes Jahr. Die Pilger tragen als Zeichen der Reinheit weiße Gewänder und üben bestimmte Riten aus: Unter anderem besuchen sie den Arafat, bringen eine Nacht auf der Ebene von Muzdalifa zu und werfen in Mina Steine auf drei Mauern.

WIE SPÄT?

Der Wolkenkratzer *(Makkah Royal Clock Tower Hotel)* im Zentrum des Abra-Al-Bait-Komplexes ist das dritthöchste Bauwerk der Welt mit dem größten Zifferblatt der Erde. Für das Mega-Pilgerhotel mit Blick auf die Große Moschee wurde die historische Adschyad-Festung aus dem 18. Jh. abgerissen – gegen Proteste aus aller Welt.

DIE KAABA

Die Kaaba ist die heiligste Stätte des Islam und wahrscheinlich älter als Mohammed. Sie gilt als erstes Gotteshaus überhaupt, das Abraham und sein Sohn Ismael auf Gottes Anweisung erbaut haben. Beim Gebet wenden die Muslime auf der ganzen Welt ihr Gesicht der Kaaba zu.

#MECCALIVE

Im Juni 2015 öffnete Snapchat einen Livestream nach Mekka – mit massiver Wirkung in und außerhalb der Stadt. Millionen von Menschen in aller Welt sahen die Botschaften aus Mekka. Andere soziale Medien wie Twitter reagierten mit #Tags, denn die nichtmuslimische Welt war neugierig auf die unzugängliche, geheimnisvolle Stadt.

ZELTSTADT

Viele Pilger verbringen ihre erste Nacht im Tal von Mina, wo die Regierung von Saudi-Arabien über 100.000 Zelte mit Klimaanlagen für die Pilger aufgestellt hat – Männer und Frauen getrennt.

BUNTE KAMELE

Während der Hadsch gehen die Pilger zum Berg Arafat (Dschabal ar-Rahma; „Berg der Barmherzigkeit"), einem Hügel aus Granit, 20 km östlich von Mekka, wo Mohammed seine Abschiedspredigt hielt. Die Kamele werden häufig mit üppigen Blumenkränzen und bunten Bändern geschmückt.

GIGANTISCHES SHOPPING CENTER

Die Dubai Mall ist mit 1200 Geschäften das größte Einkaufszentrum der Welt mit den meisten Besuchern. Diese gewaltige Kathedrale des Konsums haben 2014 80 Mio. Menschen besucht – mehr als doppelt so viele wie den Times Square oder Central Park von New York. In das riesige Aquarium würde ein Wal hineinpassen; die Besucher können in dem etwa 10 Mio. Liter Wasser fassenden Becken 33.000 Meerestiere (und gelegentlich einen Taucher) bestaunen.

EINE STADT AUS KRÄNEN

Während der hektischsten Bauphase ragten wahnsinnige 30.000 Kräne in den Himmel über Dubai – ein Viertel aller Kräne in der Welt!

DUBAI
VEREINIGTE ARABISCHE EMIRATE, Asien

Der Erdölfund in Dubai (1966) veränderte auf immer das Schicksal der Stadt. Sie wurde größer und reicher – beides in atemberaubendem Tempo. Heute ist Dubai eine ultra-moderne Superstadt im Sand der Arabischen Emirate, mit zahlreichen teuren Geschäften und ein paar der eindrucksvollsten und ehrgeizigsten Gebäuden der Welt.

GROSSE WELT IM KLEINEN

Das bekannteste Entwicklungsprojekt der Stadt ist die „Welt", eine Gruppe künstlicher Inseln in Form einer Weltkarte, die im Persischen Golf, 4 km vor Dubais Küste, konstruiert wird. Der Plan sieht vor, die Mini-Länder an Superreiche zu verkaufen. Inzwischen gab es allerdings Rückschläge – nur Grönland ist „fertig".

HIGH LIFE IN DUBAI

Die Kinder Dubais stammen aus verschiedenen Welten. Nur etwa ein Zehntel der Einwohner Dubais wurde hier geboren. Die Familien leben gewöhnlich reich. Die Kinder der Einheimischen leben in modernen Häusern mit Klimaanlage und Appartements auf Privatschulen. Die Kinder der Einwanderer wohnen ähnlich; sie schicken ihre Kinder auf Privatschulen und australischen gehen auf amerikanischen und europäischen Schulen. Ganz unten in der Gesellschaft stehen Hausangestellte Einwanderer wohnen ähnlich; sie schicken ihre Kinder auf internationale Schulen. und Wanderarbeiter meist aus Süd- und Südostasien.

MENSCHEN HINTER DEN GEBÄUDEN

Es dauert Jahre, um die Gebirge aus Beton und Stahl aufzutürmen, aber wer leistet die Arbeit? In der Stadt leben zahllose Bauarbeiter, die vorwiegend aus Pakistan, Nepal, Bangladesch und Indien stammen. Viele arbeiten für einen Hungerlohn in der glühenden Hitze und leben in bescheidenen Verhältnissen.

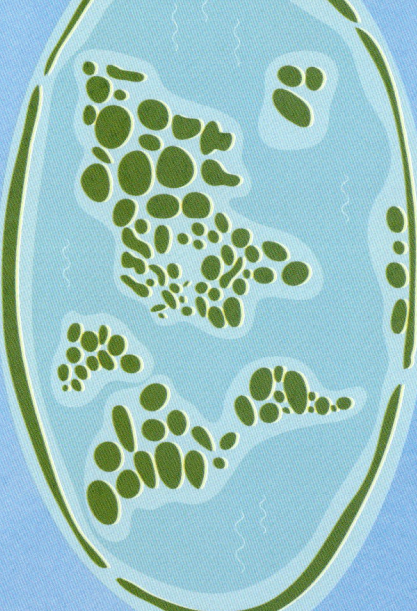

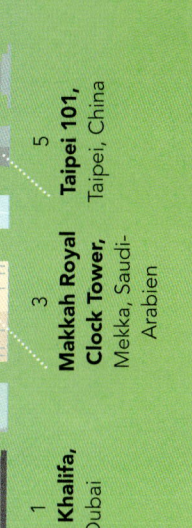

6 Shanghai, **World Finance Center**, Shanghai, China

4 One World **Trade Center,** New York, USA

2 Shanghai Tower, Shanghai, China

5 Taipei 101, Taipei, China

3 Makkah Royal Clock Tower, Mekka, Saudi-Arabien

1 Burj Khalifa, Dubai

DER RIESE

Der Burj Khalifa ist mit atemberaubenden 828 m Höhe das höchste Gebäude der Welt. Er wird den Rekord aber nur bis 2019 behalten, dann ist der Kingdom Tower in Dschidda fertig, der 1 km hoch in den Himmel über Saudi-Arabien ragen wird. Der Burj Khalifa ist ein Hotel, es gibt aber auch private Appartements. Das Leben auf der Schulter eines Riesen ist nicht einfach, denn für die Bewohner der oberen Stockwerke geht die Sonne später unter – ein Problem im Ramadan, wenn Muslime erst nach Sonnenuntergang essen dürfen.

WUSSTEST DU...?

Der Burj Khalifa hat 24.348 Fenster. Ein Team von 36 Fensterputzern braucht bis zu vier Monate, um alle einmal zu putzen.

Das Gebäude hat 54 Aufzüge, die mit 64 km/h auf- und abwärts fahren.

Treppensteigen? Unmöglich – das Gebäude hat 163 Stockwerke.

ALT NEBEN NEU

In der modernen Stadt erinnert nichts mehr an das winzige Emirat an den Ufern des Dubai Creek. Nur eine Fahrt auf einer der traditionellen Daus (arabische Holzboote) über den Fluss erinnert an die Zeit vor dem Bauboom.

FREIZEITSPASS TOTAL

In Dubai kannst du auf einer Wasserrutsche durch ein Hai-Aquarium sausen und in Kunstschnee mit Pinguinen Ski fahren – nicht schlecht für eine Stadt mit 41°C Durchschnittstemperatur! Inzwischen sind zum Aquaventure und Ski Dubai noch *Legoland*, ein *Bollywood*-Themenpark und das *Motiongate* (Fahrgeschäfte, die von *Tribute von Panem* und anderen Hollywoodfilmen inspiriert wurden) hinzugekommen.

SAMARKAND

USBEKISTAN, Asien

Das 2700 Jahre alte Samarkand wurde von Alexander dem Großen und Dschingis Khan erobert, doch erst der legendäre Militärführer Timur (auch Tamerlan) verwandelte es in eine Märchenstadt. Heute sind die Einwohner der prächtigsten, magischsten Stadt Usbekistans stolz auf ihre unglaublichen Plätze, Gebäude und Basare.

PFERDE STATT FUSSBALL

Samarkand hat zwar eine eigene Fußballmannschaft, den FK *Dinamo Samarqand*, aber das traditionelle Kupkari ist noch beliebter. Die Spieler sitzen auf Pferden und versuchen, den kopflosen Körper einer Ziege oder eines Kalbes über die Ziellinie zu bringen – bei 100 Reitern und Pferden ein ziemlich wildes Match! Einige Spieler, ihre Reitkünste sind legendär, tragen alte russische Panzerhelme. Die großen Kämpfe finden im Hippodrom von Samarkand statt.

EINZIGARTIGES BROT

Auf dem Siab-Markt schlägt das Herz von Samarkand – die Einwohner kaufen ein, reden, spielen Backgammon oder sehen Straßenkünstlern zu. Die Luft ist schwer vom Gewürzduft. Die Besucher knabbern Spezialitäten wie in Asche geröstete Aprikosenkerne, die Bäckereien bieten verschiedene goldgelbe Samarkand-Fladenbrote an. Sie werden in speziellen Öfen gebacken und sollen einzigartig sein.

KÖNIGLICHER STERNGUCKER

Wenn heute, wie so oft, der Strom ausfällt, ärgern sich die Kids, doch jedes Mal dann zeigt sich der Nachthimmel ohne "Lichtverschmutzung" wie 1424. Damals war Samarkand die astronomische Hauptstadt der Welt. Prinz Ulugh Beg, ein Enkel von Timur, war begeistert von den Sternen. Er kartierte 1018 Sterne – seine Karte wurde noch 250 Jahre später von der Sternwarte Greenwich benutzt. Die Reste der königlichen Sternwarte stehen noch auf den Hügeln Samarkands.

DER SPRUNG DER LIEBENDEN

Nach einer alten Legende wurde Samarkand – ursprünglich Marakanda – nach zwei tragischen Liebenden benannt: Die schöne Prinzessin Kant ("Zucker" auf Usbekisch) liebte den armen Samar, der für seine Tapferkeit berühmt war. Als der König (Kants Vater) von der verbotenen Liebe erfuhr, tötete er Samar. Kants Herz war gebrochen und sie stürzte sich vom Dach eines Schlosses in den Tod.

KOSTBARE KOSTÜME

Im Merosi-Theater erzählen Stoffe die Geschichte der Stadt. In einer historischen Modenschau wird die Kleidung aus den geschichtlichen Epochen vorgestellt, von skythischen Reitern und Kriegern des ersten Jahrtausends v.Chr. bis heute.

AM SEIDENEN FADEN

Samarkand wurde durch die Seidenstraße berühmt, der alte Handelsweg von China zum Mittelmeer. Seide ist noch immer ein wichtiger Wirtschaftsfaktor. Sie wird von Frauen in jahrelanger Arbeit zu kostbaren Teppichen verarbeitet. Jeder Teppich erzählt eine Geschichte mit Mustern, die teilweise so alt sind wie die Seidenstraße.

MAGISCHE MOSAIKE

Timur war wegen seiner Grausamkeit berüchtigt, nur die Künstler und Architekten der eroberten Städte hatten nichts zu befürchten. Er schickte sie nach Samarkand, das sie in ein einzigartiges Kunstwerk verwandelten. Wegen seiner Schönheit war Samarkand im 14. und 15. Jh. weltberühmt, vor allem wegen des Registan-Platzes – die Mosaike der Bibi-Chanum-Moschee und des Shakh-I-Zinda-Friedhofs werden jetzt Stein für Stein restauriert.

MUMBAI
INDIEN, Asien

Die Mega-Stadt Mumbai hat 21 Mio. Einwohner und gehört zu den am dichtesten besiedelten Regionen der Welt. Mumbai ist heiß, anstrengend und im Schulbus kann es sehr eng werden. Andererseits ist Mumbai aber Indiens reichste Metropole, ein blühendes Finanzzentrum mit zahlreichen Angestellten und Firmen.

SÜSSES LEBEN

Mumbai ist der ideale Ort, um die *mithai* (traditionelle Süßigkeiten) der Provinz und des Landes zu probieren. Die köstlichen *Barfi* schmecken wie sehr süße Karamellbonbons, *Mysore pak* zart nach Kardamom.

FAST FOOD

5000 *dabbawalas* flitzen durch Mumbais Straßen, die auf ihren Karren zu Hause gekochtes Essen an Büroangestellte ausliefern – über 200.000 an einem einzigen Tag. Obwohl viele der dabbawalas weder lesen noch schreiben können, liefern sie höchstens eins von acht Millionen Essen an die falsche Adresse.

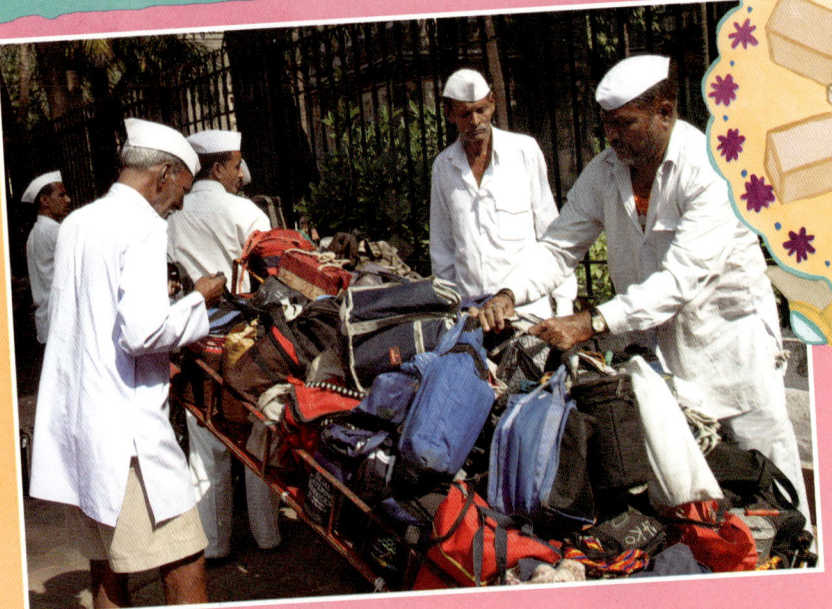

ZÜGE BEOBACHTEN

Mumbais *Chhatrapati-Shivaji*-Bahnhof steht auf der Liste des UNESCO-Weltkulturerbes. Wasserspeier mit Hundegesichtern leiten das Wasser ab und auch im Innern sind nicht alle Gesichter freundlich – kein Wunder beim größten Bahnhof der Welt. Jeden Tag kommen auf 18 Bahnsteigen 1500 Züge an und fahren wieder ab. In der Rushhour drängen sich bis zu 14 Menschen auf einem Quadratmeter in den Waggons und selbst außen an den Wagen klammern sich Fahrgäste fest.

CHHATRAPATI SHIVAJI TERMINUS

STRANDSITTEN

Auf dem berühmten Chowpatty-Strand am Arabischen Meer drängen sich Familien, Wahrsager, Essenverkäufer, Schlangenbeschwörer und tanzende Affen wild durcheinander. Im September findet das bedeutende *Ganesh-Chaturthi*-Fest statt. Dann versammeln sich Tausende von Stadtbewohnern und übergeben Bildnisse des Elefantengottes dem Meer.

DER GOTT MIT DEN DREI GESICHTERN

Vom *Gateway of India* am Hafen von Mumbai ist es nur eine kurze Bootsfahrt bis Elephanta. Vor über 1300 Jahren wurden auf der Insel außergewöhnliche Höhlentempel geschaffen. Der Haupttempel ist dem Hindugott Shiva geweiht. Shiva ist ein schwieriger Gott mit drei Gesichtern, der freundlich und böse sein kann. In der Höhle wird er in drei Gestalten, als Schöpfer, Bewahrer und Zerstörer dargestellt. Auch die Inselaffen sind schwer zu durchschauen: Mal sind sie niedlich, dann stehlen sie deine Snacks.

WILLKOMMEN IN BOLLYWOOD!

Mumbai ist das Zentrum der indischen Filmindustrie. Hier entstehen über 1000 Filme pro Jahr – mehr als doppelt so viele wie in Hollywood. Die bewusst überspannten Filme sind meist drei Stunden lange, extravagant inszenierte Dramen voller Komik, Spannung, Liebesgeschichten und – das wichtigste Merkmal – Musik und Tanz. Du kannst in Mumbai an Bollywood-Touren teilnehmen und, mit etwas Glück, sogar eine Rolle bekommen.

VARANASI
INDIEN, Asien

Varanasi am Ganges ist die älteste Stadt Indiens und der heiligste Ort der Hindus. Hindus glauben an die Wiedergeburt – in Varanasi zu sterben oder verbrannt zu werden, gilt als großer Segen. Auch wenn der Tod allgegenwärtig ist, ist Varanasi voller Leben: Rikschas, glitzernde Tempel und Kinder, die auf der Straße spielen.

DIE TREPPEN ZUM GANGES

In Varanasi dreht sich alles um den Ganges und die Ghats (Treppen zum Wasser). Hier baden die Gläubigen, beten, feiern Rituale und verabschieden sich von den Toten. Sobald sich die ersten Sonnenstrahlen im Wasser spiegeln, treffen die Menschen am Ufer ein. Manche machen Yoga, andere waschen Wäsche, verkaufen Andenken oder sitzen und warten, dass die Zeit vergeht.

HARISHCHANDRA GHAT

Hier und an der Manikarnika-Treppe werden die Toten verbrannt. Für Hindus ist das Verbrennen der Toten eine heilige Handlung und welcher Ort wäre besser geeignet als Varanasi.

DASHASHWAMEDH GHAT

An der farbigsten und am stärksten besuchten Treppe drängen sich Blumenverkäufer und Scharen von Gläubigen. Jeden Abend feiern Priester einen spektakulären Gottesdienst mit Feuer und Tänzen.

AFFENTEMPEL

Es ist nicht überraschend, dass in der heiligsten Stadt Indiens überall Tempel stehen. Der leuchtend rote Durga-Tempel gehört zu den wichtigsten. Er trägt den Beinamen „Affentempel", weil viele Affen über seine Mauern klettern.

ASSI GHAT

An der Mündung des Assi in den Ganges treffen pro Stunde 300 Pilger ein, bei religiösen Festen sind es bis zu 2500. Die Pilger baden und erweisen einem Bildnis des Hindugottes Shiva ihre Ehre. Am Abend kommen die Straßenverkäufer und Unterhalter und sorgen für Partystimmung am Fluss.

DURGA TEMPEL

DASHASHWAMEDH GHAT

HARISHCHANDRA GHAT

GANGES

ASSI GHAT

FLOWER POWER

In der Aarti-Zeremonie bringen Pilger und Besucher der Göttin Ganga Feuer- und Blumenopfer dar: Eine kleine diya (Kerze oder Öllampe) wird mit Blüten und Blättern umgeben, angezündet und auf das Wasser des Ganges gesetzt.

MANIKARNIKA GHAT

Der Brunnen am angesehensten Verbrennungsplatz von Varanasi soll entstanden sein, als Parvati, die Hindugöttin der Liebe, ihren Ohrring verlor. Shiva grub ein Loch, um ihn zu holen, und füllte es mit seinem Schweiß – manikarnika ist das Sanskritwort für „Ohrring".

PANCHGANGA GHAT

Eine Badetreppe an der uralten Vereinigung von fünf Strömen. In den Monaten *Vaisakha* (April und Mai) und *Karttika* (Oktober und November) nehmen Frauen am Morgen ein heiliges Bad.

SCINDHIA GHAT

Der großartige Shiva-Tempel ist so verziert und schwer, dass er teilweise in den Fluss gesunken ist. Viele glauben, dass in der Nähe Agni, der Gott des Feuers, geboren wurde.

GAI GHAT

Am Gai Ghat blickt die farbige Statue von Shivas heiligem Stier auf den Fluss.

MANIKARNIKA GHAT

PANCHGANGA GHAT

GAI GHAT

SCINDHIA GHAT

TRILOCHAN GHAT

TRILOCHAN GHAT

Das Wasser zwischen den beiden Türmen soll angeblich ganz besonders heilig sein.

GANGES

GESEGNETE BRAHMANEN

Indien hat ein Kastensystem mit den Brahmanen (Priester) als höchster Kaste. Sie wachen über den hinduistischen Glauben und werden schon ab der Kindheit ausgebildet. Nur die Brahmanen dürfen die heiligen Rituale am Ganges vollziehen. Die niedrigste Kaste sind die „Unberührbaren"; sie stehen ganz unten in der Gesellschaft. Sie tragen die Leichen der Verstorbenen durch die Gassen der Altstadt zu den beiden Verbrennungsplätzen am Ufer.

KRICKET ZWISCHEN KUHFLADEN

Die Altstadt ist ein Labyrinth aus staubigen, lauten und manchmal stinkenden *galis* (Gassen). Da die Kühe als heilig gelten, stellt sich ihnen niemand in den Weg. Die Kinder, die in den Gassen Kricket spielen, die zweite Religion in Varanasi, weichen geschickt den Kuhfladen aus.

THIMPHU
BHUTAN, Asien

Thimphu, die Hauptstadt des Königreiches Bhutan, klebt wie ein Adlernest am Südhang des Himalaja. Es ist ein einzigartiger Ort, der von einer gigantischen goldenen Buddha-Statue bewacht wird. In Thimphu hallen die Gesänge von den Bergklöstern wider, flattern farbige Gebetsfahnen und es hat einen eigenen Kalender.

LUST AUF EIN TÄNZCHEN?

Am zehnten Tag des achten Monats im *Buthanesischen* Kalender findet in der Wolkenstadt das dreitägige *Thimphu-Tshechu*-Fest statt. Tausende von Besuchern strömen in die bunt geschmückte Stadt, um an den Feierlichkeiten teilzuhaben. Normalerweise sind die Mönche von *Thimphu* im stillen Gebet oder meditieren, doch in dieser Zeit des Jahres tanzen sie mit den anderen. Die *Atsaras* (Bhutanesische Clowns) hüpfen scherzend um die Tänzer herum, um die bösen Geister fernzuhalten.

BRUTTONATIONALGLÜCK

Die meisten Länder der Welt messen ihren Erfolg am Bruttosozialprodukt (BSP). Das BSP berücksichtigt den Wohlstand eines Landes nach den Fabriken, der Landwirtschaft und anderen Wirtschaftszweigen. Bhuta misst das „Bruttonationalglück"! Das Maß für den Erfolg ist das Glück der Einwohner von Thimphu, nicht ihr Einkommen oder die Produktivität. Der Wunsch nach Glück zeigt sich sogar an Straßenschildern, die Autofahrer ermahnen, „Lasse dich von der Natur leiten" oder „Leben ist eine Reise. Vollende sie!"

TAUSENDE VON BUDDHAS

Eine Prophezeiung aus dem 8. Jh. sagte eine riesige Buddhastatue in den Hügeln von *Thimphu* voraus. Heute arbeiten die Bürger daran, die Prophezeiung zu erfüllen. Die 51,50 m hohe Buddhastatue überragt den Naturpark *Kuenselphodrang*. Der Buddha *Dordemna* ist aus Bronze gegossen und mit Gold überzogen. Die äußere Gestalt ist fertig, die 125.000 Miniatur-Buddhas für den Innenraum sind noch in Arbeit.

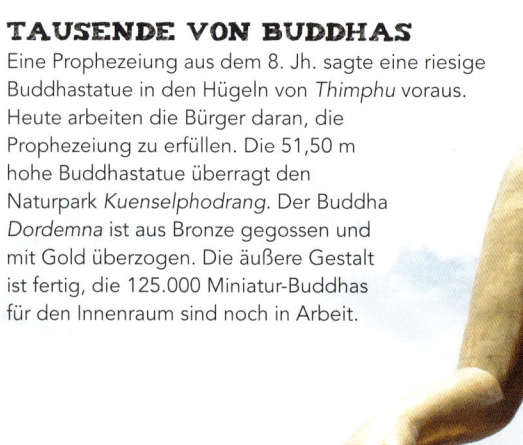

DIE WOLKENSTADT
Stelle dir eine Stadt mitten im höchsten Gebirge der Welt vor: Thimphu liegt in 2300 m Höhe und ist damit die dritthöchst gelegene Hauptstadt der Erde. Doch selbst diese Stadt in den Wolken wirkt winzig neben den gewaltigen Bergen Bhutans. Einige der Himalajagipfel ragen über 7000 m hoch auf.

TAKIN-SCHUTZGEBIET MOTITHANG
Hast du schon einmal von der „Rindergämse" oder „Gnuziege" gehört? Beide Namen bezeichnen eine merkwürdige Ziegen-Antilope, die nur im östlichen Himalaja lebt – den Takin. Das Nationaltier von Bhutan hat ein sanftmütiges Wesen. Takins fressen am liebsten den ganzen Tag Gras und klettern im Gebirge herum. Als der König die Takins aus dem Mini-Zoo von Thimphu freiließ, blieben sie freiwillig dort. Also erklärte Thimphu die Fläche zum ersten und einzigen Takin-Schutzgebiet.

BERGKLÖSTER
Die buddhistischen Klöster Thimphus sind außergewöhnlich schön. Das mächtige *Tashichhoedzong*-Kloster im Zentrum der Stadt ist gleichzeitig Festung. Seine hohen Steinmauern umschließen nicht weniger als 30 Tempel und Kapellen. *Chagri Dorjeden* wurde 1620 aus Steinen und Holz erbaut. Es klebt so hoch über der Stadt an einem Felsen, dass die Mönche Stunden brauchen, um von der Straße aus hochzuklettern.

SAMSTAG
20.
APRIL

SAMSTAG 20
APRIL

THIMPHU-KALENDER
Thimphu hat eine eigene Zeitrechnung, die sich an den Kalender von Bhutan (ein veränderter tibetischer Kalender) anlehnt. Die Bewohner Thimphus brauchen also zwei Kalender.

ULAN BATOR
MONGOLEI, Asien

Ulan Bator liegt zwischen der wilden, menschenleeren mongolischen Steppe und dem weiten, zerklüfteten Chentii-Gebirge. Die Stadt ist ein pulsierendes Zentrum mitten in der Wildnis. Es ist ein kalter, farbenfroher Ort, wo Punks mit Irokesenfrisur die Straßen mit buddhistischen Mönchen, Geschäftsleuten im Anzug und Nomaden teilen.

STATUE MIT FÜLLUNG

Die meisten buddhistischen Gebäude wurden unter der kommunistischen Herrschaft zerstört, doch das *Gandan-Chiid*-Kloster in Ulan Bator überlebte. Im *Migjid-Janraisig-Süm*-Tempel steht eine riesige Statue der Göttin *Janraigis*. Sie wurde ursprünglich für den erkrankten letzten König der Mongolei (Bogd Khan) errichtet und enthielt 27 t Heilkräuter, 334 Schriften, 2 Mio. Mantrabündel und eine komplette Jurte mit Einrichtung. Der ehemalige Winterpalast von *Bogd Khan* ist heute Museum. Darin sind ein Paar goldene Stiefel, eine Robe aus 80 Fuchsfellen und eine Jurte ausgestellt, die mit den Fellen von 150 Schneeleoparden ausgekleidet ist.

DER KRIEGS-KHAN

In Ulan Bator führt kein Weg an Dschingis Khan vorbei. Im 13. Jh. eroberte er ein Reich, das die Hälfte der damals bekannten Welt umfasste – fast 31 Mio. km², mehr als jeder andere Herrscher der Geschichte. Seine Eroberungen kosteten leider viele Menschen das Leben, doch für die Mongolen ist er ein Nationalheld. Er wurde in der Nähe der Hauptstadt geboren und vermutlich auch begraben. Dschingis Khan kontrollierte die Seidenstraße und modernisierte sein Land. In Erinnerung an ihn heißt einer der Plätze in der Stadt Dschingis-Khan-Platz.

MONGOLISCHES CROSS-OVER

In Ulan Bator ist nicht nur Volksmusik zu hören. Moderne Pop-, Rock- und Hip-Hop Musik sind sehr beliebt. Einige Bands haben damit begonnen, für einen eignen, neuen Sound neben E-Gitarren und Drums auch traditionelle mongolische Instrumente zu spielen, wie die Pferdekopfgeige.

DREHEN UND VERBIEGEN

In den Theatern von Ulan Bator werden traditionelle Tänze aufgeführt. Die Männer zeigen kunstvolle Fußtritte und Überschläge, während sich super-flexible Frauen bis zur Schmerzgrenze verbiegen. Die Tänzer werden von mongolischem Kehlgesang und von Musik auf ungewöhnlichen, wunderbaren Instrumenten begleitet – das wichtigste ist die *Morin Chuur*, eine Art Geige mit einer Schnecke, die wie ein Pferdekopf geformt ist.

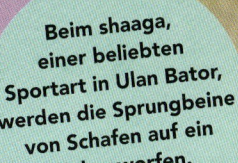

Beim shaaga, einer beliebten Sportart in Ulan Bator, werden die Sprungbeine von Schafen auf ein Ziel geworfen.

SPASS UND SPIELE

Beim großen Naadam-Fest im Juli finden die drei „männlichen Spiele" der Mongolei statt: Bogenschießen, Ringen und Pferderennen. Heute nehmen Frauen am Bogenschießen und Mädchen beim Pferderennen teil. Die Kinder beginnen im Alter von vier Jahren mit dem Ringen, doch die Stadtjugend findet moderne Sportarten spannender. Nachdem die Mongolei bei den Olympischen Spielen von 2008 ihre ersten und einzigen Goldmedaillen gewann, wurden Boxen und Judo schlagartig populär. Das im Kommunismus verbotene Boxen ist heute eine der am schnellsten wachsenden Sportarten.

LEBEN IM KÜHLSCHRANK

Ulan Bator ist mit einer durchschnittlichen Januartemperatur von -33°C offiziell die kälteste Hauptstadt der Welt. Die Kinder tragen mehrere Schichten Wolle und alle trinken den wärmenden *suutei tsai* (Milchtee). Trotz der Kälte leben immer noch viele Menschen dieser schnell wachsenden Stadt in den traditionellen Jurten aus Fell (*ger*).

PEKING
CHINA, Asien

Peking hat 21 Mio. Einwohner, die oft unter einer Smogwolke leben und arbeiten. Überall in der Mega-Stadt erinnern Bauwerke an die außerordentliche Vergangenheit des Landes – doch Peking blickt auch nach vorn: Zahlreiche futuristische Gebäude sind bereits fertiggestellt oder in Planung.

DIE WUNDERMAUER

Dass man die Chinesische Mauer aus dem Weltraum sieht, ist zwar nur eine Legende, doch auch so ist das alte Bauwerk gewaltig. Sechs Herrscherdynastien haben an der 2300 Jahre alten Mauer gebaut, die ursprünglich 21.196 km lang war. Davon ist hauptsächlich die 8850 km lange Mauer aus der Ming-Dynastie erhalten. Die meisten erhaltenen Abschnitte liegen im Umland von Beijing – am häufigsten wird die Mauer von Badaling (80 km nordwestlich von Beijing) besucht.

RIESIGE LEERE

Der Tian'anmen-Platz ist unvorstellbare 440.000 m² groß – das entspricht 352 olympischen Schwimmbecken. Und doch gibt es auf dem größten Platz der Welt keine Möglichkeit, sich hinzusetzen. Auf dem Platz steht das Museum des kommunistischen Revolutionärs Mao Zedong. Um ähnliche Proteste wie in der Vergangenheit zu verhindern, fahren Polizisten auf Segways regelmäßig den Platz ab. Jeden Morgen marschieren chinesische Soldaten zur Flaggenzeremonie durch das Tor des Himmlischen Friedens und quer über den Platz. Jeder Soldat macht exakt 108 Schritte pro Minute mit 75 cm Schrittlänge.

SPIELPLATZ DER KAISER

Der Sommerpalast war einst eine exklusive Sommerresidenz für die Kaiser der Qing-Dynastie – heute ist er öffentlich zugänglich. Drei Viertel der Fläche werden von herrlichen Wasserflächen eingenommen. Der Palast ist mit einer ganzen Menagerie von Bronzetieren geschmückt, darunter ist auch das Feuer speiende Fabeltier Qilin mit Hufen, Schuppen und Hörnern.

DER PEKING-MENSCH

In einem Höhlensystem bei Peking wurden 1927 Schädel und fossile Knochen eines Frühmenschen ausgegraben. Angeblich sollen die Knochen 750.000 Jahre alt sein. Als die Japaner im 2. Weltkrieg nach China einmarschierten, baten die Chinesen die USA um Hilfe: Sie sollten die Fossilien sicherheitshalber aus China abtransportieren. Seit Dezember 1941, als die Knochen in Kisten verpackt und an US-Marinesoldaten übergeben wurden, sind sie spurlos verschwunden – eines der größten archäologischen Rätsel aller Zeiten.

DAS VOGELNEST

Das chinesische Nationalstadion wurde 2008 zu den Olympischen Spielen von Peking eröffnet und hieß schon bald das „Vogelnest". Das Design erinnert an eine Schnur, die um einen Ball gewickelt wird. Diese Bauweise soll das Stadion erdbebensicher machen.

NICHTS FÜR EMPFINDLICHE MÄGEN

Wie wär's mit einem frittierten Skorpion? Wer mag Seepferdchen am Stiel? Der Wangfujing-Straßen- und Nachtmarkt im Dongcheng-Viertel von Peking ist ein Paradies für Kunden mit abenteuerlustigen Mägen. Hier gibt es nicht nur *jiaozi* (gekochte, gefüllte Teigtaschen), sondern auch gebrutzelte Schlangen, gebratene Seesterne und geschmorte Hühnerfüße. Zum Nachtisch gibt es Süßigkeiten, wie *tanghulu* (kandiertes Obst an Bambusstöckchen).

KUNG-FU KIDS

In China wurde nicht nur Kung-Fu, sondern viele Formen der Verteidigung (*wushu* oder „Kampfkunst") erfunden. Wushu ist in Beijing sehr beliebt – schon kleine Jungen und Mädchen beginnen mit den Übungen. Die vielen Schulen der Kampfkunst in der Stadt veranstalten regelmäßige Wettkämpfe. Manche verlangen von den Kämpfern vollen Körperkontakt, andere sind Scheinkämpfe mit Schwertern und anderen Waffen.

PAGODEN UND PARKS

Peking hat fast so viele Einwohner wie ganz Australien, aber es ist noch möglich, den Menschenmassen zu entfliehen. In der Stadt gibt es viele Parks und Grünflächen, wie den Beihai-Park und den Houhai-See. Es sind große Landschaftsgärten mit Pagoden, ruhigen Gärten und alten Gebäuden, wie dem Fünf-Drachen-Pavillon aus der Ming-Dynastie.

PEKING

Aus der Ming-Dynastie blieb mehr übrig als hübsche Vasen und große Mauern. Die Ming-Kaiser ließen auch die Verbotene Stadt erbauen. Der unglaubliche Komplex in Peking war von 1416 bis 1911 der Palast der chinesischen Kaiser. Auf 72 ha stehen fast 1000 Gebäude. Heute zählt die Verbotene Stadt zum UNESCO-Weltkulturerbe.

DIE VERBOTENE STADT

Der größte Palastkomplex der Erde ist von einem 52 m breiten Wassergraben umgeben. Gewöhnliche Menschen hatten keinen Zugang. Fünf Jahrhunderte lang fanden hier hinter verschlossenen Türen die Zeremonien der Kaiser und Kaiserinnen der Ming- und Qing-Dynastien statt. Damals wurde jeder hingerichtet, der sich hineinwagte. Heute schließt man sich einer Führung an, ohne Bestrafung fürchten zu müssen.

REGIEREN NACH ZAHLEN

In der chinesischen Kultur spielen Zahlen eine große Rolle. Viele Details der Verbotenen Stadt orientieren sich daher an symbolischen Zahlen. Neun gilt als mächtige Zahl und neun mal neun ist besonders mächtig. Wenn du Lust hast, die Nägel in den kaiserlichen Türen der Verbotenen Stadt zu zählen – es sind immer 81 Stück.

Die Kaiser der Qing-Dynastie ließen sich in Sänften durch den Palast tragen. Nur der letzte Kaiser Puyi benutzte lieber ein Fahrrad.

KOTAU VOR DEM DRACHEN

Auf dem kolossalen Hof in der Verbotenen Stadt ist Platz für 100.000 Menschen (mehr als im Nationalstadion von Beijing) und drei große Hallen. Die Halle der Höchsten Harmonie aus dem 15. Jh. ist die wichtigste. In ihr wurden die Kaiser gekrönt und große Feste gefeiert. Wenn der Kaiser auf dem Drachenthron saß, mussten alle Höflinge niederknien und neunmal mit der Stirn den Boden berühren – sie machten den Kotau. Auch die beiden Elefanten aus Bronze im Kaiserlichen Garten machen den Kotau vor dem Kaiser, auch wenn sie ihre Knie in die falsche Richtung biegen.

PURPUR-POWER

Was heute die meisten Einwohner als Palastmuseum oder *Gu Gong* (Alter Palast) kennen, hieß früher *Zijincheng*, in der poetischen Übersetzung „Purpurne Verbotene Stadt". Das „Purpur" *(Zi)* im Namen bezieht sich auf den Nordstern *(Ziwei)* – im Norden lag der Palast des Himmelskaisers. Die Verbotene Stadt war also sein Wohnort auf Erden; Jin bedeutet „verboten".

KAUM ZU GLAUBEN

Innerhalb der Verbotenen Stadt stehen 980 Gebäude. Die meisten davon sind alt und aus Holz gebaut – Peking beherbergt die größte Sammlung historischer Holzhäuser der Welt. Einige davon bestehen aus dem extrem kostbaren Holz von *Phoebe zhennan*. Dieses Holz war so teuer, dass es sich nur die kaiserliche Familie leisten konnte. Noch heute kostet ein m³ davon 7400 Euro. Neben Holz wurden Marmor und goldene Ziegel verbaut.

GELB, GELB, GELB...

Alle chinesischen Kaiser mussten dieselbe Lieblingsfarbe haben – Gelb. Die Tradition verlangte nämlich, die Dächer der Verbotenen Stadt mit gelben Ziegeln zu decken.

CHENGDU
CHINA, Asien

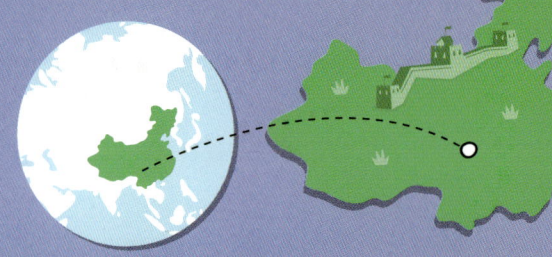

Chengdu liegt im Herzen des legendären „Landes des Überflusses", das nur wenige kennen. Die Hauptstadt der chinesischen Provinz Sichuan legt Wert auf vornehme Zurückhaltung. Tatsächlich wussten vor einigen Jahren nicht einmal die Stadtbewohner von dem untergegangenen Shu-Königreich. Chengdu ist ein buntes Gemisch aus entspannten Teehäusern, würzigen Restaurants, Nudeln und den tollen Großen Pandas.

SUPER-POOL
An den Wochenenden brechen die Bewohner Chengdus zum *Daying Dead Sea Resort* auf. Die Gebäude des neuen Freizeitparks stehen am Rand eines Riesenpools mit Salzwasser, in dem gleichzeitig 10.000 Menschen planschen können. Das Becken hat 400 m „Uferlinie", einen künstlichen Strand und ein Dorf mit Seeblick.

SPASS AM FLUSSUFER
Der Wangjiang-Park liegt am Fluss Jin, der durch die Stadt fließt. Hier lassen Kinder ihre Boote schwimmen und spielen an den hübschen Ufern und Lichtungen. In dem grünen Park mit Pagoden und Pavillons wachsen über hundert Sorten Bambus.

IT'S TEA TIME
In Chengdu wird seit alters Tee angebaut und seine Teehäuser gelten als die besten in ganz China. In der Regel sind die Häuser gut mit Stadtbewohnern gefüllt, die Legespiele wie Mahjong oder chinesisches Schach (*xiangqi*) spielen – Relaxen beim Tee. Viele der Kunden in den 6000 Teehäusern der Stadt sitzen auch in Massagestühlen oder lassen sich die Ohren säubern – sehr chinesisch!

CHILI - ROT UND SCHARF

Chengdu ist die Hauptstadt von Sichuan, weltbekannt für scharfe Chilischoten und noch schärfere Pfefferkörner. Entsprechend würzig ist die Küche der Stadt. Feuertopf und Tian-shui-mian-Nudeln sind die Favoriten der Einwohner. Abenteuerlicher wird es mit *shuizhu yu* (Karpfen oder Wels in Chiliöl) oder *fuqi feipian*, wörtlich übersetzt „Scheiben von Innereien/Lunge für Eheleute". *Fuqi feipian* sind dünn geschnittene Rinderzunge oder -herz mit dünnen Scheiben von Sehnen und Kutteln. Guten Appetit!

NIEDLICHER NACHWUCHS

In den Bergen von Sichuan lebt das berühmteste Tier Chinas – der Große Panda. Jeder liebt die großen Tiere mit den schwarzen Augenringen, die wegen der Zerstörung ihres Lebensraumes auf der Liste bedrohter Tierarten stehen. Eine Forschungs- und Aufzuchtstation in Chengdu will das ändern: Hier leben 120 Große und 76 Kleine (Rote) Pandas. Die Station steht Besuchern offen, aber ihr eigentliches Ziel ist es, junge Pandas zu züchten und die scheuen Tiere wieder auszuwildern. Der jüngste Erfolg gelang mit Jing Jing und Si Yuan, die beide je ein männliches Zwillingspärchen zur Welt brachten.

Ein Panda frisst täglich 9–14 kg Bambussprossen. Sind sie nicht süß?

SCHILDKRÖTEN-STADT

Das fast 2000 Jahre alte Chengdu war einst von zwei Stadtmauern umgeben. Nach einer Legende soll der Architekt 310 n.Chr. einer Schildkröte gefolgt sein und baute die Stadtmauer in ihrer Spur.

DAS VERLORENE KÖNIGREICH

Bei Bauarbeiten knapp außerhalb des Stadtzentrums wurden 2001 die erstaunlichen Ruinen der 3000 Jahre alten Hauptstadt des Shu-Königreiches ausgegraben. Diese uralte Zivilisation lebte am Ufer des Jangtse-Flusses. Bei den Ausgrabungen von Jinsha kamen Schätze zutage. Einer der spektakulärsten Funde ist ein Ring aus fast purem Gold mit einer zwölfzackigen Sonne und vier fliegenden Vögeln.

HONGKONG
CHINA, Asien

Hongkong ist eine der reichsten Städte der Welt, ein Wald aus Wolkenkratzern, die auf kleinen Inseln an der Südküste Chinas in den Himmel wachsen. In den Straßen treffen Neonlichter auf uralte Traditionen. In Hongkong kannst du einen Kung-Fu-Film ansehen, in einem „Herrenhaus" shoppen gehen oder eine lokale Spezialität probieren. Mmm!

ALLES AUSSER DEM TISCH

Hongkong ist berühmt für seine Küche. Eine chinesische Redensart sagt: Die Kantonesen (die Chinesen, die in diesem Landesteil leben) essen „alles, was schwimmt, außer U-Booten, alles was fliegt, außer Flugzeugen und alles, was vier Beine hat, außer einem Tisch". Was hältst du von tausendjährigen Eiern (Enteneier, die in Salz liegen, bis sie schwarz sind), Mausbabys in Algen oder Affengehirnen?

MONEY, MONEY, MONEY

In Hongkong sitzt das Geld – viel Geld. Die Stadt gehört zu den wichtigsten Handelszentren der Welt, gleich neben London und New York. Die beiden größten Wolkenkratzer – ein 484 m hoher Riese ist das sechstgrößte Gebäude der Welt – wurden nur für die Banker gebaut. Der höchste ist das International Commerce Centre.

ABHEBEN IM WASSERFLUGZEUG?

Flugreisende, die in Hongkong ankommen, haben oft das Gefühl, im Meer zu landen. Da der Flughafen die gesamte kleine Insel Chek Lap Kok einnimmt, mussten die Rollbahnen im Meer aufgeschüttet werden. Start und Landungen sind sicher, aber viele kämpfen mit der Angst, mit dem Flieger ins Wasser zu stürzen.

HOLLYWOOD DES OSTENS

In Hongkong arbeitet eine der größten Filmindustrien der Welt. Action-Filme, Komödien und historische Dramen haben Regisseure und Schauspieler weltberühmt gemacht – Jackie Chan, Wong Kar-wai und Maggie Cheung. In vielen Filmen ist Hongkong selbst der Star. Hochhäuser, grüne Hügel, gewundene Straßen und dichte Menschenmassen sind ein perfekter Hintergrund.

BAHNVERRÜCKT

Die Hongkonger fahren gerne Bahn. Die klappernden Doppeldecker im Nordteil der Insel heißen *ding ding* – sie bringen die Menschen zur Arbeit oder zum Shoppen. Die kultigen Waggons der Peak Tram, eine der steilsten Standseilbahnen der Welt, fahren von der Talstation Garden Road über den höchsten Berg Hongkongs bis zu den höhergelegenen Vierteln der Stadt. Auf dem Gipfel warten herrliche Häuser, Läden, Restaurants und spektakuläre Ausblicke über die Insel.

HIGHTECH...

In Hongkong stehen mehr Hochhäuser als an jedem anderen Ort der Erde. In der Nacht glitzern die Neonlichter in den Straßen. Um die Fußgänger vor der glühenden Hitze des Tages zu schützen, verlaufen kreuz und quer durch die Stadt hängende Gehwege mit Klimaanlage.

...UND TRADITION

Trotz der supermodernen Gebäude hat Hongkong seine Traditionen und Gebräuche nicht vergessen. Die Bauarbeiter stehen auch an Hochhäusern auf gefährlichen Gerüsten aus Bambus. Im Hafen schaukeln alte Dschunken mit roten Segeln, und im August stellen die Menschen Essen auf die Straße und verbrennen Papier, um die Geister ihrer Ahnen zu besänftigen.

167

BANGKOK
THAILAND, Asien

Bangkok ist eine der heißesten, geschäftigsten, hungrigsten und aufregendsten Städte der Erde. Eisenbahnen auf Stelzen, herumflitzende Tuktuks und vollgestopfte Kanäle – hier sind alle unterwegs, immer. Trotz des Lärms und der Luftverschmutzung ist die Hauptstadt Thailands voller Leben, Licht und Lächeln.

TAUSENDE VON TEMPELN

Bangkok ist eine Stadt der Tempel (*wat*). Viele der prachtvollen buddhistischen Bauten haben mehrere Türme (*prang*), geschweifte Dächer, glitzernde Kacheln und Gold, das die Tropensonne trotz Dunst zum Leuchten bringt. In den Wats leben und beten – die meiste Zeit des Tages – Tausende von buddhistischen Mönchen in orangefarbenen Roben. *Wat Phra Kaew* (Tempel des Smaragdbuddhas) und Wat Arun (Tempel der Morgenröte) gehören zu den ältesten und prächtigsten Anlagen.

THAILANDS ROYALS

Die Thais haben den 2016 verstorbenen König Bhumibol Adulyadej verehrt, der das Land seit 1946 regierte. In der Stadt hingen seine Porträts und in den Kinos wurde vor dem Film eine Hymne gespielt. Ein Gesetz verbietet kritische Äußerungen oder Handlungen gegen das Königshaus. Im riesigen Stadtpalast des Königs (Villa Chitralada, umgeben von Wassergräben) wird eine eigene Milchwirtschaft betrieben.

HEISS, HEISS, HEISS!

Bangkok ist zwar nicht der heißeste Ort der Erde, verdient aber den Preis für schweißtreibende Temperaturen rund um die Uhr. Die Stadt, die 1500 km vom Äquator entfernt ist, speichert die Hitze zwischen den Häusern und einer dichten Smogschicht darüber. Die Folge sind Tag und Nacht fast immer mindestens 30°C – das ganze Jahr über.

BANGKOKS VOLLER NAME...

Tief Luft holen, sonst geht dir bei Bangkoks vollem Namen die Puste aus. Er lautet...

> KRUNG THEP MAHANAKHON AMON RATTANAKOSIN MAHINTHARA AYUTHAYA MAHADILOK PHOP NOPPHARAT RATCHATHANI BURIROM UDOMRATCHANIWET MAHASATHAN AMON PIMAN AWATAN SATHIT SAKKATHATTIYA WITSANUKAM PRASIT →

... LAUTET:

„Stadt der Engel, große Stadt, Residenz des Smaragdbuddhas, unüberwindliche Stadt von Ayutthaya und des Gottes Indra, großartige Hauptstadt der Welt, geschmückt mit neun kostbaren Edelsteinen, fröhliche Stadt, gesegnet mit einem gewaltigen Königspalast, der dem himmlischen Wohnsitz des wiedergeborenen Gottes gleicht, Stadt, die von Indra geschenkt und von Vishnukarn erbaut wurde"

Aber, keine Sorge, „Bangkok" reicht völlig aus.

DIE RIESENSCHAUKEL

Viele Besucher des *Wat Suhat* wundern sich über eine riesige rote Schaukel. Die 21 m hohe Schaukel wurde 1784 aus Teakholz erbaut. Nach einer alten hinduistischen Tradition kletterten junge Männer auf die Schaukel, schwangen immer höher und versuchten, mit den Zähnen einen Beutel mit Silbermünzen zu ergreifen, der an einer Stange hing. Die Zeremonie war sehr gefährlich und mehrere Männer stürzten zu Tode. Seit 1932 wird die Schaukel daher nicht mehr benutzt.

DAS LEBEN IN, AUF UND ÜBER DEN STRASSEN...

Die Menschenmassen sind das Erste, was jedem Besucher auffällt. Fast alles scheint sich auf der Straße abzuspielen. An den Straßenrändern drängen sich Wagen, die Nudeln, gegrillte Kalmare und andere köstliche Gerichte verkaufen. Hier findet das Familienleben statt, Nachbarn gehen einkaufen und buddhistische Mönche in orangefarbenen Roben betteln. Die Straßen sind verstopft mit Lastwagen, *Tuktuks* (Motorrad-Taxis), Autos, Motorrollern und Bussen. Es gibt sogar eine Eisenbahn auf Stelzen, der 36,4 km lange Skytrain.

...UND AUF DEM WASSER

In Bangkok setzt sich das Gedränge auf dem Wasser fort – der *Chao Praya* („Fluss der Könige") fließt mitten durch die Stadt und speist ein Netz aus Kanälen. Nicht umsonst wird Bangkok „Venedig des Ostens" genannt. An den Kanälen wird gewaschen, sie sind Transportwege und auf schwimmenden Märkten, wie dem *Bang Khu Wiang*, verkaufen Bauern ihr Obst, Gemüse und Hähnchen direkt vom Boot.

SINGAPUR

SINGAPUR, Asien

Singapur ist nicht nur eine Stadt, sondern ein ganzes Land – einer der wenigen Stadtstaaten neben Monaco und der Vatikanstadt. Trotz der geringen Größe ist Singapur eines der reichsten und mächtigsten Zentren Asiens. Die ultramoderne Metropole ist aber auch „Gartenstadt", umgeben von üppigen Grünflächen, alten Regenwäldern und Feuchtgebieten.

SCHMELZTIEGEL SINGAPUR

Die Einwohner Singapurs kommen aus der ganzen Welt. Man hört die Sprache und genießt die Feste und die Musik von Malaysia, Indien, Europa und anderen Orten. Die größte Bevölkerungsgruppe kann ihre Ahnen bis nach China zurückverfolgen. Mandarin ist nicht nur im vielsprachigen China, sondern auch in Singapur die am häufigsten gesprochene Sprache.

ZEITEN FÜR ZEITWECHSEL

Das bestens organisierte Singapur hat eine verwirrende Schwäche: Seit 1905 hat der Stadtstaat sechsmal die Zeitzone gewechselt. Schuld waren äußere Ereignisse, wie beispielsweise die japanische Invasion im 2. Weltkrieg, aber auch die Verschiebungen der Zeitzone im Nachbarland Malaysia.

WAS IST EIN MERLION?

Singapur heißt wörtlich „Löwenstadt" auf Malaiisch (die Sprache wird auf der Malaiischen Halbinsel und den Inseln gesprochen): *singa* bedeutet „Löwe", *pura* „Stadt". Der Name klingt zwar bedeutend, doch seine Herkunft ist ein Rätsel. In der gesamten Region kamen nie Löwen vor. Das offizielle Wahrzeichen der Stadt ist der Merlion, halb Löwe, halb Fisch – seine Statue spuckt Wasser in die Marina Bay.

DAS GRÜNE HERZ VON SINGAPUR

Singapur baut seine knappe Fläche nicht nur mit Wolkenkratzern und Wohnhäusern zu. Die Gärten an der Bucht sind zugleich riesiger Park und künstlich angelegter Wald. Sie sollen die Stadt grüner und freundlicher machen und wurden auf künstlich aufgeschüttetem Land angelegt. Es ist aber kein gewöhnlicher Park, denn im *Cloud Forest* wachsen künstliche Dschungel mit Pflanzen aus den Bergen Südostasiens und Südamerikas. Der *Flower Dome* zeigt den Lebensraum des Mittelmeeres mit Arten aus Griechenland und Spanien. Im *Supertrees Grove* schließlich wachsen Farne, Kletterpflanzen und Blumen auf bis zu 50 m hohen Bäumen. Am schönsten ist der Kindergarten mit Trampolinen, Balancestangen und Seilbrücken.

MULTIKULTI AUF DEM TELLER

Die große Vielfalt bedeutet auch unendliche Vielfalt beim Essen! Singapur gehört zu den Städten mit großartiger Küche. Die Bewohner gehen weit, um die besten Chili-Krabben, Fischkopf-Currys oder Sambal-Rochen (Rochen in scharfer, würziger Soße) zu kaufen.

ANTI-ATLANTIS

Singapur ist echt winzig, nur 715 km². Auf der kleinen Fläche leben sehr viele Einwohner – inzwischen sind es über fünf Millionen – und ihre Zahl wächst rasch. Was macht eine reiche Stadt, um das Problem zu lösen? Mehr Land! Statt wie Atlantis im Meer zu versinken, schüttet Singapur immer mehr Land auf. Die Stadt plant, bis 2030 über 56 km² Land aus dem Meer zu gewinnen.

NACHT-SAFARIS

Singapur hat den ersten Nachtzoo der Welt. Der feuchtheiße Open-Air-Tierpark öffnet seine Tore erst, wenn die Sonne untergeht. Da Biologen wissen, dass viele Tiere erst in der Nacht aktiv werden, wurde ein Zoo eingerichtet, um nachtaktive Tiere beobachten können. Die Besucher fahren in Bahnen oder gehen auf Wegen durch den Park, wo die Tiere wie in ihren natürlichen Lebensräumen leben. Die Zoobesucher dürfen sich auf Nebelparder, Flughunde und Tüpfelhyänen freuen.

URSPRÜNGLICHES LAND

AUFGESCHÜTTETES LAND

HANOI
VIETNAM, Asien

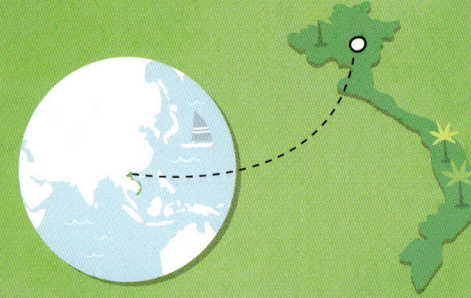

Das schwüle, hektische Hanoi ist die Hauptstadt Vietnams. In der pulsierenden, erfolgreichen Stadt voller Überraschungen leben über 6 Mio. Menschen. In der Altstadt tragen die Straßenhändler Körbe mit Waren auf ihren Schultern, die Motorräder dröhnen und entspannte Stadtbewohner üben sich am Hoan-Kiem-See im Tai Chi.

WAS IST DRIN?

Die Bewohner Hanois essen viel Reis, Gemüse und Nudeln – superfrisch und supergesund. *Banh bao* sind süße, gedämpfte Teigtaschen, gefüllt mit Hühnchen, Wachteleiern und anderem. *Bun cha* ist gegrilltes Schweinefleisch mit Suppe, Nudeln, grüner Papaya und Kräutern. Zu fast allen Gerichten wird *nuoc nam* serviert, eine Soße aus kleinen, gesalzenen und vergorenen Fischen, die besser schmeckt, als es sich anhört!

SCHILDKRÖTEN, SCHWERTER UND KAISER

Im Zentrum von Hanoi liegt der hellgrüne Hoan-Kiem-See, eine Oase des Friedens in der hektischen Stadt. Nach einer Legende gab Kaiser *Le Loi* nach dem Sieg über die Chinesen sein goldenes Schwert an den goldenen Schildkrötengott Kim Qui zurück. Bis zum Januar 2016 schwamm die seltene Weichschildkröte *Cu Rua* (Großer Schildkrötengroßvater) langsam durch den See. Inzwischen ist sie verstorben; sie soll die einzige ihrer Art gewesen sein.

HOCHFLIEGENDE DRACHENSTADT

Seit 5000 Jahren leben Menschen am Ufer des Riten-Flusses. Die Königreiche, Kulturen, Eroberer, Religionen und Siedler wechselten so oft ab, dass es schier unmöglich ist, alle zu nennen! Offiziell wurde die Hauptstadt Vietnams 1010 n.Chr. von Kaiser *Ly Thai To* gegründet; er nannte die Stadt Thang Long („Aufsteigender Drache").

AUF DEM WASSER GEHEN?

Beim *Thang-Long*-Puppentheater in Hanoi glaubt man seinen Augen nicht zu trauen: Die bunt bemalten Holzpuppen tanzen, hüpfen und laufen auf dem Wasser! Die bis zu 15 kg schweren, lackierten Holzpuppen stehen auf dicken Bambusrohren und werden von erfahrenen Puppenspielern, die hinter einem bemalten Schirm stehen, an Schnüren bewegt. Wasserpuppenspiele finden in Vietnam schon seit fast tausend Jahren statt, früher in gefluteten Reisfeldern.

AUF DEM MOTORRAD DURCHS CHAOS

Rund um die Uhr verstopfen Hunderttausende von Autos, Bussen, Fahrrädern, Pferdekarren und Fahrradtaxis die Straßen Hanois. Am beliebtesten sind Motorräder – vier Millionen fahren durch die Stadt. An jeder Kreuzung knattern Schwärme von Motorrädern, geben Gas, ruckeln vorwärts, blasen Abgase in die Luft und warten auf Grün. Es ist nicht ungewöhnlich, dass ganze Familien auf einem Rad sitzen: die Erwachsenen vorn, die Kinder klammern sich hinten fest. Natürlich werden damit auch Schweine, Hühner, Enten, Eier, Körbe und Fernseher transportiert.

FRANKREICH IN DEN TROPEN

Viele Fremde wundern sich in Hanoi über französische Traditionen: Bäckereien verkaufen Croissants und Baguette, die Cafés servieren *café au lait* (Milchkaffee) und manche Häuser sehen aus, als wären sie aus einer Pariser Straße hergebeamt. Tatsächlich war Hanoi einst die Hauptstadt des französischen Kolonialgebietes Indochina (1887–1954).

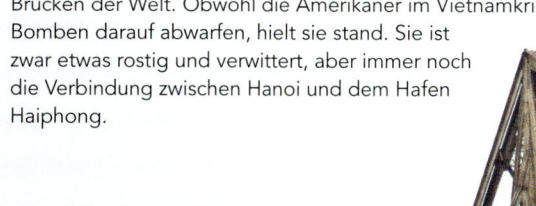

LONG-BIEN-BRÜCKE

Die 2,4 km lange Long-Bien-Brücke über den Roten Fluss ist ein wichtiges Wahrzeichen Hanois. Als sie 1902 erbaut wurde, war sie eine der längsten Brücken der Welt. Obwohl die Amerikaner im Vietnamkrieg mehrfach Bomben darauf abwarfen, hielt sie stand. Sie ist zwar etwas rostig und verwittert, aber immer noch die Verbindung zwischen Hanoi und dem Hafen Haiphong.

MANILA
PHILIPPINEN, Asien

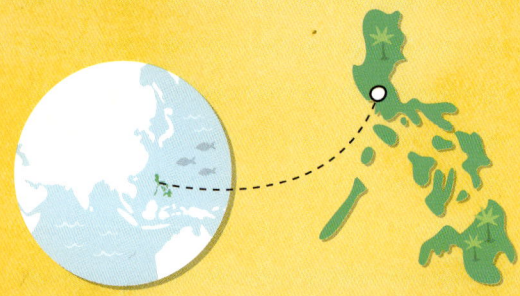

Manila, die Hauptstadt der Philippinen, ist eine riesige, gewaltige Metropole, die sich schier endlos ausbreitet. Sie bietet beeindruckende Kolonialgebäude, tatkräftige Einwohner und eine erstaunliche Küche. Unter der glitzernden, modernen Oberfläche schlummert ein Schatz aus Menschen, Farben, Kulturen und Tradition.

ZIEMLICH BEENGT

Ausgehend vom Zentrum breitet sich Metro-Manila als enormer Ballungsraum immer weiter aus. In der Mega-Stadt leben 22 Millionen, Tendenz steigend. Im alten Zentrum Manilas wohnen 43.000 Menschen pro km² – die am dichtesten besiedelte Stadt der Welt. Ein Umzug in die Vorstädte würde nichts bringen. Die beiden nächsten am dichtesten besiedelten Städte sind Pateros und Caloocam – beide liegen in der Region Metro-Manila!

STIERKAMPF IN DEN TROPEN

Viele Gebäude in *Intramuros*, dem ältesten Teil Manilas, sind mit Statuen von spanischen Königen und Königinnen verziert. Manila war über 300 Jahre lang Hauptstadt der spanischen Kolonie Philippinen – sogar der Name „Philippinen" geht auf den spanischen König Philipp II. zurück. Das berühmteste Gebäude von Intramuros ist die Kathedrale. Sie wurde 1581 gebaut, musste aber nach Zerstörungen in Kriegen und Erdbeben siebenmal neu gebaut werden. Auf dem Platz vor der Kathedrale fanden früher Stierkämpfe statt.

KRASSES ESSEN

Wer ein typisches Manila-Menü bestellt, braucht gute Nerven. Die Stadtbewohner sind mit *balut* (gekochtes Entenei mit dem ungeschlüpften Küken darin), *betamax* (geronnenes Hühnerblut, über Holzkohle gegrillt) oder *sisig* (gehackter Schweinekopf und -ohren mit Hühnerleber) aufgewachsen und wissen, was sie erwartet. Fremde brauchen eine Zeitlang, bis sie sich daran gewöhnt haben!

DIE GROSSARTIGEN MENSCHEN VON PAYATAS

Manila ist Hauptstadt eines Landes, das immer noch nach einem Weg aus der Armut sucht. Das wird besonders deutlich im Stadtviertel Payatas. Es ist bekannt für seine enorme Müllkippe, auf der über 80.000 Menschen leben. Millionen Tonnen aufgetürmter Müll sind eine sehr gefährliche Umgebung. Immer wieder bricht Feuer aus und bei einer Abrutschung starben 1998 über 200 Menschen. Dennoch ist diese Müllkippe für viele Menschen der einzige Weg, um am Leben zu bleiben. Die Müllsammler von Pataya sind erfindungsreich und gut organisiert. Sie haben sogar eine eigene Fußballmannschaft.

WAS BRAUCHST DU? WIR HABEN ES

Was man in Manila nicht bekommt, bekommt man wahrscheinlich nirgendwo! Hier wird alles verkauft, was es gibt – Hühnerköpfe, gefälschte Handys, Marken-T-Shirts und exotische Früchte von der Schubkarre. Der Divisoria-Markt in Chinatown ist ein riesiges, lautes, überwältigendes Labyrinth. Selbst wenn du morgens bis abends unterwegs bist, kannst du nicht alle Stände sehen.

DAS UNTERIRDISCHE MANILA

Unter der *Bonifacio Global City* – ein modernes Viertel mit Wolkenkratzern und Geschäftsleuten – breitet sich ein ausgedehntes Tunnelsystem aus. Die 32 Kammern wurden 1910 von den Amerikanern unter dem Militärkomplex Fort McKinley in den Felsen gegraben. Als die Japaner 1942 in Manila einmarschierten, übernahmen sie auch die Tunnel. Nach der Unabhängigkeit des Landes (1946) wurden sie zusammen mit der Festung den Filipinos übertragen. Das Tunnelsystem ist nicht öffentlich zugänglich, doch die geheimen Eingänge sind hinter nicht bezeichneten Gittern und Toren überall im Geschäftsviertel noch vorhanden.

TOKIO
JAPAN, Asien

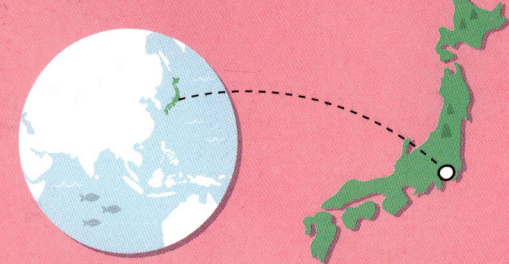

Tokio ist eine Stadt der Superlative, die größte, schnellste, protzigste Stadt der Erde und wohl niemand hat alles gesehen. Die Metropole erwacht mit den Fischern, die ihre Waren auf dem Tsukiji-Markt anpreisen, den ganzen Tag über surren die Pendelzüge, nachts feuern die Fans die Sumo-Ringer an oder verbringen ihre Zeit beim Beat der Karaoke-Bars.

WER BIETET MEHR?

Der Tsukiji-Fischmarkt gehört zu den wichtigsten Sehenswürdigkeiten der Stadt. Auf dem größten Fischmarkt der Welt werden jedes Jahr 700.000 t Meeresfrüchte für die Mega-City verkauft. Das großartige Spektakel war bei Touristen so beliebt, dass die Fischauktionen vor Tages- anbruch – hier wechseln die besten Fische, vor allem riesige Thunfische, den Besitzer – für Fremde gesperrt wurden. Die besten Fische bringen so große Summen, dass Studenten ein Fischerboot mieten und mit dem Erlös der Fänge die Zeit zwischen Schule und Studium finanzieren.

HÄLTST DU DIE HITZE AUS?

Die heißen Quellen (onsen) Tokios sind das beste Gegenmittel für den hektischen Puls der Stadt. Ganz Japan ist vulkanisch und geothermisch aktiv; die Hitze speist Tausende von heißen Mineralquellen. Die Einwohner Tokios relaxen seit Hunderten von Jahren in den natürlichen Quellen, entweder mit Kollegen oder Freunden und Familie. Die Mineralien sind wohltuend; die Stadtbewohner suchen die Onsen auf, um alle Arten von Schmerzen zu lindern.

TOKIO IN ZAHLEN

Kosten für eine Nacht im teuersten Hotel	1 Mio. Yen (7500 Euro)
Zahl der Automaten	über 400.000
Menüpreis im teuersten Restaurant	50.000 Yen (380 Euro)
Tage im Jahr, an denen der Mt. Fuji von der Stadt aus sichtbar ist	79
Anteil der in Japan geborenen Einwohner	97,5 %

SUPERSTÄDTE

Eine Stadt mit mindestens 10 Mio. Einwohnern zählt als „Mega-City". Inzwischen
überschreiten immer mehr Städte überall
auf der Welt diesen Grenzwert, doch Tokio
ist mit über 37 Mio. Einwohnern die Mutter
aller Mega-Citys. Die Region „Groß-Tokio"
reicht bis nach Yokohama. Dieses
ehemals verschlafene Fischerdorf
ist inzwischen eine wichtige
Hafenstadt.

ZÜGE STOPFEN

Tokios Metro-System ist
unfassbar kompliziert. Eigentlich
besteht es aus drei verschiedenen
Systemen mit einem über 300 km langen
Schienennetz. Die pausenlos fahrenden Züge
transportieren 3,2 Milliarden (wirklich!) jährlich.
In der Rushhour sind die Züge so voll, dass
spezielle oshiya („Zügestopfer") mit weißen
Handschuhen die Menschen in die Waggons
quetschen – so viele wie irgend möglich.

ZENTRUM DER SUMO-RINGER

Japan ist berühmt für seine Sumo-
Ringer. Wenn die Stars in Tokio
gegeneinander antreten, strömen
die Sumo-Fans in die *Ryogoku
Kokugikan* (Nationale Sumo-
Halle). Die massigen Kämpfer
(rikishi) versuchen, ihren Gegner
aus dem Ring zu werfen;
verloren hat auch, wer den
Boden mit etwas anderem als
den Fußsohlen berührt. Das
sieht einfacher aus, als es ist: Das
Rikishi-Training beginnt schon als
Kind und das Kampfgewicht von
200 kg zu halten, ist auch nicht
einfach. Rikishis essen täglich zwei
Riesenmahlzeiten mit mindestens
10.000 Kalorien. Der Ursprung von
Sumo geht auf den *Shintoismus*,
die Nationalreligion Japans,
zurück.

TOKIO

Tokio erinnert an einen Science-Fiction-Film. In Vierteln wie Shinjuku, Ginza und Harajuku ziehen sich Neonreklamen – blinkende Symbole, Cartoonfiguren oder Zahlen – an den Gebäuden hoch. Wenn die Sonne aufgeht, sorgen die Kids für noch mehr Farbe, wenn sie mit ihren fantasievollen, verrückten Outfits herumstolzieren.

WAHNSINNSMASCHINEN

In einer Stadt, die niemals schläft, verlassen sich die Menschen darauf, jederzeit alles zu bekommen, was sie brauchen. An jeder Ecke stehen Münzautomaten, die an jedem Tag rund um die Uhr (fast) alles anbieten, was der Kunde wünscht: frische Eier, Reis, heiße Ofenkartoffeln und sogar Salat – ein Knopfdruck genügt.

KATZENCAFÉ

Und wie chillen die Einwohner der größten und geschäftigsten Stadt der Welt? Viele gehen in ein Café, genießen einen Snack und ein Getränk und bezahlen dafür, einen der pelzigen Freunde streicheln zu dürfen. Zu Hause ist das kaum möglich, denn in vielen Wohnungen dürfen keine Haustiere gehalten werden. Manche Cafés bieten sogar seltene Katzen und Manga-Comics für ihre Kunden an.

LEBEN IM SCHUHKARTON

Der *Nakagin Capsule Tower* ist das beste Beispiel für die einfallsreiche, futuristische Architektur Tokios. Der Wohnturm wurde von dem Architekten Kisho Kurokawa als Wohn- und Arbeitsstätte entworfen. Er erinnert an einen Haufen übereinander gestapelter Waschmaschinen. Die Zimmer sind tatsächlich so klein, wie sie aussehen – 10 m² und ein Badezimmer so winzig wie eine Flugzeugtoilette. Es ist geplant, den Turm einzureißen oder ihn als Beispiel für Design zu erhalten und modernen Bedürfnissen anzupassen. Noch kann man einen Raum in diesem unglaublichen Komplex mieten.

GEDRÄNGE IN SHIBUYA

Die Straßen um den U-Bahn-Ausgang *Hachiko* an der Haltestelle *Shibuya* sind besonders überwältigend. In der Nacht glitzern Wahnsinnsreklamen und auf riesigen Videobildschirmen flimmern Lichter und Clips. Auch die Straßenszenen sind faszinierend, wenn unter den Neonleuchten im Minutentakt Tausende von Menschen über den *Scramble* strömen – die verkehrsreichste Fußgängerkreuzung der Welt.

HARAJUKU

Im Harajuku-Viertel will jeder auffallen! Hier treffen sich Tokios Teenies und präsentieren ihre fantasievollen Outfits – die Kleidung wird ständig ausgefallener und unmöglicher. Manche tragen enorme Plattformschuhe, leuchtend pinke Tutus und verrückte, vielfarbige Extensions. Die „cosplay"-Fans (cos, „Kostüm" und play, „spielen") tragen die Kostüme ihrer Lieblings-Actionhelden und Comic-Schurken. Je perfekter das Kostüm – mit Masken, Flügel und Laserpistolen –, desto besser.

KYOTO
JAPAN, Asien

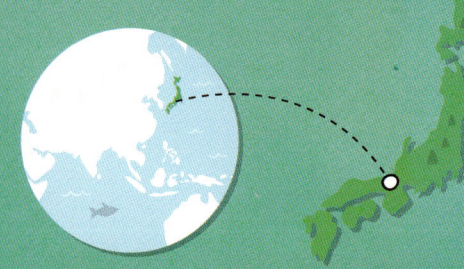

Kyoto, die alte kaiserliche Hauptstadt, ist geprägt von uralten, historischen Traditionen und Architektur. In der Stadt und auf den Bergen der Umgebung stehen Tempel und Schreine, Konditoren stellen Konfekt in der Form blühender Kirschblüten her und hochgeschätzte Geishas trippeln mit weiß gepuderten Gesichtern und roten Lippen elegant die Straßen entlang.

DIE KIRSCHBÄUME BLÜHEN

Im zeitigen Frühjahr, wenn die wunderschönen rosa Kirschblüten *(sakura)* blühen, zeigt Kyoto seine ganze Magie. Die berühmtesten Orte, um diese Pracht beim *hanami* („Kirschblüten betrachten") zu genießen, sind der Maruyama-Park und der Heian-Schrein. Die Menschen feiern die zweiwöchige Kirschblüte ganz entzückt mit Kimonos im Sakura-Muster und Partys unter den Bäumen.

DELIKATE HAPPEN

Japaner legen großen Wert auf gutes Essen und Kyoto hat definitiv eine der besten Küchen des ganzen Landes. Besonders berühmt ist die Kaiseki-Küche: Die Köche zeigen ihre Kunst mit winzigen, wunderschön angerichteten Happen. Ein typisches *Kaiseki*-Menü enthält bis zu 15 Gänge, meist mit *mukozuke* (Sashimi oder roher Fisch), *konomono* (eingelegte Gemüse) und *yakimono* (gegrillter Fisch).

DIE GEISHAS VON GION

Kyoto ist das Zentrum der japanischen Geisha-Kultur; die meisten leben im Gion-Viertel mit traditionellen Stadthäusern aus Holz, Teehäusern und Gärten. Geishas, in Kyoto heißen sie geiko, werden jahrelang in den traditionellen japanischen Künsten unterrichtet, bis sie perfekte Unterhalterinnen sind. Die Mädchen beginnen ihre Ausbildung mit 15 als *maiko*, bis sie schließlich zur geiko werden. Zur Ausbildung gehören Musik, Tanz, Teezeremonie und Konversation. Mit ihren kunstvollen Frisuren, üppigen Kimonos und den auffälligen *kokobo* (hölzerne Sandalen) erinnern sie an lebende Kunstwerke.

EINE ZWEIGETEILTE STADT

Wenn es um den Status geht, ist Tokio im Vergleich mit Kyoto ein Neuling. Kyoto war über tausend Jahre lang, von 794 bis 1868, die Hauptstadt Japans. Die Planer schufen eine quadratische Stadt aus zwei Hälften – die „rechte Hauptstadt" und die „linke Hauptstadt". Eine breite Straße, die auf den Kaiserpalast zulief, trennte die beiden Hälften. Diese perfekte Form (heute unter den modernen Bauten nicht mehr zu erkennen) sollte die ideale Ordnung im Kaiserreich widerspiegeln.

HEILIGES WASSER

Kyoto ist mit mehr als 2000 buddhistischen Tempeln und Shinto-Schreinen ein sehr spiritueller Ort. Shinto ist eine alte japanische Religion; die Gläubigen beten die *kami*-Götter an. Der vielleicht ungewöhnlichste Tempel ist der buddhistische *Kiyomizu-dera* am Hang des Otowa-Berges. Der Schrein wurde vor über 1200 Jahren gegründet, auch wenn die heutigen Bauten „erst" aus dem 17. Jh. stammen. Dennoch gehören sie zu den schönsten Tempelbauten Japans. Aus dem Wasserfall in der Mitte des Tempels trinken die Besucher das heilige Wasser des Otowa.

DIE MÄCHTIGE BURG NIJO

Burg Nijo ist eine der Hauptsehenswürdigkeiten Kyotos. Sie stammt aus der „Zeit der kämpfenden Reiche", als die Warlords im brutalen und gesetzlosen Japan um die Macht stritten. Burg Nijo entstand gegen Ende dieser Periode, zwischen 1601 und 1603. Sie war die Festung des Tokugawa-Shoguns (Militärführer und Oberhaupt der Tokugawa-Familie). Der *Ninomaru*, ein prachtvoller Palast aus Gold und kostbarem Holz, wird durch zwei Mauerringe, einen Wassergraben und mehrere Tore geschützt.

REIZE NIE EINEN SAMURAI

In der Tokugawa-Epoche beschäftigte der Shogun furchtlose Krieger, um seine Feinde zu bekämpfen und die Menschen zu kontrollieren. Diese Samurai lebten nach einem Ehrenkodex (*bushido*). Später wandelten sich die Samurai von Kriegern zu Herrschern, trugen aber immer noch ihr Schwert – wehe, ein gewöhnlicher Mensch zeigte ihnen keinen Respekt! Heute gibt es keine Samurai mehr, aber in Kyoto erinnern viele Orte, wie die Sanjo-Brücke, an die legendären Schwertkämpfer.

PJÖNGJANG

NORDKOREA, Asien

Pjöngjang ist eine faszinierende, aber nur für wenige zugängliche Stadt mit monumentalen Bauten und Volksfesten. Die 1122 v.Chr. gegründete Stadt und das Land werden von der „Partei der Arbeit Koreas" regiert. Die modernen Bauten entstanden nach dem 2. Weltkrieg völlig neu. Hinter dem Pomp gehen die Nordkoreaner ihren täglichen Geschäften nach – Picknick auf dem Moran, Spazieren am Taedong-Fluss und Volleyballspielen in der Mittagspause.

DIE GESCHICHTE DER ZWEI KOREAS

Seit dem Ende des 2. Weltkriegs ist Korea in zwei Länder geteilt. Nach der Trennung brach ein Konflikt zwischen dem Norden (mit Unterstützung Chinas und der ehemaligen Sowjetunion) und dem Süden (unterstützt von den Vereinten Nationen, USA und anderen Ländern) aus. Der Koreakrieg (1950-1953) endete ohne Sieger; er teilte das Land in die Demokratische Volksrepublik Nordkorea und die Republik Südkorea.

ES BLEIBT IN DER FAMILIE

Nordkorea hatte bisher nur drei „Große Führer": Kim Il-sung (er starb 1994), sein Sohn Kim Jong-il (er starb 2011) und sein Enkel Kim Jong-un, der heute das Land führt. Die Einwohner Pjöngjangs verehren die Familie ihrer Führer. Kim Il-sung gilt noch heute, 20 Jahre nach seinem Tod, als Präsident des Landes. Kim Jong-un, der „Große Nachfolger", ist der jüngste Staatschef der Welt. Sein genaues Geburtsdatum ist allerdings unbekannt.

(NOCH) KEIN ZIMMER FREI

Pjöngjang wurde im Koreakrieg stark zerstört und nach einem eleganten Gesamtplan neu aufgebaut. Die Hauptstadt sieht inzwischen mit breiten, geraden Straßen, monumentalen Bauten und jeder Menge eindrucksvoller Statuen großartig aus. Das über 330 m hohe, pyramidenförmige Ryugyong-Hotel ist der größte Hingucker. Es ist allerdings kaum möglich, ein Zimmer zu bekommen. Obwohl daran schon seit 1987 gebaut wird, hat es noch nicht eröffnet.

DER KUMSUSAN-PALAST DER SONNE

Der *Kumsusan_Palast* der Sonne war Regierungsgebäude, dann Palast der Führer Nordkoreas und ist heute das größte Mausoleum der Welt. Als Kim Il-sung starb, der erste Führer des Landes, gab sein Sohn angeblich 75 Mio. Euro aus, um es zum Grabmal des Großen Führers umzubauen. Nun liegen hier die einbalsamierten Leichname von Vater und Sohn unter Glas. Die Besucher gleiten langsam auf einem Rollsteig daran vorbei.

KOREA-KARAOKE

Die Einwohner von Pjöngjang singen gerne und die meisten Bars haben eine Karaoke-Maschine. Am liebsten singen sie zur Musik bekannter westlicher Stars wie den Beatles oder Celine Dion, aber es gibt auch die koreanische Mädchenband *Moranbong*. Angeblich wurden alle Bandmitglieder persönlich von Kim Jong-un ausgesucht. Alle singen und spielen ein Instrument.

HUNGRIG IN PJÖNGJANG?

Die meisten Gerichte Pjöngjangs bestehen aus Reis, Nudeln, eingelegtem und frischem Gemüse mit wenig Fleisch. In allen Restaurants der Stadt wird Kimchi serviert. Kimchi enthält gewöhnlich Kohl und verschiedene Gemüse, die mit Chili und Salz vergoren werden. Kimchi ist sehr scharf, köstlich und darf auf keinem Tisch fehlen.

RUNGNADO-STADION DES ERSTEN MAI

In Pjöngjang steht das größte Stadion der Welt, das für die öffentlichen Veranstaltungen der Regierung gebaut wurde. Das Rungnado-Stadion des 1. Mai fasst 150.000 Menschen, doppelt so viel wie das Stadion von Bayern München. Im Stadion finden Fußballspiele, Leichtathletik und das nordkoreanische Arirang-Festival mit Massengymnastik und Artistik statt.

SEOUL
SÜDKOREA, Asien

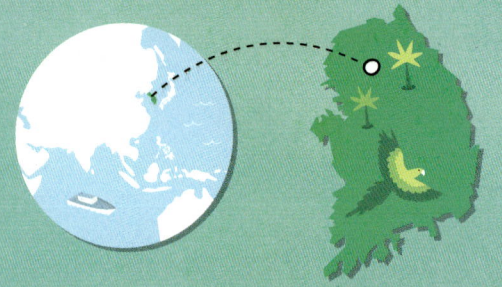

DER WERT DES GELDES

Die Jugendlichen lernen früh, dass man nichts geschenkt bekommt. Sie müssen hart arbeiten und für ihre Zukunft selbst verantwortlich sein. Für einen guten Schulabschluss gehen viele bis Mitternacht auf die „Paukschule" (*Hagwon*). Sie lernen den Wert des Geldes kennen, werden zum Sparen ermuntert und lernen, mit den Straßenhändlern um einen guten Preis zu feilschen.

Seoul ist eine asiatische Erfolgsgeschichte. Seit die Stadt in den 1950er-Jahren Hauptstadt Südkoreas wurde, sind Größe und Reichtum explodiert. Man lebt gut in dieser historischen, aber nach vorn blickenden Stadt. Zwischen glitzernden Hochhäusern, digitalen Bildschirmen und hellen Neonreklamen stehen klassische Pagoden und Teehäuser – *Seoul Special City*, der offizielle Name stimmt.

DER BACH FLIESST… WIEDER

Ein besonders eindrucksvolles Zeichen für den modernen Reichtum Seouls ist der Chonggyecheon, ein Bach, der durch die City fließt. Als die Stadt wuchs, wurde er zubetoniert und eine Straße darüber gebaut. Als die Behörden 2003 merkten, dass ein wichtiges Stück Natur fehlte, rissen sie den Beton wieder ein und verlegten die Straße. Heute zieht sich wieder ein 11 km langer, sauberer Bach durch Parks und öffentliche Anlagen mitten durch die Stadt. Und zu welchem Preis? Fast 300 Mio. Euro!

TAXIS MIT FARBKENNUNG

Hunderte von Taxis brummen durch die Straßen der geschäftigen Hauptstadt. Als Service für Fahrgäste benutzen sie einen Farbcode: Sichere Luxustaxis mit besseren Fahrern sind schwarz mit einem Goldstreifen, normale weiß mit Silber. Die Taxis für Fremde, die kein Koreanisch sprechen, sind leuchtend orange mit dem Maskottchen von Seoul – der Feuer fressende Hund Haechi – auf der Seite.

DER CHANGDEOKGUNG-PALAST

Changdeokgung ist einer der fünf Paläste aus der Joseon-Dynastie des 14. Jhs. Es ist ein 44,5 ha großer Komplex mit Königshallen, Tortürmen, Bibliotheken, Privatgemächern und atemberaubend schönen Gärten. Leider ist der Palast im Laufe seiner Geschichte mehrfach abgebrannt oder wurde stark beschädigt, wurde aber jedes Mal nach den Originalplänen genau rekonstruiert.

VORNEHM WOHNEN

Fast die Hälfte von Süd-
koreas Bürgern lebt in der
Hauptstadtregion Seoul,
dem fünftgrößten Ballungsraum der Welt – das sind
mehr Menschen als in ganz
Australien. Die meisten
wohnen in Appartements
großer Hochhäuser. Der
Samsung Tower Palace ist
mit 72 Stockwerken der
höchste Wohnkomplex in
ganz Asien.

DONGDAEMUN DESIGN PLAZA

Die 2014 eröffnete *Dongdaemun Design
Plaza* ist ein futuristisches Gebäude, mit
neuesten koreanischen und internationalen
Designprodukten. Es gibt Ausstellungs- und
Konferenzräume, Ingenieure und Erfinder
entwickeln in Werkstätten neue Produkte.
Die Besucher können die neuesten Teile mit
gutem Design in den Shops kaufen.

VERNETZTES WUNDERLAND

Südkorea ist eines der technologisch
fortschrittlichsten Länder der Erde
und Seoul wahrscheinlich die am besten verkabelte Stadt des Planeten. Erstaunliche 95% aller Haushalte haben
Internetanschluss – WLAN sogar in
der U-Bahn! Überall in der Stadt gibt
es digitale Displays. An den Bürger-
steigen stehen spezielle Media Poles,
wo sich die Passanten auf Displays
informieren können.

K-POP KULTUR

Fans der Popmusik
müssen keine
englischen oder
amerikanischen Charts
hören – Korea hat
einen eigenen Stil. Der
K-Pop (Korea-Pop), den
Gruppen wie *EXO* oder
2NE1 spielen, ist bunt,
gespickt mit Tanznummern.
Das Video von *Psy* im
Gangnam Style – so heißt
eines der Stadtviertel – war
das häufigste, jemals auf
YouTube angeklickte Video.

DARWIN
AUSTRALIEN, Australien & Ozeanien

Das schwüle, abgelegene, multikulturelle Darwin ist Australiens einzige Stadt in den Tropen. Dieser Außenposten ist näher an Asien als an Sydney; hier herrscht eine ganz spezielle Atmosphäre. Darwin ist umgeben von Natur und ihr ausgeliefert – Nationalparks, aber auch zerstörerische Zyklone oder die üblen Salzwasserkrokodile, die im Hafen jagen und sich verstecken.

ICH RUFE AUSTRALIEN...

Bevor es Telefone oder das Internet gab, lief Australiens wichtigste Verbindung zur Welt über Darwin. Hier begann die 3200 km lange, 1872 fertiggestellte Überland-Telegraphenlinie vom Norden zum Süden des Kontinents. Sie verband Adelaide mit Darwin und verlief als Seekabel weiter bis Java (Indonesien). Über diese Leitung hatte Australien eine schnelle Verbindung zum Rest der Welt.

DARWIN

DER GHAN HAT (MÄCHTIG) VERSPÄTUNG

In Darwin endet die Reise des Ghans, eine der großartigsten Bahnlinien der Welt. Sie verläuft fast 3000 km lang mitten durch den Kontinent. Der Zug trug zuerst den Spitznamen „Afghanistan-Express", denn afghanische Kameltreiber halfen dabei, das wüstenhafte Innere Australiens zu erschließen. Der Bau der Bahnlinie, die den Kontinent überqueren sollte, begann in den 1880er-Jahren. Es sollte allerdings 120 Jahre (bis 2004) dauern, bis die Linie endlich Darwin erreichte.

KATASTROPHEN-TRACY

Darwin wurde unglücklicherweise von einer der schlimmsten Naturkatastrophen in der australischen Geschichte erwischt. Weihnachten 1974 schlug der Zyklon Tracy zu, der schlimmste Wirbelsturm, den man sich vorstellen konnte. Er raste mit 200 km/h über Darwin hinweg und zerstörte 70% aller Gebäude, 66 Menschen starben. Das heutige Darwin ist fast völlig neu, denn die Stadt musste komplett neu gebaut werden.

LARRAKIA-LAND

Die Larrakia sind die ältesten Bewohner Darwins. Der Stamm lebt seit Zehntausenden von Jahren in der Region. Wegen ihrer engen Bindung ans Meer, die Strände und Mangroven des üppigen Landes werden sie auch die „Salzwasserleute" genannt. Heute stellen sie eine eigene Aborigines-Nation mit etwa 2000 Mitgliedern und einer eigenen Radiostation, dem Radio Larrakia 94.5 FM.

Australia — Bombing of Darwin 1942 — 45c

AN DER FRONT

Darwin ist eine der wenigen australischen Städte, die in Kriege verwickelt waren. Es war im 2. Weltkrieg die wichtigste Basis der Alliierten gegen Japan. Am 19. Februar 1942 griffen die Japaner Darwin mit 188 Kampfflugzeugen und Bombern an. In zwei Angriffswellen wurden 243 Menschen getötet, acht Schiffe versenkt und 20 Flugzeuge zerstört.

ADELAIDE

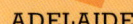

TROPISCHE TAGE

Darwin ist ein Tropenparadies mit nur zwei Jahreszeiten: Die „feuchte" dauert von November bis April, die „trockene" von Mai bis Oktober. In der Stadt wird es selten kälter als 17°C oder heißer als 33°C. Die Strände und Flussmündungen werden von grünen Mangroven, Palmen, Mangos und Frangipani-Bäumen gesäumt. Weiter im Landesinneren liegen unberührte Naturparks, wie Kakadu und Litchfield. Kein Wunder, dass die Einwohner viel Zeit im Freien verbringen.

STADT DER „SALTIES"

Im Northern Territory leben über 100.000 Salzwasserkrokodile (*salties*), die größten und aggressivsten Krokodile der Erde. Diese bis 6 m langen Raubtiere einer uralten Tiergruppe fühlen sich in den Mangroven und Schlammbänken des Darwiner Hafens zu Hause. Die Verwaltung versucht zwar, die Krokodile von bewohnten Gegenden fernzuhalten, aber bei der höchsten Krokodildichte der Erde taucht immer mal wieder eins auf. Vor Kurzem gelang einem Kitesurfer gerade noch die Flucht, als ein 2,50 m langes Saltie plötzlich hungrig wurde.

PERTH

AUSTRALIEN, Australien & Ozeanien

Perth ist sonnig, seine Bewohner sind locker und Frischluftfanatiker. Es gibt viel Platz – die stolze Hauptstadt von Westaustralien regiert über einen Staat, in den fast ganz Westeuropa hineinpasst! Am Swan, der mitten durch die Stadt fließt, treffen sich die Perther zum Schwimmen, Segeln oder um einfach mal ein paar Garnelen auf den Grill zu werfen.

SONNE, SAND UND SURFEN

Perth ist mit durchschnittlich acht Sonnenstunden pro Tag die sonnigste Hauptstadt der Erde! Bei so einem Klima, dazu 19 herrlichen Stränden ist es kein Wunder, dass Surfer die Stadt und ihre Küste lieben. Trigg, Scarborough, Brighton und South Cottesloe sind beliebte Surfreviere. Die Surfer, die hier den Kick suchen, lassen sich auch nicht vom perfektesten Killer der Natur abschrecken – dem Weißen Hai.

SAG' „CHEESE", QUOKKA

Perth ist bekannt für seine großartige Natur, von Waranen über Australische Kraniche bis zu verspielten Delfinen. Westaustralien ist ein Hotspot der Biodiversität, mit unzähligen Blumen-, Pflanzen- und Tierarten. In der Stadt leben allein 71 Reptilienarten, mehr als in jeder anderen Stadtregion der Welt. Perth ist berühmt für die liebenswerten Quokkas, kleine, pelzige Beuteltiere, die auf Rottnest Island leben. Sie sind so freundlich, dass Selfies mit ihnen zum Hit auf Twitter wurden.

KLEINE NIPPERS

Nach der Schule und an Wochenenden treffen sich die *Junior Surf Lifesavers* (junge Surf-Lebensretter) an den Stränden von Perth. Die fünf- bis dreizehnjährigen „Nippers" springen ins Wasser, lernen Schwimmen, Surfen und wie man Surfern das Leben rettet. Jeder Lebensretter-Club hat eine Jugendabteilung. Verschiedenfarbige Badekappen verraten Alter und Ausbildungsstand der Kinder.

WAS FÜR EIN GLOCKENSPIEL!!

Die Ufer des Swans scheinen ein ungewöhnlicher Platz für eines der größten Musikinstrumente der Welt zu sein, doch genau das das sind die Swan Bells. In einem 82,50 m hohen Turm hängen 18 massive Glocken. Der Turm aus Glas und Kupfer entstand zum 200-jährigen Jubiläum der Besiedlung Australiens durch Europäer. Wenn die *Swan-Glocken* läuten, sind sie kilometerweit zu hören.

STRAND VON TRIGG

STRAND VON SCARBOROUGH

STRAND VON BRIGHTON

ROTTNEST

STRAND VON SOUTH COTTESLOE

SWAN BELLS

KINGS PARK

PERTH ZOO

SWAN

VON INSEL ZU INSEL

Die *Noongar* leben seit langer Zeit in Perth – tatsächlich seit Zehntausenden von Jahren. Ihre Lieder und Legenden erinnern an eine Zeit, als die Menschen trockenen Fußes auf die Inseln vor der Küste wandern konnten. Während der letzten Eiszeit, vor 12.000 Jahren, war der Meeresspiegel tiefer. Heute liegen die sandigen Inseln Rottnest, Garden und Carnac mehrere Kilometer vor der Küste Westaustraliens.

MEILENWEIT AB VON ALLEM

Perth ist eine reiche Oase mit Stränden und Parks zwischen dem Indischen Ozean und der Wüste. Die Bewohner halten Perth zwar für die abgelegenste Hauptstadt der Erde, doch diese Ehre gebührt Honolulu, der Hauptstadt von Hawaii. Immerhin kommt Perth auf Platz Nummer zwei: Bis Sydney und Melbourne im Osten des Landes sind es vier Flugstunden oder zwei Tage Autofahrt ohne Zwischenstopp durch ödes Outback. In der Tat liegt Perth in einer anderen Zeitzone als der Rest Australiens.

BALLARAT
AUSTRALIEN, Australien & Ozeanien

Ballarat ist die größte Stadt im Landesinneren von Victoria. In den 1850er-Jahren wurde das verschlafene Städtchen zur Legende! Es war das Zentrum des größten Goldrausches der Geschichte. Die herrlichen viktorianischen Häuser, hübsche botanische Gärten und breite Straßen zeugen heute noch vom Reichtum, den die Goldgräber aus dem Boden holten.

⭐1 GOLD

Edward Hargraves, der schon 1849 beim Goldrausch in Kalifornien dabei war, entdeckte als erster Gold in Australien. Da ihn die Landschaft bei Bathurst in New South Wales an Kalifornien erinnerte, griff er sich einen Spaten und fing an zu graben. Er stieß auf Gold und veränderte die Geschichte. Als auch weiter im Süden in Victoria Gold entdeckt wurde, begann der Goldrausch!

⭐2 ZELTSTADT

In den 1850er-Jahren dauerte es eine Zeitlang, bis die Nachricht die Runde machte, aber das magische Wort „Gold" verbreitete sich rasch genug in der Welt. Hunderttausende von Goldsuchern strömten ins Land. An den Fundstätten gab es für die rasch wachsende Bevölkerung nicht genug Häuser. Als 1851 Gold bei Poverty Point gefunden wurde, verwandelte sich die Schaffarm Ballarat über Nacht in eine Zeltstadt.

⭐3 WACHSENDER UNMUT

Die meisten Neuankömmlinge in der „Goldenen Stadt" hatten es schwer und nur wenige wurden reich. Das Gold an der Oberfläche war rasch erschöpft, sodass die Goldsucher es aus den Flüssen waschen mussten. Andere gruben tiefe Schächte, um ein paar Nuggets zu finden. Zu allem Unglück mussten sie teure Schürflizenzen erwerben. Zwei- oder dreimal pro Woche streiften Soldaten durch die Gegend und verhafteten jeden, der keine Lizenz vorweisen konnte.

4 EUREKA!

Als im Eureka-Hotel ein Goldgräber getötet und der Mörder nicht vor Gericht gestellt wurde, brach Gewalt los. Die Männer griffen nach den Gewehren, bauten eine Barrikade aus Holzpfählen und Pferdekarren und schworen der Flagge von Eureka Treue – ein weißes Kreuz mit Sternen auf blauem Untergrund. Am 3. Dezember 1854 durchbrachen Regierungstruppen nach kurzem, blutigem Kampf die Barrikade. Innerhalb von zehn Minuten wurden 34 Goldgräber getötet oder verwundet – der Aufstand war zu Ende.

SOVEREIGN HILL

Die schillernde Vergangenheit hatte Ballarat geprägt – 1970 wurde die Goldgräberstadt komplett mit Läden, Schule und Bergwerken nachgebaut. Das faszinierende Freilichtmuseum Sovereign Hill gibt einen Einblick in die verrückten Tage, als alle auf schnellen Reichtum hofften. Die Besucher können Gold kaufen, über staubige Straßen schlendern oder mit der Pferdekutsche fahren.

5 ALLES FÜR NICHTS?

Die Toten von Eureka waren aber nicht ganz umsonst gestorben. Drei Jahre später verlieh das Parlament von Victoria allen weißen Männern der Kolonie das Wahlrecht, vielleicht als direkte Folge des Aufstandes. Heute steht am Ort des Eureka-Aufstandes das *Museum of Australian Democracy*. Es stellt den Aufstand als inspirierendes Beispiel für tapfere Männer dar, die ihre Angelegenheiten selbst regelten, als die Justiz versagte.

BALLARAT HEUTE

Das moderne Ballarat ist eine friedliche Provinzstadt. Der Goldrausch ist längst vergessen, aber noch erinnert vieles an die wilden alten Zeiten. Im Stadtzentrum stehen großartige viktorianische Häuser und viele Denkmale überall in Ballarat erinnern an die tapferen Rebellen. Die Flagge von Eureka weht übrigens immer noch.

MELBOURNE
AUSTRALIEN, Australien & Ozeanien

Melbourne ist einzigartig – eine stolze australische Stadt mit cooler, europäischer Atmosphäre. Trotz ihrer erst jungen Geschichte hat sich Melbourne als wohlhabende Stadt einen Namen gemacht, die Künste und Sport gleichermaßen liebt. Kinder sind glücklich im Luna Park, Straßenbahnen rattern durch die Straßen und Boote kreuzen auf dem Yarra.

GÄSTE, DIE BLEIBEN

Melbourne wurde von britischen Sträflingen und Einwanderern gegründet und ist eine Einwanderungsstadt. Mit Griechen, Italienern, Chinesen, Libanesen, Vietnamesen, Türken, Indern, Äthiopiern, Somaliern, Malaysiern, Indonesiern und anderen mehr ist sie eine Welt im Kleinen. In der Stadt leben Menschen aus über 200 Ländern und über ein Viertel der Einwohner wurde in anderen Ländern geboren.

WO DIE VÖGEL NICHT FLIEGEN...

In Australien leben viele Emus und Kasuare, doch manche flugunfähigen Vögel tauchen nur in Melbourne auf – beim *Moomba-Birdman*. Jeden März versuchen Teilnehmer, mit fantasievollen, selbst gebauten Flug- und Gleitmaschinen von einem Ponton über den *Yarra* zu „fliegen". Natürlich landet irgendwann jeder im Fluss, aber das hält sie nicht ab, im nächsten Jahr noch einmal zu starten. Moomba bedeutet übrigens „auf den Hintern". Angeblich haben lokale Aborigines den Namen als Witz verwendet, aber er gefiel den Melbournern so gut, dass sie ihn übernommen haben.

...DAS ESSEN ABER SCHON

In Melbourne bekommst du Essen auf eine einmalig bizarre Weise serviert – als *jafflechute*. Der Jafflechute ist tatsächlich verrückt. Es ist ein getoastetes Sandwich (jaffle sagen die Melbourner) an einem Fallschirm (*parachute*). Die hungrigen Kunden bestellen online und geben die gewünschte Lieferzeit an. Wenn es so weit ist, stellen sie sich auf ein „X" auf dem Bürgersteig vor dem *Jafflechute*-Gebäude. Nach einer Weile trudelt das Sandwich am Fallschirm vom Gebäude herab. Cool eben!

WILLIAM BUCKLEY

William Buckley kam 1803 als Strafgefangener aus England nach Victoria, konnte aber entkommen. Er lebte 32 Jahre lang beim Aborigines-Stamm der *Wathaurung*. Als die Europäer später „Port Philip District" – so hieß Melbourne zuerst – gründeten, staunten sie nicht schlecht, als Buckley, in Kängurufelle gekleidet, dort aufkreuzte. Die Chancen für einen Engländer, so lange im Busch zu überleben, waren damals so gering, dass die Melbourner noch heute sagen, die „Chancen stehen so gut wie für Buckley". Damit meinen sie, dass die Aussichten gleich Null sind.

EIN SPORTZENTRUM

Die Melbourner lieben Sport über alles. Hier wurde das wichtigste Spiel des Landes erfunden, der *Australian Rules Football* (AFL) – 18 der Top-Teams spielen in der Stadt. Die wichtigsten AFL-Spiele finden im größten und berühmtesten Stadion des Landes statt, dem Melbourne Cricket Ground (MCG). Im MGC kam es zum ersten Testspiel zwischen der australischen und englischen Cricketmannschaft. Und das war erst der Anfang. Die Australian Open im Tennis, der Formel-1 Grand Prix, der Melbourne Cup (Australiens größtes Pferderennen) und ein Dutzend anderer Veranstaltungen zeigen, wie weit die Sportbesessenheit der Melbourner reicht.

MELBOURNE 38.000 V.CHR.

Melbournes moderne Geschichte reicht nur bis 1835 zurück, doch die ersten Menschen lebten hier schon vor fast 40.000 Jahren! Die *Kulin* waren eine Gruppe aus fünf unterschiedlichen Stämmen der Aborigines. Sie siedelten schon lange vor dem Aufstieg und Fall Ägyptens, Mesopotamiens und anderer Hochkulturen in dieser Region.

GASSEN, GRAFFITIS UND CAFÉS

Melbourne ist bekannt für seine künstlerische, entspannte Atmosphäre. An jeder Ecke scheint ein Café zu sein, in dem sich die Melbourner auf einen Kaffee oder zum Frühstück treffen. Das gesamte Stadtzentrum wird von kleinen Gässchen durchzogen, die eher an Freiluft-Galerien als an Straßen erinnern. Die Stadt unterstützt die Graffiti-Künstler, die nackten Mauern mit Wandbildern zu bemalen, die inzwischen von Menschen aus der ganzen Welt bestaunt werden.

SYDNEY

AUSTRALIEN, Australien & Ozeanien

Sydney ist das unbestrittene Juwel in Australiens Krone. Die herrliche Metropole schmiegt sich an die Küste des weltweit größten Naturhafens. Die berühmten Wahrzeichen glänzen in der Sonne, Surfer drängen sich an den Stränden und die Restaurants servieren köstliche Gerichte. Und dazu gehen die lebenslustigen Bewohner ihren täglichen Geschäften nach.

MRS. MACQUARIE'S CHAIR

OPERNHAUS VON SYDNEY

DIE HAFENBRÜCKE

MRS. MACQUARIE'S CHAIR

Vom Macquarie Point an der Westecke des Königlichen Botanischen Gartens bietet sich einer der schönsten Blicke über die Stadt. Gouverneur Lachlan Macquarie ließ den Sitz für seine Frau Elizabeth aus dem Sandstein meißeln. Angeblich saß die Lady gerne hier, um die englischen Schiffe zu beobachten, die in den Hafen einliefen – kein schlechter Platz, denn man sieht die Harbour Bridge, die Docks der Marine und die Berge in der Ferne.

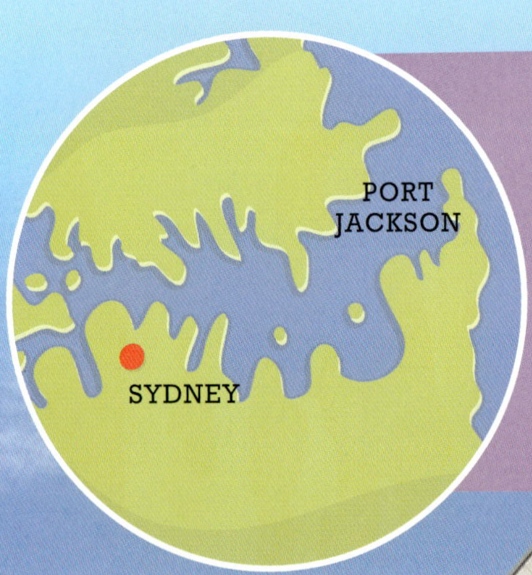

PORT JACKSON

SYDNEY

DER HAFEN

Zum Hafen Port Jackson gehören der Sydney-, Mittel- und Nordhafen. Er ist einer der tiefsten Naturhäfen der Welt, 47 m an der tiefsten Stelle zwischen Dawes Point und Blues Point. Der Hafen ist so wichtig für Sydney, dass die Stadt gerne einfach die „Harbour City" genannt wird.

DIE NEUE OPER - SCHOCKIEREND!

Heute liebt jeder das Opernhaus, doch bei der Eröffnung 1973 wirkte der Bau wie ein Schock. Noch nie war in der Stadt ein derart bizarres Gebäude erbaut worden. Die Dachschalen sind mit über einer Million weißer Kacheln gedeckt und wirken wie eine Reihe von Segeln. Im Innern ist Platz für sieben Konzertsäle und tausend Räume. Das Design stammt vom Sieger eines Architektenwettbewerbs: Jørn Utzon erhielt für seinen genialen Entwurf umgerechnet 5600 €.

KÖNIG-
LICHER
BOTANI-
SCHER
GARTEN

DARLING
HARBOUR

CIRCULAR
QUAY

TOTAL VERÄNDERT

In den letzten 200 Jahren hat sich der Hafen häufig verändert und ist immer noch im Wandel. Der Darling-Hafen war beispielsweise früher ein aktiver Hafen mitten in Sydney mit Kais, Docks, Lagerhallen und Eisenbahngleisen. Heute ist er ein riesiger Unterhaltungskomplex mit Casino, Aquarium, Museen, Einkaufszentren und sogar der größten Kinoleinwand der Welt.

SILVESTER-WELTSTAR

Als die Hafenbrücke *(Sydney Harbour Bridge)* 1932 eröffnet wurde, war sie die höchste Bogenbrücke aus Stahl mit der größten Spannweite der Welt. Diese Meisterleistung der Ingenieure verbindet das Geschäftsviertel mit seinen Hochhäusern mit den wachsenden Vorstädten am Nordufer des Hafenbeckens. An windstillen Tagen dürfen tapfere Besucher ein Klettergeschirr anlegen und bis auf 134 m Höhe aufsteigen. In der Silvesternacht brennt hier ein unglaubliches Feuerwerk ab, das von Menschen in der ganzen Welt bewundert wird.

MIT DEM SCHIFF ZUR SCHULE

Der Hafen ist nicht nur schön, sondern gehört auch zum täglichen Leben der Stadt. Tausende von Menschen fahren mit Fähren zur Arbeit, zur Schule und wieder nach Hause. Einige haben ein eigenes Boot, doch die meisten benutzen die Fähren. Der Circular Quay zwischen der Brücke und dem Opernhaus ist das wichtigste Drehkreuz: Hier legt ein ständiger Strom von Fähren nach Manly und Paramatta, zum Taronga Zoo und anderen berühmten Stadtteilen ab.

SYDNEY

Für viele Fremde verkörpert Sydney das typische Australien. Und doch ist nicht Sydney, sondern Canberra die Hauptstadt des Landes. Was der Stadt an Status fehlt, macht sie durch ihre Größe mehr als wett. Heute lebt ein Fünftel aller Australier in Sydney.

LOKALER DIALEKT

Das heutige Stadtgebiet war einst das Land der *Eora*. Ihre Nachkommen, gegliedert in 29 unterschiedliche Clans, leben noch heute hier. Die Felsenkunst der Eora hat sich an mehreren geheimen Orten im Stadtgebiet erhalten. Einige ihrer Felsmalereien sind Zehntausende von Jahren alt. Die Eora kämpften gegen die ersten Siedler und die übernahmen einige Eora-Worte, um die merkwürdigen und wunderbaren Dinge in diesem fremden Land zu benennen. „Wallaby", „Dingo" oder „Wombat" sind nur ein paar der Begriffe, die heute im Wörterbuch stehen.

PROTZIGES SYDNEY

Sydney hat den Ruf, die glamouröseste Stadt Australiens zu sein. Die prachtvolle Lage am Wasser, extravagante Bauwerke und großartige Restaurants locken die Reichen und Schönen an. Und die Reichen und Schönen müssen selbstverständlich statusgemäß schlafen: Auf den Felsen an den besten Stellen der Küste haben sie sich die teuersten Häuser Australiens bauen lassen. Es sind riesige, luxuriöse Anwesen mit privaten Stränden, Tennisplätzen und natürlich einem angemessenen Swimmingpool.

PARTY-STADT

Diese Stadt weiß, wie man Partys feiert! Das ganze Jahr über finden Events statt, die dem Essen, der Kultur oder anderem gewidmet sind. Sydney ist die Stadt des weltgrößten Lichter-, Musik- und Ideenfestivals. Im Winter verwandelt es sich in ein flimmerndes Meer aus Strahlen, Laternen und Neonlichtern. Auf den öffentlichen Plätzen stehen Lichtskulpturen und die Menschen bestaunen interaktive Displays und verblüffende Formen auf den Oberflächen der städtischen Wahrzeichen.

WEIHNACHTEN IM SOMMER

Sydney ist in der ganzen Welt für seine Strände bekannt und *Bondi Beach* dürfte der berühmteste sein. An diesem Magnet für Urlauber brandet der Pazifik mit großartigen Wellen an. Am Bondi Beach geht man aber nicht nur schwimmen, sondern es finden auch Kunstshows, Drachenfestivals und der bekannte *City-to-Surf*-Lauf statt. Am ersten Weihnachtstag treffen sich die Familien, setzen sich Weihnachtsmann-Mützen auf und feiern ausgelassen ihr Weihnachten am Strand.

AUSTRALIA DAY

Am *Australia Day* am 26. Januar feiert die Stadt die Landung der ersten Flotte aus Großbritannien. Kapitän Arthur Philipp befehligte die *HMS Sirius,* die Sträflinge auf die Südhalbkugel brachte. Nach acht schweren Monaten auf See landete die Sirius 1788 in der Bucht von Sydney. Heute wird der Nationalfeiertag mit Tausenden von roten, weißen und blauen Flaggen gefeiert. Die Ältesten der Aborigines ehren an diesem Tag das uralte Erbe ihrer Vorfahren mit eigenen Zeremonien.

OLYMPIASTADT

Die Olympischen Spiele von 2000 gehörten zu den Highlights der jüngsten Geschichte. Nach der Zusage 1993 begannen die Planungen. Die Stadt setzte ein gewaltiges Bau- und Vorbereitungsprogramm in Gang, das insgesamt 3,6 Mrd. Euro kostete. Als die Spiele begannen, war Sydney bestens gerüstet. Über 10.000 Athleten starteten in 300 Disziplinen; 6,7 Mio. Tickets wurden verkauft. Sowohl die Zuschauer als auch die Kommentatoren waren sich einig – Sydney hatte die erfolgreichsten Spiele in der olympischen Geschichte veranstaltet.

AUCKLAND
NEUSEELAND, Australien & Ozeanien

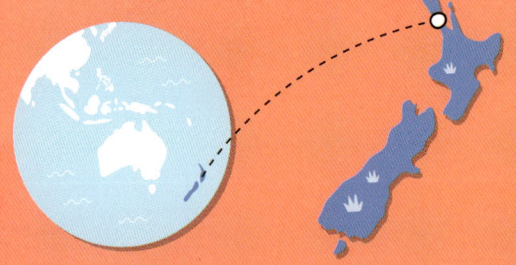

Auckland ist die größte und freundlichste Stadt Neuseelands, aber nicht die Hauptstadt – die Ehre gehört Wellington. In der „Stadt der Segel" leben Menschen aus Tonga, Samoa und den Fidschi-Inseln; sie hat die weltweit größte Population von Polynesiern. Zusammen mit der wachsenden asiatischen Gesellschaft und den einheimischen Maori herrscht in Auckland ein lebendiges, internationales Feeling.

MAORI PA

Nach einer Legende der Maori gehen die fruchtbaren Böden und Vulkane Aucklands auf den Konflikt zweier Stämme (iwi) vor vielen Jahrhunderten zurück. Die Maori bauten Festungen (pa) auf den Hügeln um die Stadt, legten Terrassen an und befestigten sie. Obwohl viele heute nur noch mit Gras bewachsene Hügel sind, vermitteln sie einen guten Eindruck von der großartigen, komplexen Maori-Kultur vor der Ankunft der Europäer.

STADT DER SEGEL

Auckland liegt auf einer Landzunge zwischen den Häfen Waitemata und Manukau mit Zugang zur Tasmansee. Vor den Kaimauern schaukelt ein Wald aus Masten – unzählige Jachten, Schoner, Dinghis und Katamarane Bord an Bord. Der Spitzname ist verdient! In Auckland kommen auf einen Einwohner mehr Boote als in jeder anderen Stadt der Welt.

GOUVERNEUR GEORGE GREY

George Grey war kein normaler Politiker. Mit 27 hatte er bereits zwei Expeditionen nach Westaustralien geleitet, hatte Schiffbruch erlitten und nur überlebt, weil er flüssigen Schlamm trank. Er zog 1845 nach Auckland und regierte Neuseeland bis 1853, und nochmals zwischen 1861 und 1868. Grey sorgte für Ordnung im Land und verdiente sich den Respekt der Maori, weil er sich für ihre Sitten und ihren Glauben interessierte. Allerdings kämpfte er später gegen sie, um Landrechte zu erwerben. Aucklander, die durch den Albert Park spazieren, bezeugen seiner Marmorstatue ihren Respekt.

HILLARYS JAGD NACH DEM GIPFEL

Sir Edmund Hillary ist einer der berühmtesten Söhne Aucklands. Er bestieg zusammen mit *Tenzing Norgay* als erster den Mount Everest. Hillary wurde 1919 in Auckland geboren und starb hier 2008. Seit damals wurde er für seine Erfolge vielfach geehrt – mit Ausstellungen im Museum von Auckland, einem Wanderweg entlang der spektakulären Westküste der Stadt (*Hillary Trail*) und sogar einem Dorf für Rentner, das den Namen des großartigen Bergsteigers trägt.

DER GRIFF ZUM HIMMEL

In Auckland steht das höchste Bauwerk der Südhalbkugel. Der atemberaubende *Sky Tower* erinnert an ein Alien-Raumschiff, das nach seiner Mission auf der Erde auf den Heimatplaneten starten will. Die 328 m hohe Nadel dient der Telekommunikation und als Aussichtspunkt. Er beherrscht die Skyline Aucklands und wird natürlich auch von Adrenalin-Junkies genutzt: Sie legen sich ein elastisches Band um und lassen sich von oben 192 m tief herabstürzen. Wahnsinn!

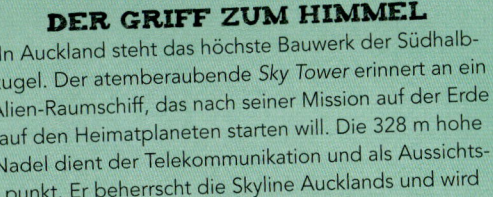

DER AMERICA'S CUP

Es ist keine Überraschung, dass Aucklander das Segeln lieben. Jeder träumt davon, den *America's Cup* im Segeln zu gewinnen. Daher war die Begeisterung riesig, als das Team Neuseeland die Trophäe 1995 zum ersten Mal gewann, und sie kochte 2000 über, als der Cup in Auckland mit einem eindeutigen, spektakulären 5:0-Sieg über das italienische Team verteidigt wurde.

BARFÜSSIGE BALLSPIELER

Die meisten Kinder Aucklands wachsen auf, ohne Schuhe zu tragen. Das liegt nicht daran, dass Schuhe zu teuer sind, sondern weil es bequemer ist! Man glaubt, es sei für junge Füße gesünder, ohne die einengenden Schuhe aufzuwachsen. Inzwischen verlangen zwar viele Grundschulen, dass die Kinder Schuhe tragen, aber viele ziehen sie auf dem Schulweg und nach der Schule zum Spielen wieder aus. Sie spielen sogar barfuß 7er-Rugby.

ROTORUA
NEUSEELAND, Australien & Ozeanien

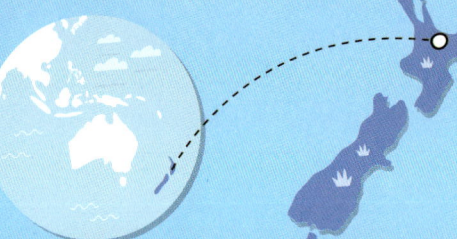

Rotorua gehört zu den beliebtesten Touristenzielen Neuseelands – kein Wunder! Hier treffen spektakuläre Naturwunder auf die lebendige Kultur der Maori. Rotorua ist aber nicht nur Ferienziel, sondern auch ein großartiger Ort, um zu leben: Wälder mit Radwegen, coole Seen und ein Sportpark gleich vor der Haustür.

DIE HITZE UNTER DEN FÜSSEN

Neuseeland liegt über einer tektonischen „Subduktionszone": Hier schiebt sich die Pazifische Kontinentalplatte unter die Australische Platte und versinkt im heißen Erdmantel. An solchen Stellen brechen Vulkane aus, es kommt zu Erdbeben und geothermaler Aktivität. Unter Rotorua steigt Hitze in der Erdkruste auf und verursacht kochende Schlammquellen, Geysire, heiße Quellen und andere merkwürdige Erscheinungen.

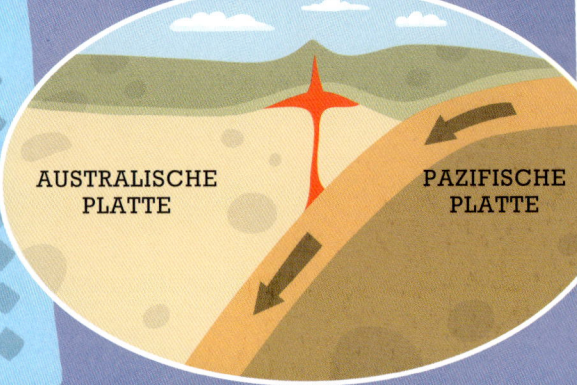

AUSTRALISCHE PLATTE

PAZIFISCHE PLATTE

DAS VERSCHWUNDENE DORF

Alle Neuseeländer wissen, dass die Kräfte unter ihnen heimtückisch sein können. Das zeigte sich am 10. Juni 1886, als der Vulkan Tarawera ausbrach, 20 km von Rotorua entfernt. Kochende Schlammlawinen wälzten sich die Hänge hinunter und begruben das Dorf Te Waiora und über 150 Bewohner unter sich. Erst in den 1930er-Jahren wurden die verschütteten Häuser wieder freigelegt. Die Besucher können sich ansehen, wie das Leben im Dorf war, bevor es von der unruhigen Erde verschlungen wurde.

TOLLES LEBEN IM FREIEN

Die Kinder von Rotorua verbringen viel Zeit im Freien. Überall in der Region finden sich Seen, auf denen man schwimmen und Wasserski fahren kann. Durch das Waldgebiet Redwoods ziehen sich Hunderte von Kilometern lange Wanderwege. Die Stadt hat sogar einen eigenen Extremsport-Park. Im *Agroventures* fliegt man in der *Sky Swing* durch die Luft, übt im Windkanal den freien Fall oder radelt atemlos mit der Einschienenbahn.

WHAKAREWAREWA

Diese dampfende, geisterhafte Landschaft ist ein geothermisch besonders aktiver Ort in Neuseeland. Hier blubbern über 500 heiße Quellen, und 65 Geysire – Spalten in der Erdkruste – spucken regelmäßig heißes Wasser und Dampf in die Luft. Mineralien haben sich in grellen gelben, roten und braunen Terrassen abgelagert. Das Maoridorf *Whakarewarewa* blickt auf ein stolzes Erbe zurück, denn die *Tuhourangi/Ngati Wahiao* leben hier schon seit über 700 Jahren.

HEILKRÄFTIGER SCHLAMM

Die Maori nutzen die geothermalen Erscheinungen der Erde schon seit Hunderten von Jahren, vor allem zum Kochen und Baden. Bis heute kommen Einheimische und fremde Besucher in die Stadt, um Heilung oder Entspannung auf Rotorua-Art zu finden. Sie baden in den heißen Quellen, klatschen Schlamm auf ihren Körper und trinken sogar das stinkende, mineralhaltige Wasser – soll gut tun!

HÖLLENTOR

Das Höllentor ist nicht so übel, wie es sich anhört, dafür aber großartig, um sich richtig dreckig zu machen! Der 18 m hohe Schlammvulkan im geothermischen Park bricht etwa alle sechs Wochen aus. Dann fliegen Schlammbomben durch die Luft und überall dringt heiße Schmiere hervor. Bei jedem Ausbruch wird der Vulkan etwas höher. Die Besucher des Höllentores reiben ihren ganzen Körper mit dem Schlamm ein. Sie haben sogar eine Wahl: schwarzer, weißer oder grauer Schlamm.

HUNGER AUF HANGI?

Hangi ist die traditionelle Maori-Form des Grillens. Die Maori graben ein Loch in die Erde, legen heiße Steine hinein, stellen die Speisen darauf und decken alles mit Erde zu. Ein paar Stunden später wird alles ausgegraben und gegessen. Das Kochen dauert nie sehr lange in Rotorua, denn der Boden ist schon heiß.

QUEENSTOWN

NEUSEELAND, Australien & Ozeanien

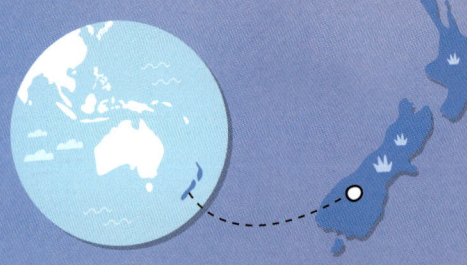

Die weltberühmte Landschaft um Queenstown scheint wie aus einer anderen Welt zu sein. Der neuseeländische Regisseur Peter Jackson, der hier viele Szenen seiner *Hobbit*- und *Herr-der-Ringe-Trilogien* drehte, machte die Schönheit von Queenstown weltweit bekannt. Queenstown ist auch ein Mekka für Skifahrer und Veranstaltungsort für Neuseelands Winterspiele.

EIN NATURPARADIES

Glücklicherweise haben die vielen Menschen, die in Queenstown ihren Kick suchen, die wilden Tiere nicht vertrieben. Gämsen und Rothirsche klettern und weiden auf den Hängen, während sich die riesigen, heuschreckenartigen Wetas (Buckelschrecken) die Felsen und Spalten mit Riesenrüsselkäfern und Skinks teilen. Am Himmel kreisen Maorifalken, Piper und Maorimöwen.

KEIN HAPPY END FÜR DEN RIESEN

Queenstown liegt am Ufer des klaren blauen Wakatipu-Sees. Die erstaunliche Wasserfläche wurde vor 15.000 Jahren von Gletschern aus dem Gestein der Südalpen gehobelt. Eine Maori-Legende erklärt den See völlig anders: Die Häuptlingstochter Manata durfte ihren Geliebten Matakauri nicht heiraten. Doch dann verschleppte der Riese Matau eines Nachts Manata in seine Höhle. Matakauri befreite seine Geliebte aus der Gefangenschaft des Riesen und durfte sie nun endlich heiraten. Für den Riesen gab es kein Happy End. Matakauri schlich sich zurück zur Höhle und setzte den schlafenden Riesen in Brand. Das Feuer brannte eine tiefe Furche in die Erde, Eis und Schnee schmolzen und bildeten den Wakatipu-See – wörtlich „Höhle des Riesen".

AUSSERGEWÖHNLICHE REMARKABLES

Die *Remarkables* („Außergewöhnlichen") sind Queenstowns bekannteste Berge. Die Herkunft des Namens ist ungeklärt. Viele vermuten, dass er 1857 von Alexander Garvie geprägt wurde. Garvie war ein europäischer Landvermesser, der sich über eine Bergkette gewundert haben soll, die genau von Nord nach Süd verlief. Eine andere These besagt, dass die ersten Siedler in Queenstown von den scharfen Berggraten begeistert waren, die sie bei Sonnenuntergang sahen. Woher der Name auch stammt, die Remarkables sind wirklich außergewöhnlich.

MITTELERDE

Als die Macher des Filmepos *Herr der Ringe* nach Drehorten suchten, in denen die Fantasiewelt Mittelerde auferstehen könnte, kamen sie nach Queenstown. Die Szenen im Schattenbachtal wurden in den Bergen um Queenstown gedreht. Queenstown gleicht tatsächlich einer gigantischen Filmkulisse. Andere Szenen im Herrn der Ringe wurden in Deer Park Heights, dem Wakatipu-See, Glenorchy und im Skippers Canyon gedreht. Die Filme nach Tolkiens Büchern gewannen mehrere Oscars.

WINTERSPORTZENTRUM

Mit fast 4 m garantierter Schneehöhe sind die Remarkables nicht nur schön anzuschauen, sondern auch optimal für Wintersport – Queenstown ist das größte Skigebiet in Neuseeland. Hier tummeln sich das ganze Jahr über die Wintersportfans. Die mutigsten lassen sich mit dem Hubschrauber auf die höchsten und wildesten Berge fliegen. Sie werden auf dem Gipfel abgesetzt und rasen die anspruchsvollsten Pisten in den Remarkables abwärts.

QUEENSTOWN

Queenstown hat aber mehr zu bieten als großartige Landschaft. Die unterschiedlichsten Leute reisen an, um die Angebote dieser kleinen, aber bestens organisierten Stadt zu nutzen. In den Semesterferien gehen Studenten zum Rafting oder machen Bungee-Jumping, Weinliebhaber touren durch die Weingüter und Familien machen Urlaub am Sandstrand.

LECKER

Vergiss McDonalds und Burger King! Die Kids der Stadt treffen sich lieber bei Fergburger oder zum *Hokey-Pokey*-Eis. Fergburger hat als sehr kleiner Laden begonnen. Inzwischen sind seine Burger – unter anderem *Little Lamby* und *Mr. Big Stuff* – eine Legende in Queenstown. Und was das Eis angeht: Nach Vanille ist das Hokey-Pokey-Eis die beliebteste Sorte; jedes Bällchen mit krümeligen Honigwaben und Sahnebonbons. Fantastisch!

PARTY PEOPLE

Es gehört zu den Besonderheiten Queenstowns, dass es im Sommer genauso lebhaft und geschäftig zugeht wie im Winter. Jedes Jahr kommen 45.000 Teilnehmer zum Winter-Festival. Es gibt Feuerwerk, Straßenpartys, Eislaufen, Skirennen in den Bergen und Konzerte. Im Sommer dröhnt der Ort vom Beat der zahlreichen Musikfestivals am Strand, im Wald und in den Parks der Stadt.

LEBENDIGE MAORI-KULTUR

Die Kultur der Maoris ist eng mit dem modernen Leben Queenstowns verbunden. Maorikunst und -design, wie Tiki-Anhänger, bekommt man in Galerien, Studios und auf dem wöchentlichen Markt für Kunsthandwerk. Im *Kiwi Haka*, einem Theater über Queenstown, werden täglich Maorigesänge und -tänze aufgeführt.

BUNGEE, PARAGLEITEN ODER GLEITRUTSCHE

Bungee wurde zwar nicht in Queenstown erfunden, aber hier wurde es zum populären Kick. Die Kawarau-Brücke ist heute eine der bekanntesten Bungee-Locations der Welt und der 134 m hohe Newis Highwire die höchste. Wer sich nicht in die Tiefe stürzen möchte, schwebt im Tandem-Paragleitschirm wie ein Vogel über Queenstown, probiert Rafting im Wildwasser des Shotover River aus oder saust an einer Gleitrutsche durch die Luft. Die Seile sind in wechselnden Richtungen hoch über den Bäumen gespannt.

UNTERIRDISCHE SCHÄTZE

Queenstown musste nicht bis zum 20. Jh. auf Abenteuer-Touristen warten – die Maori kamen bereits vor Jahrhunderten. Sie suchten nach Jade, einem geheimnisvollen grünen Stein, den sie *pounamu* nannten. Jade ist teuer, vor allem die geschnitzten Stücke, die von Generation zu Generation vererbt wurden. Der Otago Goldrausch der 1860er-Jahre lockte Zehntausende von Goldsuchern an, die auf die Schätze hofften, die unter dem Skippers Canyon lagern.

EINE ECHTE TOURISTENSTADT

Es wäre überraschend, lockte Queenstown mit seinen unglaublichen Naturschönheiten und anderen Möglichkeiten für Abenteuerurlaube keine Touristen an. In der Tat kommen im Vergleich zur Einwohnerzahl Unmengen von Fremden in die Stadt: Auf 28.000 Einwohner kommen pro Jahr 1,8 Mio. Touristen, also 64 Fremde pro Bürger von Queenstown!

APIA

SAMOA, Australien und Ozeanien

Das winzige Fischerdorf Apia auf der Insel Upolu ist heute die Hauptstadt des Pazifikstaates Samoa. Apia ist mit knapp 40.000 Einwohnern zwar nicht besonders groß, kann aber mit großartiger Natur punkten. Es liegt in einem Naturhafen mit weißen Sandstränden auf einer und Vulkanbergen auf der anderen Seite.

STADT DER SCHIFFSWRACKS

Der Hafen von Apia ist ein riesiger Schiffsfriedhof. Als sich Deutschland, die Vereinigten Staaten und England 1889 wegen der Wahl von Samoas König in die Haare gerieten, kam es zur Katastrophe. Wegen der Pattsituation ankerten die Kriegsschiffe der drei Parteien im Hafen. Als sich ein riesiger Zyklon näherte, weigerten sie sich, ins offene Meer auszulaufen. Schließlich gelang nur dem britischen Schiff *HMS Calliope* die Flucht in sicheres, tiefes Wasser. Die drei deutschen und drei amerikanischen Schiffe gingen unter. Ihre rostenden Wracks liegen noch immer auf Grund.

MIT KANUS UND STERNEN

Apia liegt weitab von der Welt. Noch heute sitzen Reisende stundenlang im Flugzug oder tagelang auf einem Schiff, um den Ort zu erreichen. Und nun stelle dir die Reise der ersten Siedler vor 3000 Jahren vor. Die Polynesier kamen aus Asien, Tausende von Kilometer entfernt. Sie fuhren in Kanus aus ausgehöhlten Baumstämmen und navigierten nach den Sternen. Die Samoaner sind noch immer großartige Seefahrer, die mit winzigen Booten aus dem Hafen von Apia in den weiten Pazifik starten.

FA'A SAMOA

Auch wenn Apia eine moderne Hauptstadt ist, folgt das Leben immer noch dem *Fa'a Samoa* (samoanischer Weg). Bevor man ein *fale* (traditionelles Haus) in Apia betritt, zieht man seine Schuhe aus und wartet ab, bis sich die Ältesten gesetzt haben. Jeder achtet darauf, nicht mit den Füßen auf einen anderen zu zeigen. Bis 1860 wurden Orte wie Apia auf Samoa von einem *matai* (Häuptling) regiert, der für die *aiga* (erweiterte Familie) verantwortlich war. Trotz der modernen Regierung haben die *matai* auch im modernen Apia immer noch große Macht.

EINE WAHRE SCHATZINSEL

Robert Louis Stevenson, der britische Autor der Schatzinsel, liebte Samoa. Er zog 1890 in ein Haus vor dem Ort Villa Vailima ein. Die Einwohner Apias schlossen Stevenson in ihr Herz – sie nannten ihn Tusitala („Geschichtenerzähler"). Der Schriftsteller verbrachte die letzten vier Jahre seines Lebens in Apia und wurde hier auf dem Vaea begraben, einem 472 m hohen Berg, der die Stadt überragt.

TREASURE ISLAND
Robert Louis Stevenson

PROBLEME MIT DEM WIND

Jedes Jahr zwischen November und April fürchten die Einwohner Apias ein katastrophales Naturphänomen – die tropischen Zyklone. Diese Wirbelstürme, die sich bei niedrigem atmosphärischem Druck bilden und auf der Südhalbkugel im Uhrzeigersinn drehen (auf der Nordhalbkugel gegensinnig), sind enorm stark. Die Windgeschwindigkeit eines tropischen Zyklons beträgt bis 250 km/h, dazu kommen Regen und Überschwemmungen. In den Jahren 1889, 1990, 1991 und 2012 traf es Apia besonders stark, und niemand weiß, wann der nächste große Sturm droht.

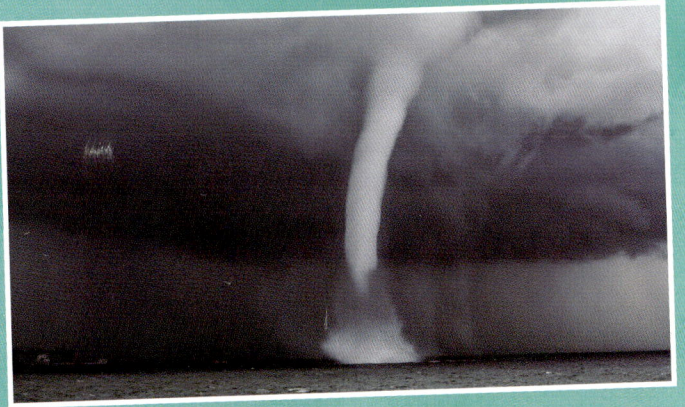

FISCH AUF DEM TISCH

Dass die Samoaner, die mitten im größten Ozean der Welt leben, viel Fisch essen, dürfte selbstverständlich sein. In der Tat herrscht auf dem Fischmarkt viel Betrieb. Hier liegt alles, was die Fischer aus dem Meer holen, superfrisch und glänzend vor den Augen der Kunden. Thunfisch und Kraken sind häufig, aber auch Aal, Schwarzer Marlin und Mägen von Seegurken!

SOUTH TARAWA
KIRIBATI, Australien & Ozeanien

Hast du jemals etwas von Kiribati gehört, dem Land, das nur aus winzigen Atollen (Koralleninseln) im Pazifischen Ozean besteht? South Tarawa ist die Hauptstadt und eine der ungewöhnlichsten Städte der Welt. Auf kleiner Fläche leben sehr viele Menschen, viele in traditionellen, seitlich offenen Hütten, nur einen Steinwurf vom blauen Meer entfernt.

ESSEN AUS DEM FLUGZEUG

Salzwasser, Sand und Isolation sind keine guten Voraussetzungen für Ackerbau. Das Meer und South Tarawa liefern nur Fische und Kokosnüsse, alles andere muss eingeflogen oder mit dem Schiff gebracht werden.

LUST, ZUR SCHULE ZU SCHWIMMEN?

South Tarawa ist anders als andere Städte. Es besteht aus einer Inselkette an der 35 km langen Tarawa-Lagune. Manche der 16 Inseln sind winzig (Tangintebu hat nur 89 Einwohner), andere etwas größer (wie Betio mit über 15.000 Einwohnern). Auf Haie brauchen die Einwohner der Wasserstadt zum Glück keine Rücksicht zu nehmen, denn alle 16 Inseln sind über einen Damm miteinander verbunden.

HÖCHSTER PUNKT VON SOUTH TARAWA

3 METER

DAS MEER DROHT

South Tarawa ist echt flach – die Inseln liegen nur 3 m über dem Meer. Wenn der Meeresspiegel durch die globale Erwärmung ansteigt, könnten die Inseln bald zu klein für die Bewohner werden. Wenn die Stadt untergeht, müssen die Bürger von Kiribati nach Australien, Neuseeland, auf die Fidschi- oder andere pazifische Inseln umsiedeln.

DIE SCHLACHT VON TARAWA

Die verschlafene Stadt war nicht immer so ruhig. Im November 1943 tobte hier eine 76-stündige Schlacht zwischen Japanern und Amerikanern um den Besitz der kleinen Sandinseln. In dieser Phase des 2. Weltkrieges mussten die Japaner Schritt für Schritt aus dem Pazifik zurückweichen, während die Amerikaner auf South Tarawa einen Flugplatz anlegen wollten. Die Amerikaner siegten – nach einem Verlust von 6000 Toten.

PERLWEISS

Neben Kopra (getrocknete Kokosnüsse) exportiert South Tarawa den Perlmutt der Muschelschalen. Die hübschen, in Regenbogenfarben schillernden Muschelschalen sind oft wertvoller als die Perlen, die darin wachsen. Angeblich spielten die Kinder von South Tarawa früher Murmeln mit den Perlen, die ihre Eltern weggeworfen hatten.

UNABHÄNGIGKEITSTAG

Am 12. Juli feiern die Einwohner von South Tarawa den Unabhängigkeitstag des Landes. Zur Feier (botaki) gehören Festmahle, Gesänge, Tänze, Kanurennen und der einzigartige Sport oreano. Dabei bewerfen sich die Teams so mit superschweren Bällen, dass der Gegner sie möglichst nicht fängt.

REGISTER

Bildverzeichnis

Legende: (o) oben; (u) unten; (m) mitte; (l) links; (r) rechts,

Umschlag vorne (ol): Adobe Stock / kameraauge; (mr) Shutterstock / Peera_stockfoto; (ml): Getty Images / Sebastian D'Souza.
Umschlag hinten (or): Shutterstock / Luciano Mortula; (ml): Adobe Stock / Luciano Mortula-LGM; (mr): Adobe Stock / lunamarina; (um): Adobe Stock / JFL Photography.

P6 (o): Getty Images / Maria Swärd; P6 (ul): Getty Images / Brazil Photos; P7 (ur): Getty Images / Education Images; P8 (or): Getty Images / Carlos Osorio; P8 (mr) Shutterstock / Hurst Photo; P9 (ol): Alamy / Alan Novelli; P9 (ml): courtesy of CN Tower Media Centre; P9 (mr): Getty Images / Roberto Machado Noa; P9 (u): Shutterstock / rmnoa357; P10 (ur): Getty Images / AFP / Olivier Jean; P11 (m): Shutterstock / bonchan; P11 (um): Alamy / Marc Bruxelle; P12 (ml): Getty Images / Wolfgang Kaehler; P13 (ol): Alamy / icpix_can; P13 (or): Shutterstock / FotoRequest; P13 (ur): Alamy / Laurent Lucuix; P13 (ul): Shutterstock / Thomas Brain; Pages 14–15 (o): Getty Images / Wolfgang Kaehler; P14 (l): Shutterstock / 2009fotofriends; P14 (ur): Shutterstock / Josef Hanus; P15 (mr): Alamy / Chris Cheadle; P16 (or): Getty Images / The Print Collector; P17 (ol): Getty Images / NYPL / Science Source; P17 (or): Getty Images / Holger Leue / LOOK-foto; P17 (u): Getty Images / Angelique Shepherd; P18 (mr): Alamy / GoUSA; P18 (ml): Getty Images / Luis Sinco; P18 (ur): Shutterstock / Maxx-Studio; P19 (ol): Shutterstock / littleny; P19 (or): Getty Images / James Aylott; P19 (ml): Shutterstock / View Apart; P19 (ur) HOLLYWOODTM and design © 2016 Hollywood Chamber of Commerce. The Hollywood Sign is a trademark and the intellectual property of Hollywood Chamber of Commerce. All Rights Reserved. P20 (or): Getty Images / Ethan Miller; P20 (ulo): Shutterstock / welcomia; P20 (ulu): Shutterstock / Gary Paul Lewis; P20 (ur): Getty Images / Steven Lawton; P21 (ol): Getty Images / Samuel Antonio; P21 (mr): Alamy / Danita Delimont; P22 (or): Shutterstock / Art_man; P22 (ml): Getty Images / Buyenlarge / Carol M. Highsmith; P22 (mr): Alamy / PHOTOTAKE Inc.; P23 (or): Getty Images / NOAA; P23 (ol): Getty Images / Mark Wilson; P23 (ul): Getty Images / Dave Einsel; P23 (ur): Getty Images / AFP / Pool; P24 (mr): Alamy / Brian Jannsen; P24 (ur): Shutterstock / Jeffrey M. Frank; P25 (o): Alamy / Paul Briden; P25 (ul): Alamy / Niday Picture Library; P26 (or): Getty Images / George Rose; P26 (mr): Shutterstock / Tupungato. Artist: Anish Kapoor; P26 (ul): Getty Images / Joe Robbins; P26 (ur): Alamy / Ian Dagnal; P27 (ol): Alamy / Niday Picture Library; P27 (m): Shutterstock / saraporn; P27 (mr): Alamy / Gino's Premium Images; P28 (or): Getty Images / AFP / Stan Honda; P28 (ml): Getty Images / Ben Hider; P28 (ur): Getty Images / The Boston Globe / David L. Ryan; P29 (ol): Getty Images / Education Images; P29 (ul): Getty Images / Jeroen Peis; P29 (ur): Shutterstock / TerraceStudio; P30 (ur): Alamy / Chase Guttman; P30 (ul): Getty Images / AFP / Emmanuel Dunand; P31 (or): Getty Images / AFP / Ben Stanstall; P31 (ol): Shutterstock / Stuart Monk; P31 (mr): Getty Images / AFP / Jung Yeon-Je; P32 (mr): Alamy / B. O'Kane; P32 (ul): Getty Images / Buyenlarge / Carol M. Highsmith; P32 (ur): Getty Images / Allentown Morning Call / Harry Fisher; P33 (o): Getty Images / Classic Stock / H. Armstrong Roberts; P33 (ml): Getty Images / Todd Gipstein; P33 (ul): Getty Images / Bruce Yuanye Bi; P34 (r): Getty Images / Dennis K. Johnson; P34 (m): Getty Images / AFP / Brendan Smialowski; P35 (ml): Getty Images / Kris Connor; P35 (mr): Getty Images / The Washington Post / Marvin Joseph; P35 (ur) Getty Images / bbourdages; P36 (or): Corbis / Richard Cummins; P36 (ml): Getty Images / Carol Grant; P36 (u): Getty Images / Cultura RM / Art Wolfe Stock; P37 (ol): Shutterstock / Boris Vetshev; P37 (ml): Getty Images / Ra\'id Khalil; P37 (u): Alamy / Buddy Mays; P37 (ur): Getty Images / John Elk II; Pages 38–39 (o): Getty Images / Patrik Bergström; P38 (ul): Shutterstock / Filipe Frazao; P38 (ur): Getty Images / Christopher Groenhout; P39 (ur): Alamy / B. O'Kane; P40 (or): Getty Images / PYMCA; P40 (ul): Corbis / JAI / Doug Pearson/ Artist: Laura Facey; P40 (ur): Shutterstock / Vaide Seskauskiene; P41 (ol): Getty Images / John Greim; P41 (or): Getty Images / AFP/ Mark Cardwell; P41 (ul): Getty Images / Peter Still; P42 (or): Alamy / Edward Parker; P42 (ul): Shutterstock / Chepe Nicoli; P43 (o): Getty Images / trekholidays; P43 (u): Getty Images / Peter Macdiarmid; Pages 44–45 (o): Alamy Images / Richard Ellis; P44 (ml): Getty Images / Richard Ellis; P45 (ur): Getty Images / Richard Ellis; Pages 46–47 (o): Shutterstock / Gary Yim; P46 (mr): Getty Images / John Coletti; P46 (ul): Alamy / EPA / Martin Alipaz; P47 (mr): Getty Images / John Coletti; P48 (or): Shutterstock / Radu Bercan; P49 (ol): Alamy / dbimages; P49 (mr): Getty Images / Kaveh Kazemi; P49 (ul): Getty Images / Wolfgang Kaehler; P50 (mr): Getty Images / Marcelo Andre; P50 (u): Alamy / age fotostock; P51 (or): Shutterstock / Marcos Amend; P51 (m): Shutterstock / Filipe Frazao; P51 (ur): Alamy / GM Photo Images; Pages 52–53 (o): Getty Images / Brazil Photos / Ratao Diniz; P52 (ul): © ADAGP Paris and DACS London 2016 / Shutterstock / T. Photography; P53 (or): Shutterstock / CP DC Press; Pages 52–53 (u): Shutterstock / trinidade51; P53 (um): Alamy / Trinity Mirror / Mirrorpix; P54 (or): Shutterstock / Gary Yim; P54 (ml): Getty Images / Jan Sochor; P55: Shutterstock / T. Photography; P56 (ml): Shutterstock / Matyas Rehak; P56 (u): Alamy / Frans Lemmens; P57 (o): Shutterstock / 3523studio; P57 (mr): Alamy / Ian Wood; P58 (o): Shutterstock / Rafael Martin-Gaitero; P58 (u): Alamy / UpperCut Images; P59 (o): Alamy / Efrain Padro; P59 (m): Shutterstock / sunsinger; P59 (u): Getty Images / Chad Ehlers; P60 (m): Shutterstock / LMspencer; P61 (ol): Alamy / Design Pics Inc; P61 (u): Alamy / National Geographic Creative; Pages 62–63 (o): Lonely Planet Images; P62 (ml): Shutterstock / J. Helgason; P62 (ur): Shutterstock / Alexei Stiop; P63 (ml): Alamy / Ashley Cooper; P63 (ur): Shutterstock / Bernhard Richter; P64 (m): Getty Images / Lars Thulin; P64 (u): Getty Images / Rosita So Image; P65: Getty Images / Mike Hill; P66 (m): Alamy / INTERFOTO; P67 (ol): Alamy / VPC Photo; P67 (or): Shutterstock / andregric; P67 (ul): Shutterstock / Stefan Holm; P67 (ur): Getty Images / JOKER / Paul Eckenroth. Artist: Peter Varhelyi; P68 (or): Getty Images / MyLoupe; P68 (ml): Shutterstock / Verkhovynets Taras; P69 (or): Getty Images / Stephen Dalton; P69 (mr): Shutterstock / Craig Russell; P69 (ur): Getty Images / De Agostini / A. Dagli Orti/ Artist: Alice Eriksen; P70 (or): Shutterstock / Juriaan Wossink; P70 (mr): Shutterstock / bonchan; P70 (ul): Shutterstock / Jan Kranendonk; P71 (or): Getty Images / Jeff J. Mitchell; P71 (ol): Alamy / Design Pics Inc; P71 (ml): Getty Images / David C. Tomlinson; P71 (u): Getty Images / Izzet Keribar; P72 (or): Shutterstock / s_oleg; P72 (m): Shutterstock / Kiev.Victor; P72 (ul): Shutterstock / r.nagy; P72 (ur): Shutterstock / chrisdorney; P73 (ol): Shutterstock / Leonid Andronov; P73 (or): Getty Images / Oli Scarff; P73 (m): Getty Images / Vladimir Zakharov; P73 (ul): Shutterstock / Chris Jenner; P73 (ur): Shutterstock / Juan Carlos Tinjaca; P74 (o): Getty Images / GraphicaArtis and Shutterstock / Alina Cardiae Photography; P74 (ul): Alamy / Imagestate Media Partners Ltd – Impact Photos; P74 (ur): Alamy / Philip Pound; P75 (ol): Getty Images / John Turp; P75 (or): Shutterstock / Ron Ellis; P75 (ml): Getty Images / Hulton Archive and Shutterstock / Alina Cardiae Photography; P75 (mr): Shutterstock / Claudio Divizia; P75 (ur): Shutterstock / Anna Kucherova; P76 (ml): Shutterstock / islavicek; P76 (ul): Alamy / Design Pics Inc; P77 (or): Getty Images / Photos.com; P77 (u): Alamy / Rik Hamilton; P78 (or): Getty Images / Ullstein Bild; P78 (ul): Dreamstime / © Visual Skin; P78 (ur): Getty Images / Photo 12; P79 (o): Alamy / Jason Langley; P80 (mr): Alamy / EPA / Stephanie Leco; P80 (ul): Shutterstock / josefkubes / Artist: Jijé; P81 (ol): Getty Images / Heidi Coppock-Beard; P81 (r): Getty Images / Krysztof Maczkowiak; P81 (ml): Getty Images / G.R. Richardson / Robert Harding; P82 (ml): Shutterstock / seen0001; P82 (mr): Shutterstock / Elena Schweitzer; P83 (ol): Shutterstock/ Ana del Castillo; P83 (or): Shutterstock / mkmakingphotos; P83 (ml): Shutterstock / Denis Kuvaev; P84 (o): Shutterstock / Skreidzeleu; P85 (ol): Getty Images / Jean-Francois Deroubaix; P85 (mr): Getty Images / Francois Le Diascorn; P85 (ul): Alamy / Glenn Harper; P86 (m): Getty Images / Ullstein Bild; P86 (ul): Getty Images / Sean Gallup; With kind permission of AMPELMANN GmbH, www.ampelmann.de P87 (ol): Getty / Ullstein Bild; P87 (or): Getty Images / Ullstein Bild; P87 (ml): Shutterstock / bonchan; P87 (mr): Getty Images / Ullstein Bild; P88 (ml): Shutterstock / aandoart; P88 (u): Shutterstock / Ninelle; P89 (o): Alamy / Mauritius Images GmbH; P89 (m): Getty Images / Laurie Noble; P90 (or): Wawel Dragon sculpture, by Bronisław Chromy / Getty / Henryk T. Kaiser; P90 (ur): Alamy / Pegaz; P91 (mr): Alamy / Paul Gapper; P91 (ml): Shutterstock / Radiokafka; P91 (ur): Shutterstock / Dar1930; P92 (or): Shutterstock / Vladimir Sazonov; P92 (ml): Shutterstock / kaprik; P92 (um): Shutterstock / IgorGolovniov; P93 (o): Shutterstock / Sergey_Bogomyako; P93 (ul): Shutterstock / anyaivanova; P93 (ur): Alamy / CTK Photo / Josef Horazny; sculptor: David Černy Pages 94–95 (o): Getty Images / Alexander Hassenstein; P94 (ml): Alamy / Vidura Luis Barrios; P94 (mr): Getty Images / Three Lions; P94 (ul): Getty Images / Imagno; P95 (or): Shutterstock / studiogi; P96 (m): Shutterstock / Ilyas Kalimullin; P96 (mr): Shutterstock /anshar: P96 (u): Shutterstock / JevgenijsB; P97 (ml): Shutterstock / Vitaly Korovin; P97 (mr): Getty Images / AFP /Kirill Kudryavtsev; P97 (u): Shutterstock / VLADJ55; P98 (or): Shutterstock / KKulikov; P98 (mr): Shutterstock / Ekaterina Bykova; P98 (ul): Shutterstock / Irina Afonskaya; P98 (ur): Alamy / SPUTNIK; P99 (ol): Shutterstock / danilov; P99 (u): Shutterstock / Triff; P100 (or): Alamy / kpzfoto; P100 (ml): Shutterstock / Hellen Sergeyeva; P100 (ur): Shutterstock / Sergey Kamshylin; P101 (om): Getty Images / AFP / Genya Savilov; P101 (ml): Alamy / RGB Ventures / Superstock; P101 (mlu): Corbis / EPA / Tatyana Zenkovich; P101: (um): Shutterstock / Luuk de Kok; P101 (ur): Getty Images / Sean Gallup; P102–103 (om): Shutterstock / seqoya; P102 (ul): Shutterstock / Artur Bogacki; P103 (or): Shutterstock / saiko3p; P103 (mr): Alamy / Hackenberg-Photo-Cologne; P103 (u): Shutterstock / JM Travel Photography; P104 (mr): Getty Images / Anadolu Agency; P104 (ul): Getty Images / Anadolu Agency; P105 (or): Alamy / Claudia Wiens; P105 (ur): Shutterstock / Sadik Gulek; P106 (m): Getty Images / DeAgostini / S. Vannini; P106 (um): Alamy / AegeanPhoto; P107 (o): Shutterstock / Nick Pavlakis; P107 (ml): Shutterstock / Milan Gonda; P107 (ur): Shutterstock / Anastasios71; P108 (or): Shutterstock / Matteo Gabrieli; P108 (m): Shutterstock / Viacheslav Lopatin; P109 (or): Shutterstock / TTstudio; P109 (ol): Shutterstock / Sorin Colac; P109 (ur): Shutterstock / Andrei Nekrassov; P109 (ul): Alamy / colaimages; P110 (ml): Alamy / DPA Picture Alliance; P110 (ul): Shutterstock / Irina Mos; P110 (ur): Shutterstock / Route 66; P111 (or): Getty Images / AFP / Filippo Monteforte; P111 (mr): Getty Images / AFP / Andreas Solaro; P111 (ur): Alamy / Guido Vermeulen-Perdaen; P112 (ml): Shutterstock / StefanZZ; P112 (um); Getty Images / Marco Secchi; P113 (or): Shutterstock / Phillip Minnis; P113 (mr): Shutterstock / alexeleny; P114 (ol): Shutterstock / Boris-B; P114 (u): Shutterstock / Pecold; P115 (or): Shutterstock / Deamles for Sale; P115 (ul): Shutterstock / Radu Rasvan / P116 (or): Getty Images / John Greim; P116 (ml): Getty Images / JMN; P116 (u): Shutterstock / NaughtyNut; P117 (mr): Alamy / Maria Galan; P117 (ul): Shutterstock / Iakov Filimonov; P118 (u): Shutterstock / r.nagy; P119 (or): Shutterstock / tkemot; P119 (ml): Shutterstock / nito; P119 (um): Getty Images / David Ramos; P119 (ur): Shutterstock / Ralf Siemieniec; P120 (mr): Getty Images / UIG / Education Images; P120 (ul): Shutterstock / jiawangkun; P121 (ol): Shutterstock / Goran Bogicevic; P121 (mr): Alamy / RobertHarding; P121 (ul): Shutterstock / Martin Lehmann; P122 (or): Shutterstock / Maurizio De Mattei; P122 (mr): Shutterstock / Maurizio De Mattei; P122 (ml): Shutterstock / Christian Mueller; P123 (ur): Shutterstock / Alessandro Coiro Mas; P124 (or): Alamy / robertharding; P124 (ul): Getty Images / AFP / Marwan Naamani; P125 (or): Shutterstock / eFesenko; P125 (ol): Alamy / Xinhua; P125 (ur): Getty Images / Anadolu Agency; P126 (ml): Shutterstock / Anton_Ivanov; P126 (ur): Alamy / The Print Collector; P127 (o): Alamy / Carolyn Clarke; P128 (or): Getty Images / DeAgostini; G. Dagli Orti; P128 (ul): Getty Images / Insights; P129 (o): Alamy / dbimages; P129 (ul): Corbis / Charles & Josette Lenars; P129 (um): Shutterstock / Eric Isselee; P130 (or): Getty Images / AFP / Georges Gobet; P130 (ml): Shutterstock / Dereje; P130 (um): Getty Images / Education Images; P131 (or): Getty Images / AFP / Philippe Desmazes; P131 (mr): Designer/architect Pierre Goudiaby Atepa / Alamy / Friedrich Stark; P131 (ul): Shutterstock / antpun; P132 (ml): Getty Images / De Agostini Picture Library; P132 (m): Shutterstock / Dave Montreuil; P132 (u): Shutterstock /Dereje; P133 (o): Shutterstock / Aleksandr Hunta; P133 (m): Alamy / Patrizia Wyss; P133 (ur): Shutterstock / Valentin Valkov; P134 (ol): Getty Images / AFP / Simon Maina; Pages 134–135 (o): Getty Images / Peter Macdiarmid; P135 (ur): Shutterstock / Martin Mecnarowski; P136 (or): Alamy / John Warburton-Lee Photography; P136 (ml): Alamy / Ariadne Van Zandbergen; P136 (ur): Getty Images / Eric Lafforgue; P137 (or): Shutterstock / danm12; P137 (ol): Shutterstock / Magdalena Paluchowska; P138 (or): Getty Images / Grant Duncan Smith; P138 (ml): Alamy / EPA; P138 (ul): Shutterstock / EcoPrint; P139 (or): Shutterstock / Renee Vititoe; P139 (ol): Alamy / LH Images; P139 (m): Getty Images / espiegle; P139 (um): Alamy / Premium Stock Photography GmbH; P139 (ur): Getty Images / Thomas Imo; P140 (or): Getty Images / Hoberman Collection; P140 (ml): Shutterstock / DWaschnig; P140 (mr): Alamy / Eric Nathan; P140 (ul): Getty Images / jaz_bennett; P141 (ur): Getty Images / wildestanimal; P142 (or): Shutterstock / ChameleonsEye; P142 (u): Alamy / Ageev Rostislav; P143 (or): Alamy / Tony Roddam; P143 (u): Shutterstock / Alexey Stiop; P144 (or): Getty Images / Anadolu Agency; P144 (ml): Shutterstock / Kobby Dagan; P145 (or): Shutterstock / Borya Galperin; P145 (ul): Shutterstock / suronin; P146 (or): Getty Images / Kami Kami; Pages 146–147 (u): Getty Images / Issam Madkouk; P147 (mr): Getty Images / prmustafa; P147 (ul): Getty Images / Kami Kami; P148: (ol): Shutterstock / S-F; P148 (or): Shutterstock / Sorbis; P149 (ur): Shutterstock / Kotsovolos Panagiotis; P150 (m): Alamy / Tuul and Bruno Morandi; P151 (or): Alamy / SFM GM WORLD; P151 (m): Alamy / Hemis; P151 (ur): Shutterstock / Milosz Maslanka; P152 (ml): Alamy / Galit Seligmann; P152 (u): Getty Images / UIG; P153 (o): Getty Images / AFP / Sebastian D'Souza; P153 (ul): Shutterstock / Robin Kay; P154 (or): Shutterstock / Alexandra Lande; P154 (ul): Getty Images / Pacific Press; P155 (or): Alamy / David Pearson; P155 (ul): Alamy / Jorge Royan; P155 (ur): Shutterstock / neelsky; P156 (ml): Getty Images / Kateryna Negoda; P156 (ur): Shutterstock / Jesse33; P157 (ol): Alamy / Spring Images; P157 (ur): Alamy / ImageBROKER; P158 (r): Alamy / Friedrich Stark; P159 (ol): Alamy / Roberto Esposti; P159 (ml): Getty Images / ChinaFotoPress; P159 (ur): Getty Images / samafoto; P160 (or): Shutterstock / feiyuezhangjie; P160 (ml): Shutterstock / ChameleonsEye; P161 (ol): Shutterstock / Jun Mu; P161 (ml): Getty Images / View Pictures; P161 (ul): Getty Images / Black 100; P161 (ur): Shutterstock / Claudio Zaccherini; P162 (or): Shutterstock / Sean Pavone; P162 (ml): Shutterstock / Sergii Rudiuk; P163 (ul): Shutterstock / feiyuezhangjie; P163 (u): Shutterstock / Hung Chung Chi; P163 (ur): Shutterstock / Ben Bryant; P164 (or): Getty Images / ChinaFotoPress; P165 (m): Shutterstock / shahreen; P166 (ml): Shutterstock / beyolsan; P166 (mr): Artist: Cao Chong-en / Shutterstock / mary416; P166 (ur): Shutterstock / Everything; P167 (o): Getty Images / Maria Swärd; P167 (ul): Shutterstock / saiko3p; Pages 168–169 (o): Shutterstock / Peera_stockfoto; P168 (or): Shutterstock / Etakundoy; P168 (ml): Shutterstock / 1000 Words; P169 (ml): Alamy / David Ball; P169 (u): Shutterstock / nimon; P170 (or): Getty / catchlights_sg; P170 (ur): Getty Images / fiftymm99; P171 (ol): Shutterstock / nattanan726; P171 (m): Getty Images / Wilfred Y. Wong; P172 (m): Shutterstock / Jimmy Tran; P172 (u): Shutterstock / John Bill; P173 (or): Alamy / dbimages; P173 (ml): Getty Images / Lonely Planet; P173 (u): Shutterstock / suronin; Pages 174–175 (o): Getty Images / UIG; P174 (ml): Shutterstock / donsimon; P174 (u): Shutterstock / saiko3p; P175 (ul): Shutterstock / Allen. G; P176 (or): Shutterstock / Sean Pavone; P176 (mr): Alamy / Jeremy Sutton-Hibbert; P176 (ul): Shutterstock / jiratto; P177 (u): Shutterstock / J. Henning Buchholz; Pages 178–179 (o): Shutterstock / Luciano Mortula; P178 (om): Shutterstock / Wiennat M; P178 (ml): Alamy / Aflo Co. Ltd.; P178 (ur): Getty Images / Yoshikazu Tsuno; P179 (m): Shutterstock / Sean Pavone; P180 (or): Shutterstock / Sean Pavone; P180 (m): Alamy / Amana Images Inc.; P180 (ur): Shutterstock / marcociannarel; P181 (or): Shutterstock / BigGabig; P181 (m): Alamy / Sean Pavone; P181 (ul): Shutterstock / Travel Stock; P182 (mr): Getty Images / Alex Linghorn; Pages 182–183 (m): Getty Images / Nick Ledger; P183 (ol): Alamy / ITAR-TASS Photo Agency; P183 (ml): Shutterstock / Thanthima Lim; P183 (u): Alamy / Eric Lafforgue; P184 (mr): Shutterstock / Freedom Man; P184 (ul): Shutterstock / Takashi Images; P185 (ol): Shutterstock / Sean Pavone; P185 (mr): Shutterstock / PKphotograph; P186 (or): Getty Images / Keystone; P186 (ml): Getty Images / John Borthwick; P186 (um): Shutterstock / AlexanderZam; P187 (o): Getty Images / Louise Denton Photography; P188 (or): Shutterstock / Lorimer Images; P188 (ul): Alamy / Michael Willis; P189 (or): Shutterstock / Nokuro; P189 (ul): Shutterstock / Kaneos Media; P190 (or): Shutterstock / Lee Torrens; Pages 190–191 (m): Shutterstock / MagSpace; P191 (or): Alamy / The Print Collector; P191 (u): Shutterstock / Nils Versemann; P192 (or): Shutterstock / Nils Versemann; P192 (ul): Alamy / EPA; Pages 192–193 (u): Shutterstock / Neale Cousland; P193 (or): Getty Images / Quinn Rooney; P194 (m): Alamy / Greg Balfour Evans; P194 (u): Shutterstock / my-summit; P195 (ml): Getty Images / Robin Smith; P195 (mr): Getty Images / Thien Do; P195 (ur): Shutterstock / PominOz; P196 (mr): Shutterstock / Phillip Minnis; P196 (ul): artwork creation by Danny Rose for Vivid Sydney Festival Getty Images / Krzysztof Dydynski; P197 (o): Corbis / John Carnemolla; P197 (u): Getty Images / Mike Hewitt; P198 (ul): Alamy / Aroon Thaewchatturat; P198 (ur): Alamy / John Arnold Images; P199 (ml): Alamy / travellinglight; P199 (r): Shutterstock / Sam DCruz; Pages 200–201 (o): Shutterstock / Pichugin Dmitry; P200 (ml): Alamy / National Geographic Creative; P201 (ml): Getty Images / Adina Tovy; P201 (um): Alamy / Dan Santillo NZ; P202 (mr): Alamy / age fotostock; P203 (o): Shutterstock / Naruedom Yaempongsa; P203 (mr): Getty Images / Cameron Spencer; P203 (ul): Alamy / AF archive; Pages 204–205 (o): Alamy / David Wall; P204 (ml): Shutterstock / MJ Prototype; P205 (r): Alamy / Tribaleye Images / J. Marshall; P205 (ml): Getty Images / Werner Forman; Pages 206–207 (o): Alamy / Atmotu Images; P206 (ml): Alamy / Niday Picture Library; P207 (mr): Alamy / Antiques & Collectables; P207 (ul): Shutterstock / Minerva Studio; Pages 208–209 (m) Getty Images / Jonas Gratzer; P208 (ul): Alamy / David Glassey; P209 (or): Getty Images / Time Life Pictures.